백문백답 손자병법

百問百答 孫子兵法

정상국

- 육군사관학교 42기 임관(1986)
- 국방대학원 군사전략학 석사(1995∼1996)
- 제12사단 수색대대장(2002∼2005)
- 육군대학 전략학처 군사전략 교관(2005∼2006)
- 이라크 자이툰사단 작전참모(2006∼2007)
- 합참 전력기획부 지상전력무기 담당/전력기획총괄 담당(2007∼2008)
- 특전사 교육훈련참모(2011∼2013)
- 現 합동군사대학교 육군대학 지상작전학처장(2013∼)

- 주요 저서
  『이라크 전쟁 속으로』(2007)

- 논문
  「군사력 건설을 위한 합동전투발전체계 발전 방안」,
  「이스라엘의 군사력 건설 논리」 등

백문백답 손자병법

2017년 8월 25일 초판 인쇄
2017년 8월 30일 초판 발행

지은이 | 정상국
펴낸이 | 이찬규
펴낸곳 | 북코리아
등록번호 | 제03-01240호
주소 | 13209 경기도 성남시 중원구 사기막골로 45번길 14
　　　우림라이온스밸리 2차 A동 1007호
전화 | 02-704-7840
팩스 | 02-704-7848
이메일 | sunhaksa@korea.com
홈페이지 | www.북코리아.kr
ISBN | 978-89-6324-565-2 (03100)

값 19,000원

백문백답 손자병법

百 問 百 答 孫 子 兵 法

정상국 지음

북코리아

나보다 나를 사랑하신 어머니께 이 책을 바칩니다.

전체 맥락

1. 시계편	〈각 편 구성〉	〈책의 구성〉	〈전쟁의 수준〉	〈전쟁단계〉
兵者, 國之大事 死生之地 存亡之道 不可不察也	2. 작전편 (兵聞拙速, 勝敵而益强) 3. 모공편 (不戰勝, 全)	전쟁의 정의, 고려요소	국가전략 (대통령, 장관)	전쟁계획 및 준비
故經之伍事 校之以計 以索其情	4. 군형편 (立於不敗之地)	전쟁의 구성요소, 양병	군사전략 (합참의장)	
計利以聽 乃爲之勢 因利而制權	5. 병세편 (奇正相生) 6. 허실편 (避實擊虛) 7. 군쟁편 (迂直之計)	전쟁의 구성요소, 용병 I (이론)	작전술 (전구/ 작전사)	원정작전
兵者詭道也	8. 구변편 9. 행군편 10. 지형편 11. 구지편	용병II(실제)	전술 (군단 이하)	전쟁실시
夫未戰而廟算 勝者 得算多也	12. 화공편 13. 용간편	특수작전		종전 전제조건

이해 관점

1. 시계편의 핵심구절과 각 편을 연계하여 이해
2. 전쟁의 정의/고려요소(시계, 작전, 모공편) 이해
3. 전쟁의 구성요소(시계, 군형·병세~화공·용간편) 이해
4. 장수는 『손자병법』에 통달, 상황변화에 대처할 수 있는 유연한 사고력을 겸비
5. 상황파악, 전장관찰, 첩보수집, 간첩활용 등은 전쟁의 전제 조건

손무의 핵심사상: 전승(全勝)

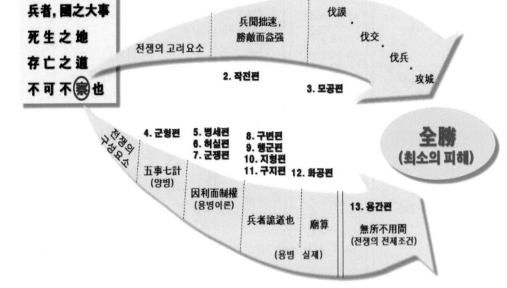

1. 시계편

兵者, 國之大事
死生之地
存亡之道
不可不察也

전쟁의 고려요소

兵聞拙速,
勝敵而益强

2. 작전편

伐謀

伐交

伐兵

攻城

3. 모공편

전쟁의 구성요소

4. 군형편　**5. 병세편**　**8. 구변편**
　　　　　　6. 허실편　**9. 행군편**
　　　　　　7. 군쟁편　**10. 지형편**
　　　　　　　　　　　　11. 구지편　**12. 화공편**

五事七計
(양병)

因利而制權
(용병이론)

兵者詭道也

廟算

13. 용간편

無所不用間
(전쟁의 전제조건)

(용병 실제)

全勝
(최소의 피해)

이해 관점

1. 국가의 존망을 좌우하는 전쟁에 대한 신중론
2. 강한 국력과 군사력(오사칠계)을 길러 싸우지 않고 전쟁 승리
3. 싸워야 한다면 최소의 피해로 온전한 승리(全勝) 달성
4. 적의 의도를 파괴하는 것이 최선의 용병
5. 적, 지형, 기상, 병사의 심리 등 상황의 변화에 부합되는 용병 구사

양병(養兵)의 핵심

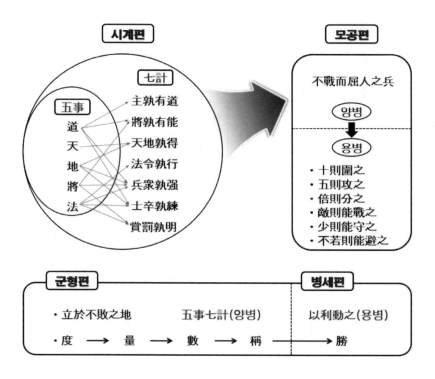

시계편

七計

五事

道
天
地
將
法

主孰有道
將孰有能
天地孰得
法令孰行
兵衆孰强
士卒孰練
賞罰孰明

모공편

不戰而屈人之兵

양병

↓

용병

· 十則圍之
· 五則攻之
· 倍則分之
· 敵則能戰之
· 少則能守之
· 不若則能避之

군형편

· 立於不敗之地

五事七計(양병)

· 度 → 量 → 數 → 稱

병세편

以利動之(용병)

→ 勝

이해 관점

1. 오사에서 칠계가 나오며 각각의 요소는 상호작용을 통해 더 큰 군사력을 조성
2. 국토의 크기에 따라 군사력의 크기가 결정되며 이에 따라 용병이 결정
3. 오사칠계를 잘 갖추면 전쟁에서 패하지 않고 궁극적으로 싸우지 않고 승리
4. 군사력이 많을수록 다양한 용병이 가능: 10배면 포위, 5배면 공격 등
5. 음양의 이치와 같이 용병은 양병, 양병은 용병으로 부한 순환반복

용병(用兵)의 핵심

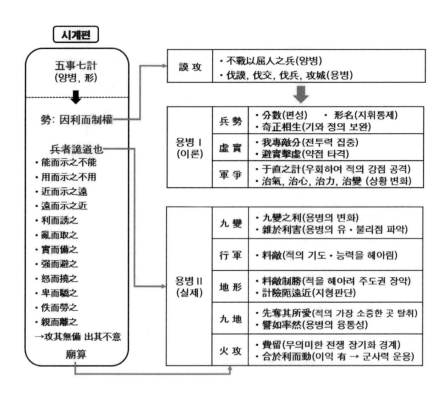

시계편

五事七計
(양병, 形)
↓
勢: 因利而制權

兵者詭道也
· 能而示之不能
· 用而示之不用
· 近而示之遠
· 遠而示之近
· 利而誘之
· 亂而取之
· 實而備之
· 强而避之
· 怒而撓之
· 卑而驕之
· 佚而勞之
· 親而離之
→攻其無備 出其不意
廟算

	謨 攻	· 不戰以屈人之兵(양병) · 伐謨, 伐交, 伐兵, 攻城(용병)

용병 I (이론)	兵 勢	· 分數(편성)　· 形名(지휘통제) · 奇正相生(기와 정의 보완)
	虛 實	· 我專敵分(전투력 집중) · 避實擊虛(약점 타격)
	軍 爭	· 于直之計(우회하여 적의 강점 공격) · 治氣, 治心, 治力, 治變 (상황 변화)

용병 II (실제)	九 變	· 九變之利(용병의 변화) · 雜於利害(용병의 유·불리점 파악)
	行 軍	· 料敵(적의 기도·능력을 헤아림)
	地 形	· 料敵制勝(적을 헤아려 주도권 장악) · 計險阨遠近(지형판단)
	九 地	· 先奪其所愛(적의 가장 소중한 곳 탈취) · 譬如率然(용병의 융통성)
	火 攻	· 費留(무의미한 전쟁 장기화 경계) · 合於利而動(이익 有 → 군사력 운용)

이해 관점

1. 오사칠계(양병, 형形)에서 세(勢)가 조성되며, 용병의 궁극적 목표는 전승(全勝)
2. 용병은 적을 이익으로 유인하여 나의 의도대로 적을 조종(주도권 확보)
3. 용병의 본질은 적을 속이는 것에서 시작: 상황에 따른 구체적 사례
4. 전장 상황의 변화, 군사력의 유연한 대응, 병사의 심리 이해가 용병의 기초
5. 전쟁을 쓸데없이 오래 끌지 않으며, 이익이 있어야 전쟁을 시작

지형의 연계

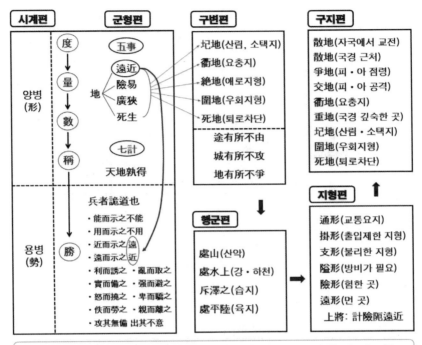

| 시계편 | 군형편 | 구변편 | 구지편 |

시계편
양병 (形): 度 → 量 → 數 → 稱
용병 (勢): 勝

兵者詭道也
- 能而示之不能
- 用而示之不用
- 近而示之遠
- 遠而示之近
- 利而誘之 · 亂而取之
- 實而備之 · 强而避之
- 怒而撓之 · 卑而驕之
- 佚而勞之 · 親而離之
- 攻其無備 出其不意

군형편
五事
遠近
地 險易 廣狹 死生

七計
天地孰得

구변편
- 圮地(산림, 소택지)
- 衢地(요충지)
- 絶地(애로지형)
- 圍地(우회지형)
- 死地(퇴로차단)

途有所不由
城有所不攻
地有所不爭

구지편
- 散地(자국에서 교전)
- 散地(국경 근처)
- 爭地(피·아 점령)
- 交地(피·아 공격)
- 衢地(요충지)
- 重地(국경 깊숙한 곳)
- 圮地(산림·소택지)
- 圍地(우회지형)
- 死地(퇴로차단)

행군편
- 處山(산악)
- 處水上(강·하천)
- 斥澤之(습지)
- 處平陸(육지)

지형편
- 通形(교통요지)
- 掛形(출입제한 지형)
- 支形(불리한 지형)
- 隘形(방비가 필요)
- 險形(험한 곳)
- 遠形(먼 곳)
- 上將: 計險阨遠近

知天知地 勝乃可全 : 지형과 기상을 알아야 온전한 승리 가능

이해 관점

1. 군사력은 국토의 크기와 비례하고, 군사력은 용병의 기초
2. 지형의 형태와 군사력의 운용을 연계하여 이해
3. 산악, 강, 하천, 습지, 평지에서의 용병에 관한 이해
4. 전략적, 작전적, 전술적 상황과 연계한 지형의 판단 및 용병
5. 출륭한 징수는 피아 간의 지형의 유불리점을 정확히 분석하여 군사력을 운용

장수론(將帥論)

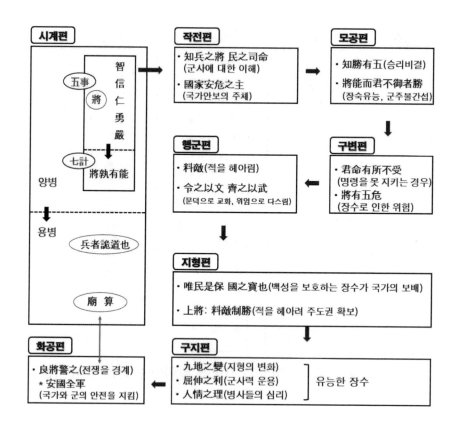

시계편

五事
七計

智
信 將
仁
勇
嚴

將孰有能

양병

용병

兵者詭道也

廟算

작전편
· 知兵之將 民之司命
(군사에 대한 이해)
· 國家安危之主
(국가안보의 주체)

모공편
· 知勝有五(승리비결)
· 將能而君不御者勝
(장숙유능, 군주불간섭)

구변편
· 君命有所不受
(명령을 못 지키는 경우)
· 將有五危
(장수로 인한 위험)

행군편
· 料敵(적을 헤아림)
· 令之以文 齊之以武
(문덕으로 교화, 위엄으로 다스림)

지형편
· 唯民是保 國之寶也(백성을 보호하는 장수가 국가의 보배)
· 上將: 料敵制勝(적을 헤아려 주도권 확보)

화공편
· 良將警之(전쟁을 경계)
* 安國全軍
(국가와 군의 안전을 지킴)

구지편
· 九地之變(지형의 변화)
· 屈伸之利(군사력 운용)
· 人情之理(병사들의 심리)

유능한 장수

이해 관점

1. 장수는 상황의 변화를 읽고 그 변화에 유연하게 대응할 수 있는 능력을 구비
2. 군주와 장수 사이에는 틈이 없어야 하며, 유능한 장수는 국가의 보배
3. 장수의 자질을 잘못 발휘함으로써 발생하는 다섯 가지 위험(五危)
4. 약한 군대는 장수의 책임이며, 적을 헤아리고 지형의 유불리점을 판단
5. 현명한 군주는 전쟁을 일으키는 데 신중하고, 훌륭한 장수는 전쟁을 경계(묘산 廟算) → 전장 상황의 변화에 유연하게 대응하고 부하들의 심리까지 알아야 유능한 장수

간첩(정보)의 활용

시계편

전쟁 / 고려요소	• 而索其情(피아의 유불리) • 廟算(전쟁의 승패 판단)

군형편

양병	• 度量數稱勝 → 피아 국력/전투력, 용병비교

병세 · 허실 · 군쟁편

용병 I (이론)	• 形人而我無形(적의 약점 노출) • 知諸侯之謀, 用鄕導 → 적의 기도 파악, 안내자 활용

구변 · 행군 · 지형 · 화공편

용병 II (실제)	• 九變之利, 雜於利害 → 상황변화 관찰 • 料敵制勝(적의 기도 · 능력 파악) • 屈伸之利(정보에 기초한 군사력 운용)

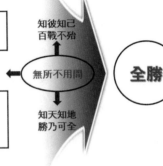

知彼知己
百戰不殆

無所不用間

全勝

知天知地
勝乃可全

이해 관점

1. 오사칠계를 비교 · 분석하는 데 필요한 정보수집은 간첩을 통해서 가능
2. 용병에 필요한 피아상황, 지형, 기상에 관한 정보는 간첩을 활용
3. 용병에 있어 최상은 벌모(伐謀), 이를 달성하기 위해서는 특히 내간이 중요
4. 많은 돈으로 간첩을 운용하여 정보수집, 전쟁에서 적은 비용으로 승리 달성
5. 전쟁에서 간첩이 사용되지 않은 곳이 없음 → 전승(全勝) 달성

머리말

나는 진정 행복한 군인이었다. 장교로 임관하여 특전사 지역대장, 최전방사단 수색대대장으로 근무했고, 이라크 전쟁 시 자이툰사단 작전참모로 파병되었다. 하지만 무엇보다 소령 시절 국방대학원에서 군사전략을 전공하게 되었고, 그때 『손자병법』을 처음 접하게 된 것이 나에게는 가장 큰 행운이었다. 첫 강의를 듣고 나는 깊은 감동과 흥분으로 자리에서 일어서지 못했다. 그때부터 나는 『손자병법』에 빠졌고, 이후 육대 교관으로서 『손자병법』을 연구하고 강의하였다.

그러나 대부분의 장교들은 『손자병법』을 접하기가 쉽지 않은 것이 사실이다. 『손자병법』을 가르치는 곳이 많지 않고, 야전부대에서 스스로 공부하기도 쉽지 않기 때문이다. 또 다른 이유는 시간이 있다 해도 『손자병법』이 한자(漢字)로 되어 있고, 각 편의 맥락을 이해하기가 매우 어렵다는 것이다. 그래서 많은 장교들이 큰마음 먹고 시작했다가 쉽게 포기한다.

누군가가 "유명한 책들은 읽히기보다는 인용된다"고 말했다. 『전쟁론』과 마찬가지로 『손자병법』도 그런 책이다. 지피지기 백전불태(知彼知己百戰不殆), 부전이굴인지병(不戰以屈人之兵), 우직지계(迂直之計) 등이 대표적인 구절인데 이 정도의 구절은 인용해야 장교로서 전문지식이 있는 것처럼 여겨지기도 한다.

그러면 『손자병법』을 쉽게 읽을 수 있는 방법은 없는 것일까? 없다. 그래서 『손자병법』을 많이 연구한 선배들도 "계속 읽어라, 읽다 보면

저절로 알게 된다"고 하는 것이다. 사실일까? 사실이지만 나는 동의하지 못한다. 그 이유는 백 번을 읽기보다 행간의 의미와 각 편의 맥락을 이해하고 읽어야만 『손자병법』의 진수를 맛볼 수 있기 때문이다. 이것이 내가 이 책을 쓴 목적이다.

이 책에는 장교가 되기를 간절히 소망하는 K군과 오랫동안 『손자병법』을 연구해 온 J교수가 등장한다. 두 사람은 나이와 지식의 차이에도 불구하고 질문과 답변을 통해서 『손자병법』의 진수를 찾아 갈 것이다. 동서양을 막론하고 최고의 공부법은 훌륭한 선생님을 집에 모시고 공부하는 것이었다. 나는 두 사람의 대화에서 그것을 담고자 하였다.

여기서 J교수의 역할은 『손자병법』 구절의 현대적 해석과 각 편의 맥락을 찾아 가는 안내자다. 『손자병법』은 시대, 나라, 사람마다 다르게 해석된다. 시대마다 다양한 해설서가 손무의 본래 의도를 찾아내고자 하는 것만은 아니다. 그보다는 손무가 쓴 의미를 찾고, 현재의 상황에 적용하여 앞으로의 전쟁에 대비하는 것이다. 따라서 J교수는 다양하게 해석될 수 있는 관점을 제기하고, 독자의 창의적인 생각을 이끌어 낼 것이다.

이 책의 제1부는 전쟁, 양병과 용병 I·II, 특수작전으로 분류하여 다섯 편의 대화 형식으로 구성하였다. 대화 중에 원문과 관련된 문구는 '화공-⑩'과 같이 제시하여 관련 내용을 찾아볼 수 있도록 하였다. 또한 각각의 대화에서 중요하게 다루어진 문구에 관련된 전쟁 사례를 제시하여 분석하였다. 이는 『손자병법』의 주요 문구가 전쟁에서 어떻게 나타나고 있는지를 보여 주고자 한 것인데 독자의 이해와 수준에 따라 더 깊이 전쟁을 이해할 수 있을 것이다. 대화의 끝부분에는 대화 내용과 관련하여 보다 깊은 연구를 할 수 있는 '더 읽어 보면 좋은 책'을 제시하였다. 군생활 중에서 학교 교육은 길어야 1~2년이지만 스스로 공부할 수 있는 기간은 20~30년이다. 제시된 이 책들은 『손자병법』을 이해하는 데는 물론이고, 군사학 체계를 세워 나가는 데도 많은 도움이 될 것이다.

제2부에서는 『손자병법』 전편의 가장 핵심적인 구절과 원문 해설을 제시하여 전반적인 흐름을 이해하고 체계를 세우도록 하였으며, 이해를 돕기 위해 어려운 한자는 보충 설명과 독음을 달았다. 또한 『손자병법』의 원문을 수록하였는데 한자만을 보면서 각 편의 주요 핵심 내용을 한눈에 봐서 이해할 수 있도록 하였다. 독자 모두가 이 경지에 이르기를 바란다.

전쟁은 개인과 사회에 엄청난 피해를 주는 국가의 재앙이다. 피할 수만 있다면 전쟁은 피해야 한다. 그러나 어쩔 수 없이 전쟁을 해야 한다면 최소의 피해로 승리해야 한다는 것은 너무도 당연하다. 이름 모를 전투에서 병사들은 살고 싶은 인간의 간절한 욕망을 뒤로한 채 자신의 어머니를 눈에 떠올리며 죽어 갔을 것이다. 장교는 이런 병사의 생명을 담보로 전쟁을 계획하고, 지휘해야 한다. 따라서 장교는 자신의 무지(無智)와 무능(無能)으로 인한 병사들의 헛된 죽음을 가장 경계하고 두려워해야 한다. 그것이 장교로서, 아니 한 인간으로서 엄중한 책무임을 명심해야 한다.

2017년 4월 1일
육군대학 연구실에서

차례

차례

2부 손자병법의 원문 해설

1부

손자병법의 맥락 이해

1

전쟁
(始計, 作戰·謀攻)

兵者, 國之大事, 死生之地, 存亡之道, 不可不察也.
병자   국지대사   사생지지   존망지도   불가불찰야

전쟁은 국가의 가장 막중한 일로서,
땅의 모든 것을 파괴하고 인간의 도리를 무너뜨리므로
깊이 살피지 않을 수 없다.

-시계(始計)-

K군: 교수님, 안녕하십니까? 전화로만 통화하다가 이렇게 만나 뵙게
        돼서 반갑습니다.

J교수: 나도 반갑네. 자네를 보니 체격도 좋고 눈매도 초롱초롱하니
        내 젊었을 때 모습이 생각이 나는군.

K군: 감사합니다. 저는 어렸을 때부터 장교가 되는 것이 꿈이었습니
        다. 푸른 제복이 멋있었고 국가와 민족을 위해 헌신하고 싶어

장교가 되기로 결심하였습니다.

J교수: 그래, 잘 결심했네. 의미 있는 선택이지. 그러나 겉으로 보기에는 장교가 멋있어 보여도 힘든 길이라네. 각종 훈련으로 몸도 힘들고, 진급과 자녀 교육 문제, 무엇보다 자유롭지 못하다는 것이지. 그래서 요즘처럼 자유롭고 간섭받기를 싫어하는 젊은 이들이 군생활을 힘들어하지 않는가?

K군: 그래도 자신이 선택한 길이니 그쯤은 이겨 내야 한다고 생각합니다.

J교수: 맞는 말이야! 속담에도 젊어서 고생은 사서도 한다고 하지 않았나?

K군: 그런데 교수님, 앞으로 장교가 되면 무엇을 준비해야 할지, 어떻게 준비해야 할지 물어볼 선배도 없고, 솔직히 고민이 됩니다.

J교수: 나는 『손자병법』을 읽어 보라고 권하고 싶네. 『손자병법』을 쓴 손무는 장수는 다섯 가지 자질, 즉 지신인용엄(智信仁勇嚴)을 갖추어야 한다고 했네. 그 당시의 장수는 오늘날의 장군에 해당되지만 장교로 해석해도 될 거야. 풀이하자면 장교는 지혜, 신념, 어질고 사랑하는 마음, 용기, 엄격함을 갖추어야 한다고 했지. 자네는 이 중에서 어느 것이 더 중요하다고 생각하나?

K군: 저는 용기라고 생각합니다. 왜냐하면 전쟁이 나면 총탄이 빗발치는 두려운 상황에서도 저만 바라볼 부하들을 지휘해야 하기 때문입니다.

J교수: 그렇지. 군인에게는 용기가 중요하지. 그런데 K군, 우리가 글을

쓸 때는 중요한 것을 먼저 쓰는 것이 보통인데 손무는 지(智)를 더 중요하게 생각하고 강조하기 위해서 앞에 둔 것은 아닐까?

K군: 아! 네, 그럴 수 있겠네요.

J교수: 손무는 지신인용엄(智信仁勇嚴)이 서로 보완적이며, 지(智)를 그 바탕이라고 생각했지. 예를 들면 적의 사기가 높고 전투준비가 잘되어 있는 것도 모르고 무턱대고 용기만 앞세워 공격한다면 패배할 것이 불을 보듯 뻔하지 않겠나?

K군: 네. 그래서 손무가 다섯 가지 중에 지(智)를 제일 앞에 썼군요. 그럼 군사지식을 쌓기 위해서는 어떻게 해야 합니까?

J교수: 군사학을 열심히(?) 공부해야겠지! 자네, 고등학교 때까지 어떻게 공부했나?

K군: 학교 마치면 학원 가서 공부하고 집에 오면 숙제하고, 시험이 있으면 예상문제지를 집중적으로 풀어서 시험을 봤습니다. 요즘은 자율학습과 체험학습이 있지만 그나마 고등학교에 들어가면 모든 것이 수능 위주로 외우기 전쟁입니다. 심지어는 수학문제도 풀이 방식을 외워야 하고 논술 문제도 틀에 맞춰서 점수 잘 받는 요령을 교육받아야 하죠.

J교수: 그게 문제야. 그러다 보니 대학생이 자기소개서도 제대로 못 써서 학원에서 배운다고 하더군. 참 어이없는 일이지. 또 요즘은 모르는 것이 있어도 스마트폰에서 쉽게 찾아볼 수 있어서 굳이 외우지 않아도 되니 좋은 세상이지.

과거에는 모르는 것을 일일이 찾고, 노트에 적고, 반복하는 과정에서 알아가는 기쁨이 있었어. 힘든 만큼 보람도 있고 새간 가는 줄 모르고 공부했지. 손무와 비슷한 시기에 살았던 공자는 "배우고 익히면 이 또한 기쁘지 아니한가?"라고 했네. 한마디로 공부의 맛이 있었지! 자네도 군사학을 공부하면서 그런 맛을 느낄 수 있기를 바라네. 그러면 손무가 말한 지(智)는 무슨 뜻일까?

K군: 알 지(知) 자를 쓰는데 무엇을 안다는 뜻입니다.

J교수: 아니야. 손무가 말한 지는 지혜로울 지(智) 자로 알 지(知) 자 밑에 날 일(日) 자가 있다네. 이는 듣고 보아 알게 된 것을 매일 생각하고 또 생각하여 이치를 깨닫고 그 지식을 신념화시켜 지혜에까지 이른 것을 의미한다네. 한자는 이래서 오묘하지! 군사학은 이러한 자세로 공부해야 한다네. 지식이 자기신념화되지 않으면 위급하고 다양한 상황에서 활용할 수 없지. 상황과 자네만 남게 되었을 때 그 지(智)가 자네의 등불이 되겠지.

K군: 네. 명심하겠습니다. 교수님, 제가 전쟁에 관한 기초적인 책을 읽고 있는데도 너무 어렵습니다. 전략, 작전술, 전투력 집중, 종심기동 등 마치 외계 언어 같아서 이해가 안 됩니다.

J교수: 사실은 나도 말일세, 어제 지하철을 타고 집에 가는데 옆에 앉은 젊은이가 버카충, 뇌섹남 등 듣도 보도 못한 말을 쓰는 거야. 순간 '내가 어느 다른 별에 와 있나?' 하는 생각이 들었지, 자네처럼. 집에 와서 딸에게 물어보니 요즘은 버스카드 충전을 줄여서 버카충, 뇌가 섹시한 남자를 뇌섹남이라고 한다더군. 생활하는 곳이 다르면 쓰는 언어도 달라지는 것 같애. 자네도 차츰 군 사용어가 익숙해질 거야. 무엇이든 처음이 어려운 법이지.

K군: 장교가 되면 군사지식을 체계적으로 교육받지 않나요?

J교수: 물론이지. 장교로 임관하기 전에 필요한 군사교육을 받고, 진급하면서 직무에 필요한 교육을 받게 된다네. 소위 때는 초등군사반(OBC), 대위로 진급하면서 고등군사반(OAC), 그리고 소령 때는 육군대학에서 사단, 군단 전술을 공부하지. 또 기회가 되면 합동참모대학교와 국방대학교에서 전쟁, 전략에 관해서 공부할 수도 있고.

K군: 그러면 군생활 중에서 교육받는 기간은 얼마나 되나요?

J교수: 사람마다 다르겠지만 약 2년 정도 된다고 봐야지. 그 나머지 기간에는 스스로 공부해야 하는데 훈련과 각종 업무를 하다 보면 피곤해서 책을 보는 것이 쉽지 않아. 그렇다고 낮 시간에 책을 볼 시간도 거의 없지만, 보려고 해도 눈치가 많이 보이지.

K군: 그래도 보다 효과적으로 공부하려면 어떻게 해야 하나요?

J교수: 자투리 시간을 잘 활용하면 되고, 전쟁에 관해 체계적으로 정리된 책을 공부하는 것이 도움이 되리라 생각하네. 나도 처음에는 무엇을 공부해야 하나 고민이었지. 선배들에게 물어봐도 제대로 답을 해 주시는 분이 없었지.

K군: 그러면 먼저 전쟁이론에 대한 체계를 세우는 것이 중요하겠군요.

J교수: 그렇지. 예를 들면 전쟁에서 승리하려면 평소부터 군사력을 잘 길러야 하고, 전쟁이 일어나면 길러진 군사력을 잘 운용해야 하지. 그래서 전쟁은 군사력을 기르는 양병(養兵)과 군사력을 운용하는 용병(用兵)으로 구분하지만 실제로 동전의 양면처럼 구분하기는 어렵고 서로 상호작용하면서 발전되지. 특히 용병

에는 전략, 작전술, 전술의 체계로 되어 있다네. 이렇게 분야별로 20~30년간의 지식이 쌓이면 자네는 군사전문가가 될 수 있을 것이네. 정민 교수가 쓴 『다산선생 지식경영법』은 지식을 체계화하는 방법을 제시하고 있으니 꼭 읽어 보게.

K군:　네. 그러면 어떤 책이 전쟁이론을 체계적으로 잘 설명하고 있는지요?

J교수:　단연 『손자병법』이지. 남들은 그 책이 고전(古典)이라 지금의 상황에는 맞지 않는다고 하기도 하네. 또 어떤 이들은 한자로 쓰여서 어렵다고도 하고, 문구가 두루뭉술하여 어떻게 하라는 것인지 구체적이지 못하다고도 한다네.

　　내가 소령으로 진급하면서 국방대학원 군사전략과에 입학했는데 그때 『손자병법』을 처음 접하게 되었지. 제1편 시계(始計)편 강의를 듣고 감동과 흥분으로 자리에서 일어서지 못했다네. 그때부터 『손자병법』을 잘 정리해 두고 수시로 읽었고, 그 후에 육군대학 교관으로서 학생들을 가르치며 계속 공부하고 있다네. 내가 『손자병법』을 만난 것은 내 군생활의 큰 행운 중의 하나였네. 자네도 꾸준히 『손자병법』을 공부한다면 자네는 나보다 더 큰 행운아가 될 수 있겠군, 부럽네!

K군:　네. 저도 열심히 『손자병법』을 공부하겠습니다.

J교수:　그저 열심히만 해서는 안 되고 전체 맥락을 이해하고 행간의 의미를 알아야 『손자병법』의 진수(眞髓)를 알 수 있다네. 시중에 『손자병법』에 관한 책은 수없이 많고, 심지어 달력, 스마트폰 앱도 나왔지. 대부분의 책들이 한문 구절을 해석하거나 문구

만을 이해하는 수준에 그치고 있다네. 그래서 나는 전체적인 맥락을 이해하는 데 중점을 두어 설명하겠네.

K군: 네, 그런데 『손자병법』을 잘 이해하기 위해서는 어떻게 해야 되나요?

J교수: 인류는 시대마다 많은 문명을 만들어 왔지. 전쟁도 그 시대의 산물이라고 할 수 있을 거야. 그래서 우선 손무가 살았던 시대를 이해하고 그의 사상을 알아야 보다 『손자병법』을 잘 이해할 수 있을 것이네.

K군: 네, 그렇군요. 그러면 손무가 살았던 시대의 상황은 어떠하였나요?

J교수: 손무는 B. C. 약 500년을 전후한 춘추시대 후기와 전국시대 초기에 활동했는데, 춘추시대는 유럽의 르네상스 시대처럼 학문이 발전하였고, 이어지는 전국시대는 전쟁이 끊이지 않는 시기

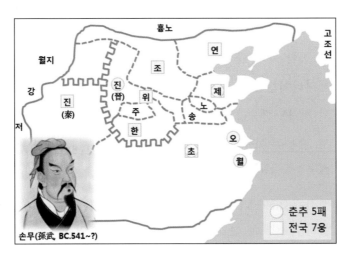

〈그림 1〉 춘추전국시대와 손무

였지. 그래서 많은 백성이 죽거나 피난을 가고, 우수한 인재들은 재능을 발휘할 수 있는 나라를 찾아 망명하는 것이 빈번했다네.

손무도 제나라에 내란이 일어나자 병법 13편을 가지고 오나라로 망명했지. 이때 오나라 장수 오자서가 당시 왕이었던 합려에게 손무를 추천했고, 합려는 손무가 병법에 정통하고 용병술에 뛰어난 것을 알고 장군으로 임명하였지. 손무는 이 병법을 활용하여 많은 전쟁에서 승리하였다네. 그래서 이 책이 단순한 군사이론서가 아니라는 것이 검증되었다고 할 수 있지.

K군: 손무의 가문은 어떠했나요?

J교수: 사실 손무의 집안은 대단한 권세가였지. 선조는 진(陳)나라 사람이었지만 제나라로 망명하여 요직에 올라 손씨 성을 부여받았고, 그의 아버지도 제나라의 고위관료였다네. 이처럼 손무는 귀족 가문에서 태어나 성장했고 그의 선조들이 군사에 정통했기 때문에 자연스럽게 군사적 기풍 속에서 자랐지.

또한 사회 환경도 손무의 군사연구에 영향을 주었네. 당시 제나라에는 군사전문가인 강태공(姜太公, 『태공병법太公兵法』의 저자), 관중(管仲) 등이 남겨 놓은 군사에 관한 유산이 많았고, 손무는 이를 쉽게 접할 수 있었을 것이네. 이러한 환경이 손무가 『손자병법』을 완성하는 데 밑거름이 되었을 거야.

K군: 맹자의 어머니도 아들의 교육을 위해서 세 번씩이나 이사를 다녔다고 하던데, 그래서 교육환경이 훌륭한 인재를 만드는 데 중요하군요.

J교수: 그렇지만 환경이 좋다고 모두가 군사전문가가 되는 것은 아니지. 무엇보다 자신의 노력이 중요하네. 나폴레옹은 프랑스의 식민지에서 태어나 차별받고 가난한 생활을 하면서도 스스로 공부하여 군사전문가가 되었거든. 환경도 중요하지만 결국은 자신의 의지와 노력이 더해져야 한다네.

K군: 손무는 그 시대의 군사사상에 어떤 영향을 받았나요?

J교수: 춘추시대는 많은 학문이 싹트고 부흥한 시기라 그 영향을 받아 병법을 공부하고 자신의 이론체계를 세웠을 것이네. 『손자병법』에 나오는 많은 구절이 손무의 독창적인 생각이 아니고 이미 오래전, 그리고 그 당시에 논의되던 것이었지. 예를 들면 『손자병법』의 첫 구절이자 가장 핵심 구절인 "병자국지대사(兵者國之大事)"는 『춘추좌씨전』이라는 책에서 유강공이 "국가의 대사는 제사와 전쟁이다"라고 쓴 것과 비슷하지. 손무는 당시의 군사지식을 자신의 이론으로 체계화하여 『손자병법』을 저술하였다고 할 수 있다네.

사실, 『손자병법』 대부분의 구절이 하나의 군사사상이 될 수 있지만 내가 볼 때는 세 가지로 설명할 수 있을 것 같네. 첫째는 국가를 잘 경영하여 전쟁을 철저히 준비하면 주변국들이 감히 침략하지 못하게 되니 싸우지 않고 이기는 것(不戰勝)과 같네. 왜냐하면 전쟁의 승패에 국가의 존망이 달려 있기 때문이지. 둘째는 그래도 전쟁을 해야 한다면 최소의 피해로 승리(全勝)하는 것이네. 비록 전쟁에서 승리해도 피해가 엄청나면 주변국의 먹이기 될 뿐이지. 마지막으로 최소의 피해로 승리하려

〈그림 2〉『손자병법』과『손빈병법』의 출토

면 적을 기만하여 약점을 노출시키고 그 약점에 군사력을 거세게 몰아 쳐야 승리한다(궤도詭道)고 본 것이네.

K군: 교수님,『손자병법』은 어떻게 구성되어 있나요?

J교수: 시계편으로부터 용간편까지 총 13편으로 구성되어 있지. 손무가 13편을 쓰고 약 100년 뒤에 손무의 후손인 손빈이 총 89편의『손빈병법』을 썼지. 1972년 산동성의 은작산에서 두 병서(兵書)가 동시에 출토되어『손자병법』이『손빈병법』의 기초가 된 것을 알 수 있다네.

K군: 손무가 작성한 자료가 후손인 손빈에게 이어진 것이군요!

J교수: 그렇지. 당시는 지금처럼 정보를 공유하기가 어려웠지. 인쇄기술도 없고, 종이도 없어 일일이 죽간에 기록했으니 책이 아주 귀했다네. 물론 군사 관련 책을 구하기도 어려웠을 거야. 그래서 중요한 책은 그 집의 재산이 되었고 후손들에게 대대로 전해졌지. 그것이 그 집의 가풍이 되었을 것이고….

K군: 교수님은 『손자병법』 13편이 지금의 순서대로 구성되었다고 생각하시나요?

J교수: 많은 사람들이 지금의 순서대로 쓰이지는 않았을 것이라고 생각하네. 왜냐하면 어느 편에서는 논리의 전개가 너무 엉뚱하고, 문구가 전혀 관계없는 내용이 있으며, 심지어는 문구가 다른 편에 연결되는 것이 더 논리 정연한 경우가 있지. 그래서 죽간이 출토되면서 순서가 흐트러졌다고 주장하는 학자들도 있지만 내가 볼 때는 『손자병법』을 전체 맥락에서 이해한다면 특정 구절의 단절이나 비논리적인 것은 크게 문제 되지 않는다고 생각하네. 자, 그러면 시계편 첫 구절부터 시작해 볼까? 첫 구절이 무엇이지?

K군: 兵者, 國之大事, 死生之地, 存亡之道, 不可不察也.
병자　국지대사　　사생지지　　존망지도　　　불가불찰야

전쟁은 국가의 가장 막중한 일로서, 땅의 모든 것을 파괴하고 인간의 도리를 무너뜨리므로, 깊이 살피지 않을 수 없다고 하였습니다.

J교수: 그래, 잘 해석했네. 손무는 이 한 구절에서 전쟁에 대한 자신의 군사사상과 전쟁수행의 개념을 함축시키고 있다네. 그리고 이 한 구절에서 각 편을 연결해서 설명해 나가고 있다네. 하나씩 살펴보세. 여기서 병(兵)을 해석할 때 대부분의 책에서 전쟁이라고 해석하고 있지. 나도 동의하네. 그런데 왜 손무는 전쟁할

때 전(戰)이라 하지 않고 병(兵)을 썼을까? 나는 손무가 쓴 병(兵)에는 군사력을 기르는 것(양병養兵)과 군사력을 운용하는 것(용병用兵) 두 가지 개념이 있다고 생각하네. 손무는 국가의 안전을 위해서 평소에는 군사력을 강하게 길러 전쟁에 대비하고, 전쟁이 일어나면 그 준비된 군사력으로 적을 무찌르는 것이 국가의 가장 큰 일이라고 보았지.

그래서 병(兵)을 '전쟁'이라고 해석하는 것보다는 '군사력을 잘 기르고, 잘 운용하는 것'으로 해석하는 것이 타당하리라 생각하네. 아니면 전쟁으로 해석하더라도 양병과 용병의 개념을 포함한다는 것을 기억해야 한다네. 손무는『손자병법』의 전편에서 전쟁에서 이기는 것보다 국력과 군사력을 잘 길러서 대비하여 적이 함부로 침략하지 못하게 하는 것이 더 중요하다고 강조하고 있거든.

K군: 네. 그렇게 해석이 될 수도 있군요.

J교수: 내 생각이네. 그래서 '군사력을 잘 기르고, 잘 운용하는 것'은 국가의 가장 막중한 일이라고 했지. 왜냐하면 전쟁이 일어나면 엄청난 피해가 발생하는데 땅에 있는 모든 것이 파괴되고 인간으로서의 도리가 무너지기 때문이네. 예를 들면 조너선 글로버가 쓴『휴머니티』라는 책에서는 군인들이 부녀자를 겁탈하거나 어린아이들을 마구 죽이는 학살을 기록하고 있다네. 전쟁은 그만큼 처참한 것이라네. 그래서 전쟁을 깊이 살펴야 한다고 강조하고 있지.

K군: 그러면 무엇을 살피라는 것인가요?

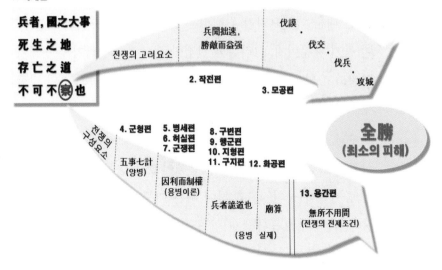

<그림 3> 손자병법의 두 가지 맥락

J교수: 음, 내가 오랫동안 『손자병법』을 연구해 보니 『손자병법』에는
두 가지의 큰 맥락이 있다는 것을 알게 되었다네. 하나는 시계,
작전, 모공편으로 이어지는 전쟁의 정의와 전쟁의 고려요소이
고, 다른 하나는 시계, 군형, 병세, … 지형, 구지, 화공, 용간편
으로 이어지는 전쟁의 구성요소(양병과 용병)에 관련된 것이
네. 사실, 마지막 용간편은 두 맥락과는 별개로 전쟁의 전제조
건인 정보에 관련된 사항인데 편의상 두 번째 맥락에 포함하
겠네.

　　전쟁의 고려요소 중 가장 핵심인 문구는 작전편의 병문졸속
(兵聞拙速)과 승적이익강(勝敵而益强), 모공편의 부전이굴인
지병(不戰而屈人之兵)과 전(全)이네. 먼저 살펴야 할 것은 병

문졸속으로 전쟁을 오래 끌어서는 안 된다는 것이네. 왜냐하면 10만 대군을 일으키기 위해서는 많은 사람, 물자 그리고 비용이 들기 때문이지. 그러니까 전쟁이 길어질수록 국가의 경제가 파탄되고 많은 백성들이 죽어 주변 국가들이 침략해 오면 망할 수밖에 없겠지.

K군: 교수님, 그러면 항상 전쟁은 속전속결로 끝내야 하나요?

J교수: 상황과 여건에 따라 다르게 적용해야겠지. 손무는 용병은 속도를 중시한다(구지-⑯)고 하여 빠른 기동성을 강조하지만 적의 동태, 아측의 보급사정, 지형 등을 고려하지 않은 빠른 기동의 위험에 대해서도 언급하고 있다네.

그런데 여기서 생각해 보아야 할 것은 전쟁의 승패를 좌우하는 결정적 시기를 놓치지 말라는 의미라고 볼 수 있지. 아무런 계획 없이, 대강 준비해서 전쟁하라는 의미는 아니지. 준비가 완벽하지 않더라도 호기를 놓치지 말고 공격하라는 의미로 이해하는 것이 타당하리라 생각하네. 사실 전쟁을 오래 끌지 말라는 것은 지극히 당연한 말이지. 그런데 왜 손무는 속전속결을 강조하고 있는 것일까? 그 이유는 전쟁이 단기전으로 끝나지 않기 때문이라네.

K군: 무슨 이유 때문인가요?

J교수: 여러 가지 이유가 있겠지만 우선 전쟁은 두 집단 간의 의지의 충돌이기 때문이지. 한 국가가 상대 국가를 파괴시키고 그 국민을 처참히 살해하면 상대 국가는 항복하기도 하겠지만, 한편 그 국민들의 마음속에는 복수심이 생겨나고 언젠가 힘을 길러

보복하려 하겠지. 이렇게 두 국가 간의 의지가 계속 충돌하게 되니 전쟁은 길어지는 것이네.

다른 이유는 전쟁을 일으키는 국가가 상대를 쉽게 이길 수 있고, 빨리 전쟁을 끝낼 수 있을 것으로 생각하다 보니 전쟁을 하면서 전쟁의 목적을 잊어버리고 오로지 적을 죽이고 파괴하는 데 치중하게 되는 것이지. 미국은 베트남 전쟁에서 무려 8년간 전쟁을 했고, 최근 이라크 전쟁에서도 신속히 바그다드를 점령하고 전쟁을 종결하였음에도 전쟁은 엄청나게 길어졌다네. 전쟁의 늪에서 빠져나올 수가 없었지. 그래서 손무는 신속히 전쟁을 끝내야 함을 강조하고 있다네.

K군: 또 하나 살펴야 할 것은 무엇인가요?

J교수: 승적이익강, 즉 싸울수록 강해져야 한다는 뜻이지. 자네 어렸을 적에 눈사람 만들어 본 경험이 있지? 처음에는 작게 뭉쳤지만 굴리면 굴릴수록 더욱 커지지. 눈덩이가 굴러서 커지는 것처럼 싸우면서도 나의 군사력이 더욱 강해지는 것이 승적이익강이야. 내 계획대로 단기전으로 승리하면 얼마나 좋겠냐마는 계획대로 되지 않는 것이 전쟁이지. 전쟁이 길어지다 보면 병사들의 전투의지도 점점 약해지고 피해가 커지며 전쟁물자는 부족해서 결국 전쟁에서 패하게 된다네. 또한 당시는 원정작전을 해야 하니 많은 물자를 실어 날라야 했다네.

예를 들어 본국에서 쌀 20가마니를 싣고 가다 보면 도적 떼를 만나거나 인부들도 먹어야 하고 자연손실도 있었지. 그래서 진정에 도달한 식량은 한 가마니밖에 되지 않은 것이지. 그만큼 전쟁 물자를 먼 거리까지 실어 나르기가 쉽지 않았지. 그렇게 되면 전쟁을 지속하기가 어려워 적 지역에서 무기, 식량 그리고 병력도 모아야 하겠지. 그것이 인량어적(因糧於敵)이네.

또한 적을 무조건 죽이면 적들도 복수심이 생겨 끝까지 싸울 것이네. 전쟁은 당연히 길어지겠지. 그래서 적에게서 이익이 될 것만 취하고 그것으로 전쟁 경비를 충당하는 것이지. 예를 들어 적의 전차를 획득한 병사에게 상을 주고 그 전차에 아군의 깃발을 달아 사용하면 아군은 싸우면서도 더욱 강해질 것(작전-⑯)이라고 했네.

이렇게 병문졸속과 승적이익강의 개념을 이해하고 전쟁에서 적용할 수 있는 장수라야 국민의 생명과 국가를 지키는 주체가 될 수 있다고 했다네.

K군: 승적이익강을 잘 적용한 장수는 누구였나요?

J교수: 내가 알기로는 몽골의 징기스칸이지. 사람들은 징기스칸을 많은 사람들을 무자비하게 학살하여 몽골을 통일한 사람으로 알고 있지만 사실은 그렇지 않다네. 역사가들은 서양의 문명은 찬란하고 서양이 동양에 앞서 있다고 기록했지. 왜냐하면 유명한 역사가들이 서양 사람이라 서양 중심으로 역사를 기록했기 때문이라네. 그런데 A. D. 1200년경에 전 유럽이 동양의 징기스칸에게 유린당했거든. 서양 사학자들의 자존심이 무너졌지. 그래서 징기스칸을 야만적이고 무자비한 사람으로 비하시킨 거야. 역사는 강자의 시각에서 기록되니까. 만약 징기스칸이 당시 동양의 발전된 문물인 화약, 종이, 활자 등을 서양으로 전파

하지 않았다면 유럽의 르네상스는 없었을 것이고 산업혁명도 없었겠지. 그랬다면 지금의 유럽도 오늘날처럼 발전하지 못했을 거야. 어쩌면 서양 사람들은 징기스칸에게 큰 빚을 지고 있는 셈이지.

K군: 네. 그러면 징기스칸은 어떻게 승적이익강을 실현했나요?

J교수: 징기스칸은 항복한 자 중에서 우수한 인재를 자기의 참모로 쓰고 기술자들로 하여금 공성장비를 만들게 했지. 그리고 항복한 자들로 군대를 조직하여 다음 전투에서 선두에 서게 하였다네. 그러니 적의 입장에서 보면 공격해 오는 자들이 자신들의 친구이거나 잘 아는 사람들이다 보니 싸우지 않고, 투항하는 사례가 빈번했지.

　　반면에 징기스칸의 군대는 몽골군에 저항하는 자들은 아주 처참하게 학살했다네. 그래서 징기스칸은 성을 공격하기 전에 먼저 몽골군에게 저항하면 무자비하게 살육하고, 항복하면 살려 준다는 소문을 냈지. 성안 사람들은 싸우자는 사람과 항복하자는 사람으로 나뉘어 자기들끼리 싸우다 무너지게 되니 징기스칸은 '죽음의 공포'를 이용해서 피를 흘리지 않고도 신속하게 유럽을 점령할 수 있었다네. 이렇게 징기스칸이 전쟁을 잘한 것은 『손자병법』을 공부하고 다양한 상황에서 창의적으로 적용한 것은 아닐까? 그러나 징기스칸은 글을 읽지 못했다고 하니 타고난 것이라고 생각할 수밖에 없지.

K군: 그래도 교육은 필요하지 않습니까?

J교수: 당연하지. 어떤 사실을 외우고 암기하는 것이 아니라 반복적이

고 체질화된 교육을 통해 잠들어 있는 천재성을 깨우는 것이 교육의 목적이지. 앞으로도 『손자병법』과 징기스칸을 관련시켜 설명해야 할 것이 많이 있으니 김순규 교수가 편역(編譯)한 『몽골군의 전략·전술』을 꼭 읽어 보게.

K군: 네, 읽을 것이 너무 많습니다.

J교수: 왜, 행복하지 않은가? 장교의 첫째 조건은 지(智)야, 지(智). 『삼국지』를 읽다 보면 혼란한 세상을 통일하려는 꿈을 가진 유비가 공부를 하러 먼 길을 떠나는 부분이 나오네. 열심히 공부에 전념하던 어느 날 스승이 유비에게 "이만하면 내가 더 가르칠 것이 없으니 세상으로 나가거라"라고 했지. 그런데 유비는 "스승님, 백 리(오늘날의 40km)를 가는 사람은 한 끼 식사를 가져가지만 천 리를 갈 사람은 한 말 양식을 가져가야 합니다"라고 대답했다네. 여기서 양식은 지식과 지혜를 말하는 것이지.

큰 그릇이 되려면 많은 지식을 갖추어야 하고 그 지식은 독서에서 나온다네. 자네도 훗날 이 나라를 책임져야 하는 장교의 길을 가려면 많은 책을 읽어야 해. 장교가 군사 전문지식을 갖추지 못하면 국가의 재앙이며, 작전편 마지막에 손무가 말한 국가안보를 책임지는 주체(작전-⑰)가 될 수 없다네.

K군: 불평처럼 들리셨다면 죄송합니다, 교수님. 전쟁에서 더 살펴야 할 것은 무엇인가요?

J교수: 다음은 모공편의 부전이굴인지병(不戰而屈人之兵)과 전(全)이네. 먼저 부전이굴인지병은 싸우지 않고 이기는 것을 말하는데 평소부터 내가 군사력을 잘 길러(養兵) 준비하여 갖추고 있으

면 적이 함부로 공격하지 못한다고 했지. 이는 이상적인 전쟁의 모습이고 현실에서 이런 전쟁은 많지 않다네.

K군: 교수님, 그런 전쟁 사례는 어떤 것이 있나요?

J교수: 이스라엘이 팔레스타인에 대해서 철저히 이런 전쟁을 수행하고 있지. 만약 팔레스타인이 이스라엘 국민을 한 명 죽이면 이스라엘은 팔레스타인 국민 열 명을 죽여서 보복한다네. 그러면 팔레스타인은 더 이상 이스라엘을 공격하지 못하지. 이스라엘이 이렇게 강한 군사력을 갖추고 있고, 그 군사력을 실제로 쓰는 것을 보여 주고 있다네. 많은 군사력이 있어도 말로만 위협하고, 적절히 사용하지 않는다면 상대는 침공할 것이네. 이스라엘은 철저히 그 원칙을 지켜 왔고, 우리는 그러지 못해서 북한이 최근까지도 천안함 피격과 연평도 포격과 같은 도발을 계속하고 있다네. 이스라엘이 팔레스타인의 도발에 어떻게 대응하는가에 관해서는 조갑제 씨가 쓴 『이스라엘식으로 살기』를 읽어 보게. 우리가 배울 점이 많을 것이네.

〈그림 4〉 천안함 피격
출처: https://www.flickr.com/photos/kormnd

K군: 그럼 전(全)은 어떤 의미인가요?

J교수: 그것은 전쟁이 일어나면 적을 직접 공격하여 많은 피해를 입는 것보다 상대와 나의 군사력을 온전히 보존한 가운데서 승리해

야 한다는 것이네. 전쟁에서 이긴다 해도 아군의 피해가 많으면 주변국의 침략을 받아 나라가 망하기 때문이라고 했지. 또한 적의 전투력도 잘 보존되어야 내가 활용할 수 있고, 그래야 승 적이익강이 되어 온전한 가운데 승리할 수 있기 때문이지.

K군: 그러면 온전한 가운데 승리하기 위해서는 어떻게 해야 하나요?

J교수: 우선 적의 의도를 꺾고(벌모伐謀), 다음은 적의 외교관계를 단절시키며(벌교伐交), 그다음은 적의 군대를 격멸하고(벌병伐兵), 마지막으로 부득이한 경우에 성을 공격하라(공성攻城)고 했다네. 그중에서도 가장 좋은 방법은 적의 의도를 꺾는 것인데 그러기 위해서는 적의 의도가 무엇인지를 먼저 알아야겠지. 또한 적의 의도를 알기 위해 손무는 용간편에서 간첩을 활용하고, 적의 군주나 장수와 가까이 있는 사람들을 포섭하여 정보를 얻어야 한다(내간內間)고 했다네.

K군: 그다음 방법이 적의 외교관계를 단절시키는 것이군요?

J교수: 단순히 적의 외교관계를 끊어 버리는 것도 중요하지만 적과 동맹을 맺고 있는 나라를 나의 편으로 만드는 것이 중요하지. 오늘날과 같이 당시에도 많은 나라들이 자국의 이익에 따라 동맹을 맺어 다른 나라들이 침략해 오지 못하도록 하였지. 그래서 공주나 왕자를 정략적으로 혼인시켰다네. 전쟁이 일어나 원정을 가면 주변국들이 침략해 오므로 동맹을 맺어 대비했지. 그래서 전쟁 전에 적의 외교관계를 끊어 버리고, 적의 동맹을 나의 편으로 만들어야 나의 군사력은 온전한 가운데 승리할 수 있다네.

K군: 그다음이 적의 군사력을 파괴하는 것이고, 가장 나쁜 방법이 적의 성을 공격하는 것인데 그렇게 되면 엄청난 피해가 발생하고 군사력을 온전히 유지한 가운데 승리하는 것이 어려워지겠군요?

J교수: 역시 자네는 똑똑하군. 손무는 성을 공격하려면 많은 시간과 장비, 병사가 필요하고, 장수가 병사들을 내몰아 개미 떼처럼 성벽을 기어오르게 하여 많은 피해를 입고도 성을 함락시키지 못하는 것은 공격의 재앙(모공-⑦)이라고 했다네.

이런 사례가 러·일 전쟁 시 뤼순 전투인데, 뤼순 항을 바라볼 수 있는 203고지를 점령하는 데 약 150일 동안 약 6만여 명의 젊은 병사들이 다치거나 죽었다네. 뒤에서 좀 더 자세하게 이야기하겠네.

K군: 네. 교수님, 모공편에서 손무는 병력이 많음에 따라 다양한 작전방법을 제시하고 있습니다. 예를 들어 적의 열 배가 되면 포위하고, 다섯 배가 되면 공격하며, 두 배가 되면 적을 분산시키고, 병력이 상대보다 절대적으로 열세하면 전투를 회피하라(모공-⑩)는 등 병력의 수에 따라 싸우는 방법을 제시하고 있는데 항상 그렇게 해야 하나요?

J교수: 항상 그렇게 하라는 것은 아니고 하나의 기준이 될 수 있겠지. 그리고 상황과 여건에 따라 장수가 창의적으로 생각하고 적용해야 함을 강조하고 있다네. 또한 상대와 나의 군사력의 규모도 중요하지만, 손무가 강조한 것은 많은 병력을 가지고 있어야 다양한 전법을 구사할 수 있다는 것(군형-⑤, ⑯)이지. 손무

는『손자병법』전편에 걸쳐서 군사력을 잘 기르고 준비하는 것을 강조하고 있고, 늘 그러한 관점에서『손자병법』을 읽어야 한다네.

　손무는 군주와 장수의 관계가 중요하고 두 사람 간에 틈이 생기면 국가가 약해진다고 했다네. 또한 마지막 구절에서 군주가 조심해야 할 세 가지를 제시하고 있지. 첫째는 군대가 진격해야 할 때 후퇴하라 하고, 후퇴해야 할 때 진격하라고 명령하는 것이며, 둘째는 군대의 사정을 알지 못하고 군사행정에 간섭하여 군을 혼란하게 만드는 것이고, 마지막은 지휘체제를 무시하고 군령에 간섭하여 군 내부에 불신감을 조성하는 것을 말하는 것이네.

K군: 네. 그래서 손무는 다섯 가지를 통해서 온전한 승리를 알 수 있다(지승유오知勝有伍)고 했군요. 먼저,

知可以與戰不可以與戰者勝지가이여전불가이여전자승: 싸울 때와 싸우지 말아야 할 때를 아는 자는 승리하며,

識衆寡之用者勝식중과지용자승: 많은 병력을 적은 병력 다루듯 하는 자는 승리하고,

上下同欲者勝상하동욕자승: 상하가 일치단결하면 승리하며,

以虞待不虞者勝이우대불우자승: 만반의 준비를 갖추면 갖추지 못한 자를 이기고,

將能而君不御者勝장능이군불어자승: 장수가 유능하고 군주가 간섭하지 않으면 승리한다는 것입니다.

J교수: 잘 해석했네. 여기서의 승리는 모두 온전한 승리, 즉 최소의 피해로 전쟁에서 승리하는 것을 의미한다네. 뜻을 보면 다 이해가 되지?

K군: 네. 특히 군주가 장수의 할 일에 간섭하지 말아야 한다고 한 마지막 구절이 중요하다고 생각합니다.

J교수: 그렇지. 그러나 명심해야 할 것이 있지. 먼저 장수가 유능해야 한다는 것이야. 그래야 군주가 간섭할 필요가 없겠지? 또 손무는 상하가 같은 뜻으로 단결해야 승리한다고 했는데 군주와 장수, 군주와 백성, 장수와 부하들의 단결을 의미하지. 결국 전쟁은 국민들이 일치단결하여 총력전을 한다는 것을 강조하고 있다네. 그렇게 되면 백성과 부하들이 죽음을 무릅쓰고 전쟁을 하게 된다네. 그런데 전쟁에서 승리하기 위해서는 또 필요한 것이 무엇일까?

K군: 적에 관한 정보를 알아야 합니다.

J교수: 그렇지. 그래서 손무는 전쟁에서 이기기 위한 전제조건으로 간첩을 활용(구지-㊾, 용간-⑫)하여 적, 지형, 기상에 관한 정보를 수집해야 한다고 강조하고 있다네. 그래서 적을 알고 나를 알면 백번 싸워도 위태롭지 않고, 적을 모르고 나도 모르면 싸울 때마다 위태롭다고 했다네. 간첩의 활용에 대해서는 마지막 용간편에서 자세히 설명하고 있지.

지금까지 작전과 모공으로 이어지는 전쟁의 고려요소를 살펴보았네. 가장 중요한 것은 전쟁은 국가의 존망을 좌우하므로 나의 피해가 없는 가운데 승리하는 것이 최선이며, 그러기 위해

서는 단기간에, 싸우면서 더 강해지는 전쟁을 해야 한다는 것이
지. 다음 대화에서는 전쟁의 구성요소를 알아보도록 하겠네.

더 읽어 보면 좋은 책

1. 김기동·부무길, 『손자의 병법과 사상 연구』, 서울: 운암사, 1997.
2. 정민, 『다산선생 지식경영법』, 서울: 김영사, 2006.
3. 김순규, 『몽골군의 전략전술』, 서울: 국방 군사연구소, 1997.
4. 조갑제, 『이스라엘식으로 살기』, 서울: 조갑제 닷컴, 2013.
5. 김희상, 『중동전쟁』, 서울: 전광(典廣), 1998.

1) 전쟁의 배경

제3차 중동전쟁은 1967년 6월 5일부터 10일까지 6일간의 단기간에 끝난 전쟁이었다. 제2차 중동전쟁에서 패한 이집트의 나세르 대통령은 지속적으로 중동에서의 주도권을 유지하기 위해 이스라엘과 긴장 상태를 조성하는 것이 필요했다. 한편 이스라엘은 이 전쟁에서 승리하여 아랍 국가들에게 자신감을 갖게 되었고 그 자신감은 자만심으로 변해 갔다. 이스라엘 내부에서는 아랍에 대한 강경파와 온건파 간의 갈등이 커졌으며, 경제적으로도 소비성향이 높아져 경제가 파탄에 이르게 되자 이스라엘의 입장에서도 적절한 긴장, 즉 전쟁이 필요하게 되었다.

이러한 와중에 1961년 중국과 소련 간의 분쟁이 격화되자 소련은 중동 국가들의 지원이 절실한 상황에서 이집트에 엄청난 군사 지원을 하게 되었으며, 이에 대응하여 미국도 이스라엘의 군사행동을 지원하게 되었다. 이렇게 중동에서 이집트의 위상을 유지하려는 나세르의 야심과 이스라엘의 혼란과 분열, 그리고 미·소 강대국의 개입이 제3차 중동전쟁의 원인이었다.

2) 전쟁의 계획

이스라엘의 군사력은 아랍 국가의 절반에도 미치지 못하였다. 병력은 이스라엘이 약 28만 명, 아랍군은 44만 명이었으며, 항공기는 이스라엘이 약 500대인 반면 아랍은 약 1,000여 대였다. 또한 전차는 이스라엘이 약 1,000여 대였으나, 아랍은 2,500여 대로 앞서 있었다. 이렇게 아랍이 우세한 군사력을 갖추고 있었지만 동맹으로 구성되어 단결력이 약했고, 각국의 군사력 수준에서 차이가 있었다.

특히 이집트의 나세르는 아랍 국가들의 군사력이 우세하니 우선 이스라엘을 봉쇄하여 긴장을 유발함으로써 강대국의 개입을 유도하거나, 장기적으로 이스라엘을 봉쇄하여 서서히 교살시키겠다는 전략을 세웠다. 왜냐하면 이스라엘이 아랍 국가에 포위되어 있어 오래 버티기 어려울 것으로 판단했기 때문이다. 더욱이 이스라엘이 공격해 오더라도 준비된 강력한 방어진지에서 이스라엘의 공격을 분쇄한 후 반격으로 전환하고 상황이 여의치 않으면 UN의 개입을 통하여 휴전을 하면 된다고 생각했기 때문이다.

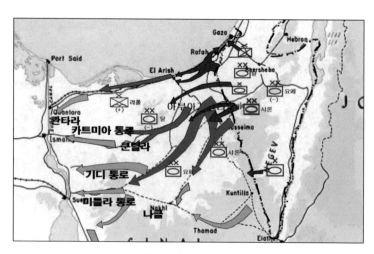

〈그림 5〉 제3차 중동전쟁
출처: 육군대학 전쟁사학처 강의록

반면에 이스라엘은 자신들이 처한 전략환경 때문에, 즉 아랍에 포위되어 외부의 지원을 받을 수 없고, 인구와 물자가 절대적으로 부족하며, UN 등 국제사회가 전쟁을 중지하도록 개입하기 때문에 속전속결 전략을 세웠다. 그래서 이스라엘은 아랍군을 격멸하여 전쟁의지를 파괴하는 데 중점을 두고 먼저 이집트를 공격하기 위해 남쪽의 시나이 반도 깊숙이 공격하여 전진하고 그동안 요르단과 시리아 전선은 견제하는 계획을 세웠다.

3) 전쟁의 경과

이스라엘의 속전속결 전략개념이 그대로 이 전쟁에서 구현되었다. 1967년 6월 5일 아침 7시 45분 이스라엘 공군이 이집트 비행장을 기습적으로 공격하여 이집트 전투기 약 410대를 파괴하였다. 이스라엘이 선택한 공격시간은 안개가 걷히고, 이집트의 조종사들이 근무를 교대하는 시간이었으며, 특히 이집트의 주요 지휘관이나 관리들이 출근하는 시간을 노린 것이었다.

한편 이스라엘의 지상군은 중앙을 담당한 샤론 사단과 요페 사단

〈그림 6〉 파괴된 이집트 비행장 및 전차

이 주공으로, 북쪽은 탈사단이 조공으로 그리고 남부축선에는 독립여단이 기만작전을 감행하였다. 그래서 시나이 반도로 3개 사단과 1개 여단을 투입하여 6일 만에 가자 지구, 수에즈 운하, 티란 해협을 포함한 시나이 반도 전 지역을 점령하였다.

요르단과의 작전은 3개 여단을 투입하여 웨스트뱅크라 불리는 요르단 강의 서부 지역을 점령하고 예루살렘에는 공수여단을 투입하여 주요 지역을 점령하였다. 시리아와의 작전은 시나이 반도로 지향했던 병력을 전환하여 7개 여단으로 골란 고원을 점령하고 6월 10일 골란 고원 동쪽 쿠네이트라까지 진격함으로써 이스라엘은 6일 만에 전쟁을 끝냈다.

4) 손자병법의 관점에서 분석

(1) 병문졸속(兵聞拙速)

전쟁이 길어지면 병력과 물자가 부족하고, 포위되어 있는 이스라엘의 전장 환경은 아랍에 비해 절대적으로 불리하다. 그래서 기습적으로 전쟁을 시작하여 적의 항공력을 초기에 파괴함으로써 지상작전을 신속하게 수행할 수 있었다. 왜냐하면 항공우세가 달성되지 않으면 지상의 많은 기갑 및 기계화 부대가 피해를 받기 때문이다. 또한 지상군은 돌파된 지역을 신속히 공격하여 피해를 줄이고, 적의 전투의지를 분쇄하여 최소의 피해로 전쟁에 승리한 것이다.

이스라엘이 6일 만에 단기전에서 승리할 수 있었던 이유는 크게 두 가지로 요약할 수 있다. 첫째는 이스라엘이 자신들의 전략적 환경을 잘 이해하고 있었다는 것이다. 이스라엘은 아랍 국가들로 포위되어 외부로부터 전쟁 물자나 병력을 지원받을 수 없었고, 아랍 국가들보다 군사력이 열세하므로 전쟁을 오래 끌게 되면 패할 수밖에 없다는 것을 알고 있었다.

둘째는 이러한 단기전을 수행할 수 있는 수단이 있었다는 것이다. 즉, 신속하게 공중으로 기습할 수 있는 항공력으로 이집트 공군을 조기에 파괴시킴으로써 제공권을 확보할 수 있었고, 이러한 이점을 활용하여 지상군이 아무런 피해를 입지 않고 기동할 수 있었다. 또한 이스라엘 지상군은 전차나 기계화 부대로 갖추어져 있어서 신속하게 이집트를 공격할 수 있었고, 그 전력을 시리아, 요르단으로 전환할 수 있었다. 즉, 기동화된 능력을 갖추고 있었기 때문에 가능한 것이었다. 만약 이스라엘이 기계화 부대로 편성되지 못했다면 6일 전쟁의 신화는 없었을 것이다.

(2) 승적이익강(勝敵而益强)

이스라엘은 이 전쟁에서 약 800여 대의 전차와 수천 대의 차량을 포함한 당시 20억 달러 상당의 장비와 보급품을 획득함으로써 군사력을 증강하는 일대 계기를 맞았다. 전투의 피해 측면에서도 이스라엘은 전사자가 약 800여 명인 데 비해 아랍은 약 2만 명에 가까웠다. 이 전쟁으로 이스라엘은 영토가 4배나 확장되고, 티란 해협을 장악함으로써 아카바 만의 자유 통행권을 확보하였으며, 성지 예루살렘을 탈환함으로써 국민의 사기는 치솟았다. 이처럼 전쟁 후 더 강한 나라가 되었고 주변 아랍 국가들은 오히려 이스라엘의 침공을 걱정해야 할 처지가 되었디.

(3) 전승(全勝)

손자는 전쟁을 할 때 최소의 피해로 승리해야 한다는 것을 강조하고 있다. 앞에서처럼 이스라엘의 전사자는 아랍에 비해 훨씬 적었고 전차만 하더라도 이스라엘은 86대가 손실되었지만 아랍은 약 1,000대가 손실되었다. 이처럼 적을 공격함에 있어서도 피해를 최소화하였다.

또한 전(全)을 달성하기 위해서 용병 중에서 **벌모(伐謀)**를 우선적으로 고려하였다. 이집트의 나세르는 이스라엘을 봉쇄하고 전쟁을 장기화하려는 의도를 가지고 있었지만 이스라엘은 전쟁을 속전속결로 끝내고 아랍 국가들이 봉쇄하려는 티란 해협의 아카바 항만을 조기에 점령하여 아랍의 의도를 파괴하였다.

그리고 **벌교(伐交)**의 차원에서 보면 아랍은 동맹군이었으므로 이스라엘군의 주력이 이집트를 공격할 때 요르단과 시리아가 공격해 오면 이스라엘은 군사력이 충분하지 못해 전쟁을 이기기가 어렵다는 것을 알고 있었다. 따라서 전쟁의 경험을 통해서 아랍 동맹의 결속이 강하지 않다는 것과 이집트가 공격을 받아 패하게 되면 요르단이나 시리아가 적극적으로 공격하지 않을 것을 알고 있었기 때문에, 요르단과 시리아를 일단 견제하였다가 이집트군을 격멸하고 나서 병력을 전환하여 공격하였던 것이다. 적 동맹국의 허점을 이용하여 단계적으로 군사력을 운용함으로써 최소의 피해로 단기간에 승리할 수 있었다.

결론적으로 이스라엘의 3차 중동전쟁은 손자가 말한 전쟁 시 고려해야 할 요소, 즉 승적이익강, 병문졸속, 온전한 승리를 달성한 대표적인 사례이다. 전쟁을 계획할 때는 이러한 요소를 충분히 고려해야 한다.

2 전례분석: 베트남 전쟁

1) 전쟁의 원인과 경과

　베트남 전쟁은 3개의 국면으로 구분할 수 있는데 제1기(1945. 9.~1954. 7.)는 프랑스와의 전쟁이고, 제2기(1954. 8.~1973. 1.)는 미국과의 전쟁이며, 제3기(1973. 2.~1975. 4.)는 미군 철수 후 내전 기간이다. 여기서는 미국과의 전쟁에 대해서 알아보고자 한다.

　프랑스가 베트남에서 철수하자 미국은 동남아의 여러 국가들이 점진적으로 공산화되는 것을 막기 위해 17도선 이남의 남베트남에 파병하였다. 당시 남베트남의 고딘디엠 정권은 안정적으로 국정을 관리하였으나 점차 부패하고 독재정권으로 변해 가자 국민들은 이 정권에 등을 돌렸다. 한편 월맹(북베트남)은 17도선 이북으로 철수하면서 약 1만여 명의 베트콩(베트남의 공산주의자)을 남겨 두었는데 이들이 반정부 세력으로 테러와 반란을 격화시켰다.

　1963년 고딘디엠 정권이 전복되고, 이후 쿠데타가 빈번하게 발생하는 등 베트남의 정세는 극도로 악화되었다. 남베트남에 침투한 베트콩 세력은 해가 갈수록 확장되어 무려 10만여 명에 이르게 되었고 남베트남은 사실상 통치가 어려운 상황이 되었다. 한편 미국은 1964년부터 베트콩을 지원하는 북쪽의 월맹을 공격하고, 지상 전투부대를 투입하여 남베트남 정부군의 작전지휘권을 미국이 담당하게 되었다. 이무렵 월맹이 미군 함정을 공격한 통킹 만 사건으로 미국은 전쟁을 확대해 나갔다.

이후 미군은 월맹의 심장부인 하노이와 하이퐁항, 시가지, 철도, 비행장까지 폭격하였다. 이에 월맹은 점차 전력을 증강하면서 더 격렬하게 저항하였다. 이후 베트콩들이 정면으로 싸우는 것을 피하고 정글의 밀림을 은신처로 하여 기습으로 공격하는 전법을 사용하자 미군은 소부대를 정글로 투입하여 적을 발견 및 고착시키고 헬기로 주력을 투입하는 소탕 작전을 수행하여 성과를 거두었다.

그러나 1968년 1월 29일 월맹이 사이공을 포함하여 남베트남의 주요 도시를 동시에 공격한 구정 공세의 비참한 전투상황이 TV로 생중계되어 미국의 안방까지 방영되었다. 이를 통해 미국인들은 미군의 전투상황이 불리하다는 것을 알게 되었고, 반전운동이 확산되었으며 국제적으로도 미국의 위신이 추락하였다. 이 공세에서 월맹은 미군보다 많은 피해를 입어 전투에서는 실패한 것으로 보였지만 사실은 미국민들이 반전운동을 전개하는 계기가 되었다는 점에서 월맹이 정치적으로 큰 성과를 거둔 공세였다.

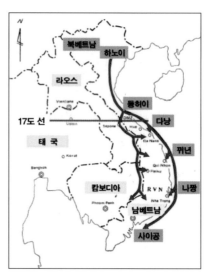

〈그림 7〉 베트남전 호치민 루트

그 결과 미국은 베트남 철수를 결심하게 되지만 철수 전에 월맹의 전력을 최대한 약화시키는 것이 철수 이후 베트남 정부에 유리할 것으로 판단하였다. 그래서 월맹군이 남쪽으로 부대와 물자를 수송하는 주보급로인 호치민 루트를 파괴하는 작전을 수행하게 되었다. 그런데 이 루트는 캄보디아와 라오스의 내부 깊숙이 뻗어 있어서 미군은 많은 병력을 캄보디아에 투입하여 월맹군의 거점을 소탕하고, 많은 무기와 탄약을 노획하였으며, 1,000여 명의 포로를 획득하였다. 반면 라오스는 산악지형이 많아 캄보디아에서만큼 큰 성과를 얻지 못했다. 이후 전쟁은 정치적인 국면으로 전환되어 1973년 1월 27일 평화협정이 파리에서 체결되었으나, 미군이 철수하고 2년 뒤 월맹군은 어떠한 저항도 받지 않고 남베트남의 수도 사이공을 함락시켰고 베트남은 공산화되었다.

2) 손자병법의 관점에서 분석

(1) 병문졸속(兵聞拙速)

미국은 손무가 강조한 병문졸속과는 반대로 약 8년간의 긴 전쟁으로 많은 병력과 물자를 잃고 전쟁에서 패했다. 그렇다면 왜 미국은 단기간에 전쟁을 끝내지 못했던 것일까? 여러 가지 이유와 원인이 있겠지만 무엇보다 전쟁이 길어진 가장 큰 이유는 전쟁의 목표에 관한 것이었다.

냉전하에서 동남아의 공산화가 확장되는 것을 방지하고자 한 미국은 섣불리 전쟁을 개시하였다. 베트남의 정치적 상황과 정글이라는 지형의 불리점을 충분히 고려하지 않았고, 무엇보다 국민들에게 명분을 얻기가 어려운 전쟁이었다. 그러다 보니 미국은 전쟁 전부터 누구와 싸워야 하는지 명확한 전략목표를 찾지 못했다. 통킹 만 사건을 계기로 적극 개입하기는 했지만 적의 실체가 없는 상황에서 북폭을 감행할 수밖에 없었고 실제 효과도 있었지만 전쟁을 끝내지는 못했다.

다음의 전쟁목표는 베트남 내에 있는 베트콩이었다. 정글에 숨어 있는 적을 찾고, 헬기로 주력을 투입하여 적을 격멸하는 작전도 처음에는 효과가 있는 듯하였다. 그러나 적도 치고 빠지는 게릴라전으로 대응하였고 특히 주민들 속에서 활동함으로써 작전을 수행하기가 어려워졌다. 그 이후 미국은 베트콩을 뒤에서 지원하는 세력이 월맹임을 인식하고 그들의 지원 통로였던 호치민 루트를 파괴하는 것을 전쟁의 목표로 두었다. 그러나 이 루트는 정글로 뒤덮여 있었고, 일부 지역은 캄보디아와 라오스에 있어서 차단하기가 쉽지 않았다. 이처럼 미국은 베트남전에서 전쟁의 정확한 목표를 잃어버린 채 무제한의 폭격을 감행함으로써 스스로 지쳐 갔고 끝이 보이지 않는 터널 속으로 빠져들었다.

(2) 승적이익강(勝敵而益强)

월맹은 프랑스와의 전쟁(1946. 12.~1954. 5.)에서 많은 전투기술을 숙달하고 무기와 장비를 갖춤으로써 더 강해졌다. 월맹의 전쟁수행개념은 먼저 방어에 치중하며, 산악 요새에서 전력을 강화하고, 다음으로 혁명군이 은거지에서 나와 적의 노출된 시설을 기습하며, 마지막에는 전면 공세로 전환하는 것이었다. 즉, 대규모의 정규전과 게릴라전으로 미군을 약화시키는 전략과 전술을 구사하였다.

또한 17도선 이북의 월맹은 호치민 루트를 통하여 베트콩에게 병력과 물자를 제공하여 지속적으로 싸울 수 있도록 지원하였다. 실제로 월맹은 전쟁 전 호치민 루트를 이용해서 정규군을 신속히 남파하여 전력은 정규군 30만 명과 비정규군 30만 명에 이르게 된다. 그리고 베트

〈그림 8〉 베트콩의 땅굴
출처: www.warmemo.or.kr

콩은 남베트남의 주민들 속에서 현 정부의 부패와 독재에 맞서 싸우도록 선동하여 지속적으로 주민들로부터 인력과 물자를 지원받을 수 있었다. 특히 미군이 남베트남군에 지원한 많은 무기와 장비들이 고스란히 베트콩에게 넘어가는 상황이 발생하였는데 이것은 베트콩이 더 강해지는 계기를 만들어 주었다.

베트남의 지형과 기상은 월맹과 베트콩을 더욱 강하게 하는 요인이 되었다. 사실 정글은 대규모의 협동작전을 수행하기가 어렵고 습지가 많아 기계화 부대를 운용하는 것도 어렵다. 따라서 베트콩은 정글 지역에 땅굴을 파서 미군의 공습에도 견딜 수 있게 대비하였고, 덥고 습한 기후는 미군에게는 또 다른 적이었지만 월맹군과 베트콩에게는 가장 믿을 수 있는 우군이 되었다. 중국과 소련의 입장에서 베트남에 친미 정권이 들어서면 그들에게는 큰 위협이 되므로 어떤 경로로든 월맹과 베트콩을 지원했을 것이다.

반면에 미국은 아무런 사활적 이익이 존재하지 않는 곳에서 약 8년

간의 전쟁을 하면서 지치고 경제적으로도 피폐해져 갔다. 미국은 이 전쟁에서 6만여 명의 사망자 및 행방불명자와 30만여 명의 부상자가 발생했으며, 항공기(헬기 포함)는 약 8,500대가 피해를 입었고, 약 1,500억 불의 천문학적인 전쟁비용이 들었다. 월맹과 베트콩과는 달리 미군은 싸울수록 더 약해지는 상황이었다.

(3) 전승(全勝)

온전한 승리를 달성하는 가장 좋은 방법은 **벌모**(伐謀), 즉, 적의 의도하는 바를 파괴시키는 것이다. 우선 월맹과 베트콩은 자신들의 전력이 미국에 비해 절대적인 약세라는 것을 알고 전쟁을 장기전으로 끌고 가려고 하였다. 또한 월맹과 베트콩은, 미국이 멀리 원정작전을 수행하므로 전쟁이 길어지면 지치고, 전투의지가 약해지며, 미국민들이 전쟁을 반대할 것이라는 사실을 알고 있었다. 그래서 정규전과 비정규전을 병행하여 미군을 혼란하게 하고 정글이라는 지형과 열대 기후를 이용하여 치고 빠지는 식의 게릴라전으로 끝까지 버티는 전략을 택했다.

반면에 미군은 월맹과 베트콩의 의도, 즉 베트남의 무력적화 통일을 정확히 파악하지 못했다. 따라서 월맹과 베트콩의 관계를 알지 못했기 때문에 앞에서 언급한 것처럼 엉뚱한 목표를 공격하였던 것이다. 만약 미군이 정확한 적의 의도를 알았다면 우선 월맹과 베트남의 연결을 차단하고, 베트콩의 근거지인 월맹을 약화시키며, 동시에 베트콩을 주민과 분리하는 작전을 수행했어야 했다.

또한 중요한 것은 **벌교**(伐交)다. 미국은 동남아 일대의 공산 국가들에 대한 외교를 적극적으로 수행하여 월맹과 베트콩을 지원하는 세력을 차단해야 했다. 특히 중국과 캄보디아, 라오스는 베트남과 국경을 맞대고 있어서 언제라도 물자나 장비가 지원되는 상황이므로 이를 철저히 차단할 수 있는 군사적, 외교적 노력이 필요했지만 미국은 벌교의 차원을 이해하지 못했다.

그리고 무엇보다 중요한 것은 개별 전투의 승리를 전쟁의 승리로 연결하지 못한 것이다. 미군은 대량의 폭격과 네이팜탄, 고엽제 등 엄청난 물량전으로 모든 전투에서 적을 물리치고 이겼다. 그럼에도 불구하고 그 전투의 승리는 전쟁의 승리로 이어지지 못했던 것이다. 심지어는 미군의 네이팜탄 공격에 부상당한 베트남 소녀의 참상이 전 세계에 알려지면서 국내적, 국제적 지지를 잃고 결국 전쟁에서 패하는 원인 중 하나가 되었다.

〈그림 9〉 미군의 네이팜탄 공격
출처: 후잉 콩 닉 우트, 〈The Terror of War〉, 1973.

반면에 월맹과 베트콩의 관점에서 보면 이들은 전투력의 절대적 약세로 매번의 전투에서 패할 수밖에 없었다. 그러나 그들은 지속적으로 미군을 약화시킨다는 전략적 목표에 집중했던 것이다. 한마디로 미군을 괴롭히는 것에 모든 전술활동을 맞춘 것이다. 어쩌면 미군은 손무가 부득이한 경우에 하라는 공성전을 수행했는지 모른다. 월맹과 베트콩은 남베트남의 주민, 정글과 기후라는 성에서 방어하고 미군은 그 성을 개미 떼처럼 공격하여 아무런 성과도 없이 피해만 키웠던 전쟁이다. 바로 손무가 말한 공격의 재앙이었다.

3 논리적 맥락

兵者, 國之大事, 死生之地, 存亡之道,
병자　　국지대사　　사생지지　　존망지도

不可不 (察) 也.
불가불 (찰) 야

① 兵聞拙速 병문졸속: 전쟁에는 많은 인력, 물자, 비용이 필요하므로 단
기간에 끝내야 한다. 전쟁이 길어지면 많은 피해를 입어 주변국들이 침
략하여 멸망하게 되면 전쟁의 승리는 의미가 없다.

② 勝敵而益强 승적이익강: 피해를 최소화하면서 전쟁을 치르기 위해서
는 적지에서 식량을 조달해야 한다. 적을 죽이고 장비를 파괴하기보다
는 포로와 장비를 아군이 활용하여 강해져야 한다.(作戰篇)

③ 不戰而屈人之兵 부전이굴인지병: 군사력을 잘 기르고 준비하면 적이
함부로 침략하지 못할 것이니 이것이 싸우지 않고 이기는 최선의 방법
이다. 군주와 장수는 강한 군사력을 길러야 한다.(養兵)

　　　대군(大軍)에게는 병법이 필요치 않다.　-나폴레옹-

④ 全 전: 적을 파괴하는 것보다 적과 내가 온전한 상태에서 승리하는
것이 최선이다. 그러기 위해서는 적의 의도, 외교, 군대, 성을 공격하는
것인데 최선은 적의 의도를 꺾는 것이다.(謀攻篇)

[요약] 전쟁은 국가의 존망을 좌우하므로 나의 피해가 없는 가운데 승리하는 것
이 최선이다. 그러기 위해서는 단기간에, 싸우면서 더 강해지는 것을 살펴야 한다.

2

양병
(始計, 軍形)

兵者, 國之大事, 死生之地, 存亡之道, 不可不察也.
병자　　국지대사　　사생지지　　존망지도　　불가불찰야

故經之以五事, 校之以計, 而索其情.
고경지이오사　　교지이계　　이색기정

그러므로 국사(國事)의 다섯 가지를 잘 경영하고,

일곱 가지 요소로 군사력을 길러,

정황에 따라 상대와 나의 강·약점을 살펴야 한다.

-시계(始計)-

J교수: K군, 그동안 잘 지냈나? 앞에서 전쟁의 고려요소에 대해서 알
아보았는데 전쟁이 언제부터 시작되었는지 알아보고 전쟁의
구성요소에 대해서 설명하도록 하겠네.

K군: 그러면 전쟁은 언제부터 시작되었나요?

J교수: 인류가 이 지구 상에 등장하면서부터지 인류는 다른 동물에 비

해 힘이 약해 생존을 위해서 무리 지어 생활했다네. 남성은 사냥을 하고 여성은 열매를 따거나 뿌리를 캤지. 사실 인류가 급진적으로 진화를 하게 된 것은 직립 보행을 하게 되면서 손을 사용할 수 있었기 때문이라고 할 수 있다네. 손을 자유롭게 사용하여 창과 칼, 도끼 등 도구를 만들어 인류는 다른 동물보다 생존에 유리하였다네. 도구를 사용하게 된 인류는 더 많은 짐승을 사냥하게 되고, 고기 단백질을 많이 섭취하게 되니 뇌의 용량이 커졌으며, 집단생활로 의사소통이 필요하여 언어가 발전하게 되고 이어 문자도 발명하게 된다네. 인류의 문명은 폭발적으로 발전하게 되지. 이후 인류는 신석기 혁명을 맞이하게 되는데 신석기 혁명이 무엇인지 아는가?

K군: 고등학교 역사 시간에 공부했는데 인류가 농업을 발견하고 정착생활을 하게 되어 식량이 풍부해져서 인구가 증가한 것으로 알고 있습니다.

J교수: 그렇지. 인류가 농사를 짓게 됨으로써 식량이 풍부해져서 사냥보다는 정착생활을 하게 되었지. 사실 사냥은 성공할 때보다 실패할 때가 많아서 사냥이나 채집생활만으로는 생존이 어려웠지. 따라서 농업의 발전은 인류에게 많은 변화를 가져왔다네. 인류가 정착해서 집단을 이루어 살게 되면서 도시가 만들어지고 물물교환을 할 수 있는 시장이 생겨나게 되었지.

그러나 시장이 형성되고 서로의 이익이 부딪치면서 분쟁이 발생하게 되었고, 분쟁을 해결하는 과정에서 전쟁이 필요하게 되었지. 사실 전쟁의 기원은 사냥에서 시작되었다고 볼 수 있으나 반대하는 학자들도 있다네. 어쨌든 사냥을 하려면 무엇이 필요하지?

K군: 네. 사냥 도구가 필요합니다.

J교수: 또?

K군: 사냥을 하기 위해서는 사람들이 각자 할 일에 따라 조를 짜야 할 것 같습니다. 한 조는 소리를 내서 짐승을 몰아가고, 다른 조는 사냥하기 좋은 곳에 숨어서 기다리고 있다가 짐승들이 몰려오면 돌과 창을 던져서 잡아야 하니까요.

J교수: 그렇지. 전쟁도 사냥과 비슷한 상황이라고 볼 수 있지. 다만 짐승과 달리 상대는 나보다 더 똑똑할 수 있는 인간이라는 점에서 차이가 있지만. 자, 여기서 두 가지를 생각해 볼 수 있다네. 사냥이든 전쟁이든 상대를 잡기 위해서는 무기가 필요하고, 꾀를 써야 한다는 것이지. 무기를 갖추는 것은 양병에 해당하고 꾀를 쓰는 것은 용병에 해당된다고 할 수 있지. K군, 앞에서 전쟁을 할 때 살펴야 할 것은 무엇이라고 했지?

K군: 예, 전쟁은 단기간에 끝내고 싸울수록 나의 군사력은 강해져야 하며, 적의 의도를 파괴하여 나의 군사력이 온전한 가운데 승리하는 것을 살펴야 한다고 했습니다.

J교수: 그래. 잘 이해하고 있군. 그럼 또 하나 살펴야 할 것은 무엇이었지?

K군: 전쟁의 구성요소에 관한 것을 살펴야 한다고 하셨습니다.

J교수: 그렇지. 무기를 갖추는 양병과 '군사력을 어떻게 쓸 것인가?' 하고 꾀를 내는 용병이라네. 시계편의 오사칠계는 군사덕을 기르

는 양병에 해당되며 군형편과 연결되지. 시계편의 다음 구절들, 즉 병자궤도(兵者詭道)는 전쟁은 결국 속임수라는 것인데 이는 군사력을 운용하는 용병에 해당되며 병세, 허실, … 화공, 용간까지 연결된다네. 이번 대화에서는 시계편의 다음 구절과 군형편으로 이어지는 양병에 대해서 알아보세. 시계편의 다음 구절은,

故經之以五事, 校之以計, 而索其情.
　고경지이오사　　교지이계　　이색기정

　그러므로 국사(國事)의 다섯 가지를 잘 경영하고, 일곱 가지 요소를 비교해 보아, 정황에 따라 상대와 나의 강·약점을 살펴야 한다는 것이네.

　앞에서 손무는 백전백승보다는 싸우지 않고 이기는 것을 더 중요하다(모공-④)고 했지. 그러기 위해서는 상대 국가와 오사칠계(국력과 군사력)를 비교하여 피아 간의 강·약점을 분석(이색기정而索其情)해 보아야 하고 강점이 많은 국가가 전쟁에서 승리한다고 했다네.

K군: 네, 그러면 오사와 칠계는 어떤 관계입니까?

J교수: 오사와 칠계를 나누어서 설명하고 있는 책들이 있지만 이 둘은 한 덩어리이지. 오사에서 칠계가 파생되어 나온다네. 오사는 왕이 국가를 운영할 때 도천지장법(道天地將法)의 다섯 가지 요소를 고려하고, 칠계는 오사의 결과로 장수가 전쟁을 할 때 상

대국과 비교하는 것인데 오사가 국력의 관점이라면, 칠계는 군
사력의 관점에서 본 것이라 할 수 있지. 결국 손무는 국력이 강
해야 군사력도 강하다는 것을 강조하고 있으며 전쟁에서 이기
려면 우선 국력이 강해야 한다는 것을 말하고 있다네. 자네 음
양오행설에 대해서 들어 봤나?

K군: 처음 들어 봅니다.

J교수: B. C. 4세기 전국시대에 음양오행설이 있었는데 음양은 상호보
완적인 힘이 서로 작용하여 우주의 삼라만상을 생성하고 변화
시키며 소멸시킨다는 것인데 오사와 칠계의 관계가 이에 해당
되지. 우리나라 태극기를 보면 태극 원 안의 파란색은 음에 해

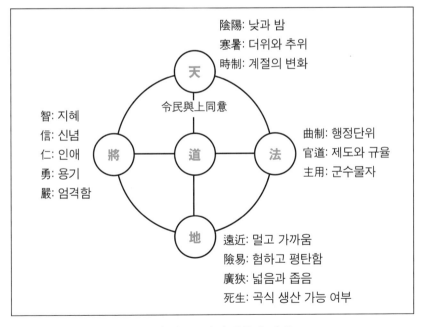

〈그림 10〉 오사의 내용과 관계

당하고 붉은색은 양을 의미한다네. 음과 양이 서로 상호보완적으로 작용하여 세상의 모든 것을 만들어 낸다고 할 수 있지.

오행은 수(水), 화(火), 목(木), 금(金), 토(土)의 다섯 개가 대립하고 상생하면서 더 복잡한 변화와 발전을 이끌어 낸다는 것이지. 손무는 이런 만물의 생성 원리를 『손자병법』에도 적용하고 있다네. 오사(伍事), 장수의 자질, 승리의 다섯 가지 조건(모공-⑲), 장수의 다섯 가지 위험(구변-⑩) 등에서 숫자 오(伍)를 사용하고 있지.

오사는 도천지장법(道天地將法)인데 여기서도 손무는 도(道)가 제일 중요하다고 생각했다네. 당시의 왕은 절대 권력을 가지고 있었고 지금의 대통령과 달리 세습되었지. 그러다 보니 훌륭한 왕이 나오기도 하지만 많은 왕들이 국사는 뒷전이고, 향락에 빠지거나 아첨하는 신하의 말만 믿고 국사를 잘못 보는 경우가 많았다네.

또한 당시의 왕은 전시에는 직접 군사를 이끌고 나가 싸워야 했으므로 왕이 법과 제도를 잘 만들고 선정을 베풀어 바른 정치를 해야 백성들이 그 뜻을 따르고, 전쟁이 나면 목숨을 바쳐 나라를 지키려 하겠지. 도(道)란 바른 정치를 의미하였다네.

K군: 그럼 천(天)은 무엇인가요?

J교수: 천(天)에 포함되는 것은 음양(陰陽), 한서(寒暑), 시제(時制)인데 음양은 낮과 밤, 한서는 더위와 추위, 시제는 계절의 변화를 말한다네. 다음의 지(地)는 원근(遠近), 험이(險易), 광협(廣狹), 사생(死生)을 포함하는데 원근은 멀고 가까움, 험이는 험

하고 평탄함, 광협은 넓음과 좁음, 사생은 곡식을 생산할 수 있는 땅인지 그렇지 않은 땅인지를 말하는 것이네. 당시는 농업국가였으므로 땅이 크면 곡식이 많이 생산되고 인구가 늘어나게 되니 부강한 국가가 될 수 있었지. 그래서 땅의 크기에 따라서 국력과 군사력의 강약이 결정(군형-⑰)되었거든.

K군: 네. 장수(將)에 관해서는 앞에서 말씀하셨고 그러면 법(法)은 무엇입니까?

J교수: 마지막으로 법(法)은 곡제(曲制), 관도(官道), 주용(主用)을 포함하는데 곡제는 당시의 행정단위, 관도는 제도와 군율, 주용은 군수물자를 말한다네. 왕이 이러한 제도와 법규를 잘 만들어 국가를 부강하게 만들어야 장수들이 전쟁을 잘할 수 있는 여건이 만들어진다고 할 수 있다네. 또한 오사에서 파생된 칠계는,

主孰有道 주숙유도: 어느 편의 군주가 정치를 더 잘하며 도의적인가?

將孰有能 장숙유능: 어느 편의 장수가 상황에 더 유연하게 대처할 수 있는가?

天地孰得 천지숙득: 천시와 지리는 어느 편이 더 유리한가?

法令孰行 법령숙행: 법령은 어느 편이 더 엄격히 집행하는가?

兵衆孰强 병중숙강: 군사력은 어느 편이 더 강한가?

士卒孰練 사졸숙련: 병사들은 어느 편이 더 잘 훈련되어 있는가?

賞罰孰明 상벌숙명: 상벌은 어느 편이 더 공정한가?를 비교해야 한다는 것이지.

여기서 교지이계는 상대와 나의 오사칠계를 비교하는 것은 물론이고 오사칠계 각각의 수준을 비교해 보아야 한다는 것이네. 예를 들면, 주숙유도가 90%, 장숙유능이 30%라면 우선 장숙유능을 70%까지 올려 균형을 맞추는 것을 말하네. 이처럼 국력과 군사력의 관점에서 상대와 나의 강·약점을 살펴야 한다는 것이지.

K군: 교수님, 칠계는 군사력의 관점에서 이해해야 한다고 하셨는데 주숙유도는 무엇을 의미하나요?

J교수: 전쟁에 임하는 국민들의 단합과 전쟁의 명분을 의미하지. 군주와 장수가 적의 만행을 응징하기 위한 정당한 명분을 내걸면 백성이 믿고 따르겠지. 오늘날에도 전쟁의 명분은 중요한 요소라네. 러·일 전쟁 때도 일본은 러시아를 세계의 문명을 발전시

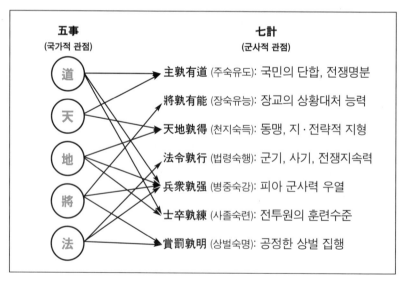

〈그림 11〉 오사칠계의 관계

키는 데 장애가 되는 야만적인 국가로 규정하였지. 왜냐하면 러시아가 만주를 점령하고 철수하지 않으니 일본에게는 위협이 되고 조선을 합병하려는 그들의 국가 이익에 방해가 되었거든.

또 하나는 러시아의 국민이 독재의 억압에 눌려 있으니 일본이 이를 해방시켜야 한다고 주장하였는데 이는 어이없는 주장이었지. 이렇게 일본의 지식인이나 군부는 전쟁의 명분을 내걸었고 일본 국민들은 그러한 명분에 열광했다네. 그래서 일본이 전쟁을 개시하던 날 동경의 시민들이 모두 꽹과리를 치며 환호했다는 기사가 실렸지. 이처럼 전쟁의 명분은 국민의 전쟁 의지를 묶어 주는 중요한 역할을 한다네.

오늘날에는 TV, 라디오, SNS와 같은 언론매체가 국민의 전쟁의지를 모으는 중요한 역할을 하고 있다네. 앞에서 월남전에서도 비참한 전투장면이 미국의 안방까지 생중계되어 미국민들은 전쟁에 혐오감을 느끼게 되었고, 자식들이 죽어 가는 모습을 보고 반전운동을 전개하게 되었지. 앞으로의 전쟁에서도 선전, 선동의 주 수단인 언론은 중요한 역할을 할 거야.

K군: 그러면 다음은 장숙유능인데요. 오사에서는 도(道) 다음에 천(天)이 오지만 칠계에서는 주숙유도(主孰有道) 다음에 장숙유능(將孰有能)이 옵니다. 순서가 다른데 이유가 있나요?

J교수: 자네 관찰력이 대단하군. 손무가 아무런 의도 없이 언급했을 수도 있지만 나는 군주와 장수가 긴밀한 관계를 유지해야 한다는 것을 강조하기 위한 것이 아닌가 생각하네. 모공편에 군주와 장수 간에 틈이 생기면 국가가 약해신나(모공-⑬)고 했거든.

그래서 손무는 주숙유도 다음에 장숙유능을 붙여 놓았는데 이는 장수와 군주 사이에 틈이 없어야 함을 강조하기 위해 순서를 의도적으로 바꾸었다고 생각하네.

많은 책들은 장숙유능을 어느 편의 장수가 더 유능한가라고 해석하고 능(能)을 장수의 능력으로 풀이하고 있지만 난 반댈세. 오사에서 지(智)는 아는 것을 넘어 신념화되어 지혜에 이른 것이라 하였지. 즉, 어떤 상황에서도 다양하게 적용할 수 있는 것을 의미하는데 그렇다면 능은 상황의 변화를 읽고 그 변화에 대응할 수 있는 유연한 사고를 의미하지. 전장 상황은 나의 생각대로 진행되지 않기 때문에 유능한 장수는 그 상황 속에서 답을 찾아야 한다네. 여러 가지 대안을 준비해서 그 상황에 맞게 대응할 수 있어야 하고, 예상치 못한 긴박한 상황에서 적절하게 대처할 수 있는 통찰력을 갖추어야 한다네.

K군: 그렇다면 천지숙득은 어떻게 보아야 합니까?

J교수: 군사적 관점에서 천(天)은 주변국과의 관계의 변화, 하계와 동계, 우기와 건기, 농번기 또는 추수기의 군사작전으로 볼 수도 있다네. 지(地)는 지형의 형세에 따라 병력을 주둔하고 배치하는 것, 주변국과의 관계 등 실제 전장에서 중요한 요소이지. 이러한 주변국과의 관계와 지형 및 기상이 누구에게 더 유리한가를 판단해야 한다는 것이네.

다음은 법령숙행인데 이는 군기, 사기, 전쟁물자 등을 누가 더 잘 갖추고 있는가 하는 것이네. 특히 군기는 중요한데 전장의 두려움 속에서 명령에 복종할 수 있는 강한 군기는 전쟁의 승리를 결정하는 중요한 요소이지.

　　인간은 약하고 죽음을 두려워하는 존재여서 전투는 집단으로 하지. 그러면 개인의 두려움은 사라지고 집단을 위해 싸우지. 사실 전투에 참가했던 많은 병사들은 국가와 민족을 위해서 싸우기보다는 분대원들이 자기를 겁쟁이로 보는 것이 두려워서 참호 밖으로 뛰쳐나와 돌격했다고 말했다네. 반면에 전장에서 죽음에 대한 공포를 이기지 못하고 이탈하는 사례가 많이 발생하는 것은 부대의 군기가 없기 때문이지.

K군:　또 다른 이유가 있나요?

J교수:　또 있지. 군기가 유지되지 않으면 적 지역에서 각종 학살이나 만행이 일어날 수 있다네. 월남전에서 미라이 학살사건이 있었는데 한 마을의 주민을 처참하게 학살한 사건이었지.

　　반면에 모택동의 군대는 장개석 군대에게 패하여 도주하면

〈그림 12〉 미라이 학살사건과 이를 주도한 캘리 중위(오른쪽 위 사진)
출처: http://ko.wikipedia.org

서도 여성을 폭행하거나 재산의 피해를 주는 것을 엄격히 금지하고 지켰다네. 그래서 결국 열세였던 모택동의 군대는 국민의 지지를 받아 장개석 군대를 이길 수 있었던 거야. 군기가 해이하여 민간인을 학살하면 전쟁의 명분, 즉 전쟁의 정당성을 잃게 되지. 그렇게 되면 국제적 지지를 얻지 못하고 결국 전쟁에 패하게 된다네. 마이클 월즈가 쓴 『마르스의 두 얼굴』이란 책을 읽어 보게. 전쟁과 전쟁수행의 정당성에 대해서 잘 쓴 책이네.

전쟁을 하려면 전쟁물자도 잘 준비되어야 한다네. 오늘날의 전쟁은 과거와 달리 전쟁의 규모가 커지고, 기간이 길어지니 많은 전쟁물자가 필요하게 되어 국가의 경제에 큰 부담을 주게 되지. 그러한 부담을 해결하기 위해 각 국가는 동원제도를 만들었는데 평소 전쟁 긴요물자를 비축해 두었다가 전쟁이 나면 병력, 장비와 물자를 국가가 동원하는 것이지. 군복무를 마친 젊은이들도 예비군에 편성하여 매년 소집해서 훈련을 시키고 있다네.

지금까지는 오사와 칠계가 연결이 되는데 나머지 세 가지, 즉 병중숙강, 사졸숙련, 상벌숙명은 잘 연결이 되지 않는 것 같지만 이것들도 오사에서 나온 것이네. 병중숙강을 예로 들면, 도(道)가 잘 지켜지면 백성들의 싸우려는 의지가 강해지고 그러면 병사들도 전쟁을 하는 이유가 분명하여 더 잘 싸우게 되지. 또한 유능한 장수가 있어 전쟁에서 살 수 있다는 희망이 있으므로 사기가 높고 군율이 유지되어 강한 군대가 되겠지. 그리고 주변국과의 관계가 탄탄하고 농번기를 피해 적절한 시기에 전쟁을 시작하니 백성들이 적극적으로 전투에 임하게 되지. 군사물자가 충분하니 어찌 강한 군대가 되지 않겠나? 사졸숙련과 상벌숙명도 이렇게 오사의 종합적인 결과로 나오는 것임을 이해할 수 있다네.

K군: 그렇군요. 오사와 마찬가지로 칠계도 서로 보완적인 관계로 발전하는 것이군요. 아무래도 영토가 크고, 생산인구가 많으면 국력이 강해지고, 강한 군대를 갖게 되어 전쟁에 이길 수 있겠군요?

J교수: 그렇지 않은 사례도 있다네. 이스라엘은 아랍에 비해 군사력이 열세하였지만 전쟁이 일어나면 남녀 모두가 전쟁에 참여한다네. 또 복무할 때도 행정병인 것을 수치스럽게 생각하지. 심지어는 전투에서 부상으로 후송되어도 자신의 링거 주삿바늘을 뽑고 바로 전투에 참가했다고 하네. 비록 영토나 인구는 작지만 국민의 단합된 힘(道), 동원 능력과 군기(法) 등 강한 군사력을 유지하여 덩치만 큰 아랍 국가들을 압도하고 있다네. 우수한 무기, 풍부한 전쟁물자도 중요하지만 보이지 않는 무형전력, 즉 전투의지와 군기 등이 더 중요한 경우도 있다네. 오사칠계를 통해서 군사력을 준비하면 어떤 결과가 오겠는가?

K군: 네, 적이 감히 공격하지 못하게 되죠.

J교수: 그렇지. 모공편에 말한 싸우지 않고도 적을 굴복시키는 것이 되지. 더 구체적으로는 군형편의 불가승재기(不可勝在己)와 입어불패지지(立於不敗之地)가 된다네. 두 문구는 같은 뜻인데 내가 충분한 군사력을 갖추고 있으면 적이 나를 이기지 못하게 할 수 있고 나는 패하지 않는 위치에 있을 수 있다는 것이지.

그래서 군사력이 우세하면 공격할 수 있고, 열세하면 방어를 할 수 있다는 것이지. 군사력이 열 배면 포위하고, 다섯 배면 공격하라(모공-⑩)고 하지 않았나? 그리고 상대보다 군사력이 절대적으로 열세하면 전쟁을 피하라고 했지. 공자(攻者)는 방자(防者)보다 행동의 자유가 많고 주도권을 가지기 쉽다네. 그렇다고 공자에게 주도권이 있는 것만은 아니지. 방어를 하더라도 여유가 있는 곳에서는 적극적인 공세행동으로 전세를 역전시켜야 한다는 것이야.

그리고 공격과 방어는 별개의 작전이 아니며, 하나의 작전이 상황과 여건에 따라 시행되는 것이지. 병력이 많아도 방어해야 할 때가 있고, 병력이 적어도 공격해야 할 때가 있는 것인데, 그런 상황판단을 잘하는 장수가 유능한 장수라네.

K군: 공격과 방어를 잘한다는 것은 무엇입니까?

J교수: 손무는 방어를 잘한다는 것은 군사력을 깊은 땅속에 숨기는 것과 같다고 했지. 또 공격을 잘한다는 것은 군사력을 높은 하늘에서 자유롭게 움직이는 것이라 했고, 그래서 나의 군사력을 온전히 보존하고 패하지 않을 위치에 있게 된다는 것이네. 그것을 달성하는 방법은 수도이보법(修道而保法), 즉 오사를 잘 경영하여 국력과 군사력을 잘 갖추는 것이 최우선이라는 것이지. 즉, 오사칠계를 통해서 충분한 국력과 군사력을 갖게 되면 다양한 용병을 구사할 수 있다는 것이네. 예를 들면 우리가 요리할 때, 재료가 많으면 더 다양한 요리를 만들 수 있는 것과 같다고 할 수 있지. 그래서 손무는 병법은 도량수칭승(度量數稱勝)

이라고 하였다네.

　일정한 지형적 상황에 따라 그 이용에 대한 지형적 판단(度)이 결정되고, 지형적 판단에 따라 물량(量)이 결정되며, 이 물량에 따라 병력의 다소(數)가 결정되고, 병력에 따라 전투역량의 우열(稱)이 결정되며, 전투역량은 전법(勝)을 결정하게 된다는 것이지. 즉, 가용한 전투력의 양이 많으면 싸우는 방법이 더 다양할 수 있다는 의미로, 용병의 융통성이 커진다는 것을 말하고 있다네.

K군:　손무는 자연 현상을 잘 관찰하여 비유적으로 설명을 하고 있습니다. 형(形), 즉 군사력을 준비하는 것은 높은 곳에 물을 가둔 것과 같다고 했는데요.

J교수:　그렇지. 그 높은 곳에서 물을 터트리면 거세게 흘러 모든 것을 쓸어 버릴 거야. 터질 듯 말 듯, 팽팽하게 가두고 있는 그 상태를 형(形)이라고 할 수 있지. 물리학에서 힘의 공식은 F(힘)=m(질량)×a(가속도)라고 배웠지? 즉, 힘의 크기는 질량과 가속도에 비례한다는 것이네. 쉽게 말해 돌을 높은 곳에서 굴린다고 한다면 돌이 무거울수록, 경사가 가파를수록 충격력이 커진다는 것이지. 여기서 군사력을 크게 키우는 것이 오사칠계를 통한 군형에 해당된다네. 그리고 경사를 더욱 가파르게 조성하는 것을 병세라 하는데 군형과 병세가 상승작용하여 더 큰 충격력을 발휘하게 되는 것이지.

　다음 대화는 세를 만들어 가는 용병에 관한 것이며, 시계편의 다음 구절이 병세, 허실, … 화공, 봉산번으로 이어진다네.

더 읽어 보면 좋은 책

1. 마이클 월저, 권영근 외 역, 『마르스의 두 얼굴』, 서울: 연경문화사, 2007.

2. 로스뚜노프, 김종헌 역, 『러일전쟁사』, 서울: 건국대학교 출판부, 2003.

3. 강성학, 『시베리아철도와 사무라이』, 서울: 고려대학교 출판부, 2003.

4. 마틴 반 클레벨트, 이동욱 역, 『과학기술과 전쟁』, 서울: 도서출판 황금알, 2006.

5. 존 에드워즈, 류동완 역, 『진화하는 전쟁』, 서울: 도서출판 플래닛미디어, 2006.

1 전례분석: 러·일 전쟁 시 일본의 군사력 건설

1) 러·일 전쟁의 배경

청·일 전쟁 이후 러시아는 독일과 프랑스와 함께 일본이 만주로 진출하는 것을 저지하고 이곳에서 자국의 이익을 확보하려고 하였다. 특히 일본이 반환한 요동반도를 러시아가 청나라로부터 빌려 해군기지를 건설한 것은 일본에게 가장 심대한 위협이 되었다. 또한 의화단 사건을 계기로 만주에서 우위를 차지한 러시아는 러·청 조약을 체결하여 이권을 확보하려 하였으나 다른 열강들 중에서 특히 일본이 반대하자 3단계에 걸쳐 러시아군을 만주에서 철수하겠다고 하였다.

러시아의 1단계 철군은 이행되었으나 2단계 철병을 연기하려는 러시아의 의도를 간파한 일본은 전쟁이 불가피함을 인식하였다. 또한 일본은 1902년 1월 영·일 동맹을 체결하고 미국의 지지를 얻어 서구 제국의 개입을 막을 수 있게 되었다. 일본 국내적으로는 러시아와의 전쟁이 숙명적인 것으로 인식하였으며, 짧은 기간 동안 군사력을 철저히 준비해 온 일본은 이 전쟁의 승리를 확신하고 있었다.

2) 전쟁의 경과

1903년 12월 일본이 러시아를 공격하기 위한 작전계획을 수립하였는데, 1단계는 압록강 이남의 작전으로서 한반도를 점령하는 데 목표를 두었으며, 2단계는 압록강 이북 만주에서의 작전으로서 러시아군의 격멸에 목표를 두었다. 일본은 전쟁에서 승리하기 위해 시베리아 철도가 완성되어 모스크바에서 극동으로 군사력이 증원되기 전에 러시아를 기습적으로 공격하였다.

일본군의 1단계 작전은 계획대로 진행되었고 뤼순항의 러시아 함대를 봉쇄하여 제해권을 확보하였다. 이에 따라 한반도에 상륙한 제1군은 압록강으로 진격하였고 제2군은 염대오(塩大澳)로 상륙하여 뤼순을 고립시켰다. 하지만 뤼순에서 러시아의 저항이 강하자 일본군은 최초의 계획을 변경하였다. 제1, 2군의 중간에 있는 대고산(大孤山)에 독립 제10사단을 상륙시켜 제3군을 편성하여 뤼순을 공격하였다.

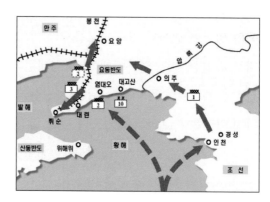

〈그림 13〉 러·일 전쟁 시 일본의 작전계획

1904년 8월에는 뤼순을 탈출하려는 러시아 함대를 일본의 도고 연합함대가 차단함으로써 일본은 제해권을 완전히 장악하였다. 반면에 뤼순을 공격한 제3군은 약 5개월에 걸쳐 수많은 사상자를 내고서야 마침내 12월 3일 뤼순의 203고지를 점령하였다. 이후 제3군은 봉천 방향으로 진격하였고, 일본군은 러시아군을 총공격하였으나 병력의 부족으로 포위작전은 성공하지 못했고 러시아군은 퇴각했다.

이후 전쟁은 소강상태로 빠져들었고 러시아의 발틱 함대가 쓰시마 해협에서 일본 함대에게 패배하였다. 러시아가 일본에 패하자 미국과 영국은 일본이 강대국으로 부상하는 것이 자국의 이익에 부합되지 않음을 인식하고 일본에 대한 재정적 지원을 거부했다. 일본은 전쟁지속능력이 부족하여 강화조약을 체결할 수밖에 없었으며 1905년 7월 포츠머스 강화회담으로 전쟁은 종결되었다. 만약 이 전쟁이 더 길어졌다면 일본은 물자가 부족하고 러시아는 모스크바로부터 병력이 증원되어 일본이 전쟁에 패할 수도 있었다.

3) 오사칠계의 관점에서 분석

(1) 주숙유도(主孰有道)

러·일 전쟁에서 일본의 대의명분은 만주를 무단 점령하여 만주의 발전을 저해하는 러시아의 야만적 행위를 벌하고 러시아 인민을 구하기 위한 것이었다. 그래서 이러한 명분을 달성하기 위해 러시아와의 전쟁은 정당하다는 것이었다. 사실, 이러한 일본의 전쟁명분 뒤에는 조선을 병합하려는 정치적 목적이 숨겨져 있었다. 반면에 당시 제정 러시아는 혁명의 기운이 감돌고 있었고 실제로 러시아의 많은 국민들이 일본과 전쟁을 하고 있는지도 모를 정도였다고 하니 전쟁의 명분도 없었고 국민들의 지지도 받지 못하는 상황이었다.

(2) 장숙유능(將孰有能)

일본의 장교는 메이지 유신을 통해서 급속히 질적 향상이 이루어졌으며 특히 육군사관학교, 육군대학, 참모본부 장교들이 배출되고 독일 유학, 군사고문단 초청 등 전쟁을 수행하고 지도할 수 있는 능력을 갖추었다. 그러나 무엇보다 청·일 전쟁을 경험한 장교들의 전쟁수행

능력은 러시아 장교를 앞섰다.

　반면에 러시아는 장교들은 개인의 능력보다는 귀족 신분에서 충원하였고 교육수준도 낮았으며, 군단장이나 사단장들 중에서 고등교육 과정을 수료한 이들은 약 57%에 불과하였다. 다수의 참모장교, 장군들은 고등군사교육을 받지 못했고 부대를 지휘한 경험조차 없었다. 예를 들면, 만주 주둔군 사령관이었던 꾸로파트킨도 대부대 지휘경험이 부족하였고 후퇴와 방어만을 거듭하면서 제대로 전쟁을 지도하지 못했다.

(3) 천지숙득(天地孰得)

　일본은 청·일 전쟁 이후 동맹의 중요성을 깨닫고 영국과 동맹을 맺고, 미국의 지지를 받아 유리한 전략환경을 조성하였다. 또한 일본은 러시아보다 전장에 근접해 있다는 지리전략적인 이점을 잘 활용하여 병력과 전쟁 물자를 러시아보다 빠르게 만주로 이동시킬 수 있었다. 그리고 청·일 전쟁의 경험을 바탕으로 만주의 산악 지형에서는 산악포의 효과가 좋다는 것과 상륙에 유리한 지점을 많이 알고 있었으므로 상륙작전 동안 피해 없이 작전을 수행할 수 있었다.

(4) 법령숙행(法令孰行)

　장비와 물자, 보급품, 군기 등에서도 일본군이 훨씬 앞서 있었다고 할 수 있다. 일본의 그 당시 군수 공업은 무기나 탄약을 대량으로 생산할 수 있는 능력을 갖추고 있었다. 또한 1894년부터 1904년 전쟁 전까지 대규모로 육군을 증강시켜 조기에 만주를 점령할 수 있었다. 10

년이라는 짧은 기간에 육군을 대규모로 증강시킨 것은 러시아의 시베리아 철도가 완성되면 철도로 많은 병력을 증원하여 전쟁을 장기화하게 되고 그렇게 되면 전쟁지속 능력이 부족한 일본군은 전쟁에서 패배할 수밖에 없다고 판단했기 때문이었다. 따라서 일본군의 육군 증강은 손무가 말한 단기전을 위한 전략적 판단이었고 어느 정도 적중했다.

일본군 병사들은 천황에 대한 충성심, 무사도의 정신으로 무장하여 군기 이행에서 러시아를 훨씬 앞섰다. 일본이 1882년에 발표한『군인칙유』(메이지 유신 이후 일본의 왕이 군인들에게 직접 내린 교서)에는 충절, 예의, 무용, 신의 등의 항목이 있으며, 절대적인 복종을 강조하였다. 또한 상관의 명령에 복종하는 것이 천황에게 복종하는 것이라는 논리를 주입시켜 장교의 명령에 절대 복종하도록 교육하였다. 그래서 뤼순 전투에서 약 6만 명의 전사상자들은 오로지 천황의 이름으로 죽어 갔던 것이다.

반면에 러시아는 경제와 기술이 발전하지 못하여 탄약, 장비 및 병기 보급상태가 좋지 못했다. 탄환공장이 공급할 수 있는 연발총 실탄은 러·일 전쟁 전부터 많은 양이 부족한 상태였다. 또한 시베리아 철도를 통해서 부대를 전개하는 데 있어서도 실제 판단보다 많은 시간이 걸려 예비품이 부족하였으며, 피복류는 질이 형편없어 병사들은 누더기에 맨발로 이동했다.

(5) 병중숙강(兵衆孰强)

일본은 청·일 전쟁 직후인 1895년 4월 군제개혁의 개략적인 방안을 발표하였는데 육군은 제8사단에서 제12사단까지 5개 사난을 신설하여 청·일 전쟁 때보다 약 2배의 사단들을 보유하게 되었다. 장비 면에서도 보병 및 공병에게는 30년식 보병총을, 기병대와 수송대는 30년식 기병총을 보급하였다. 야전포병은 1898년 아리사카(유판)식 75밀리 속사포(최대 사거리 4.8km)와 산악포(최대 사거리 4.3km)로 무장했다.

또한 일본은 해군력을 보강하기 위해 일본군 예산의 30% 이상을 함대 건조에 집중적으로 투자하여 약 10년간 전함 6척과 장갑순양함 6척을 중심으로 전쟁 전에는 약 152척 함정을 보유하였다.

반면에 러시아는 신식 산악포, 유탄포, 중포 등을 갖추지 못했고 중화기도 낮은 발사속도와 짧은 사정거리의 1887년식 152밀리 구식 야전포뿐이었다. 또한 러시아의 미약한 경제력, 극동 지역의 국경강화에 대한 관심이 부족하였다. 특히, 뤼순항은 요동반도에서 러시아의 가장 중요한 거점이었으나 전쟁 발발 전까지도 요새를 건설하지도 못했다.

러시아는 비록 함대가 수적으로 부족하지는 않았지만 문제가 되는 것은 각각의 전함이 상이한 군함 건조계획에 따라 국내외의 여러 조선소에서 제작되었다는 것이다. 그러다 보니 신형 전함들이 구형 전함의 낮은 운항속도에 맞출 수밖에 없어 전투 능력이 급격히 떨어졌다.

〈그림 14〉 일본의 280mm 산악포와 대규모 함대

(6) 사졸숙련(士卒孰練)

일본군의 전반적인 교육수준은 러시아군에 비해 다소 높은 편이었다고 볼 수 있다. 일본군의 교육은 공격정신으로 일관되어서 공격은 강력한 총검돌격으로 완수된다고 배웠다. 각 병사들은 전투에서 야전삽을 적절히 사용할 줄 알았으며 고도의 전술교육을 받았다. 병사들은 육체적으로 건강했으며 지도부가 요구하는 모든 것을 완수할 수 있도록 훈련되었다.

반면에 러시아군은 야전교범에서 요구하는 것과 관계없이 과거에 해 오던 방식대로 훈련을 하였다. 또한 함대 훈련의 경우 군비절약이라는 이유로 운항을 자제하거나 기동연습도 소규모로 실시하였으며, 그것마저도 제대로 하지 않았다.

(7) 상벌숙명(賞罰孰明)

일본군의 구체적인 자료는 없으나 상벌을 엄격하게 적용하였을 것이다. 그 이유는 전투에서 용감히 싸우다 죽으면 신사(神社)에 전쟁영웅으로 모셔지고, 전공을 세우면 하사관이 장교가 되는 체계를 갖추고 있었으므로 계급이 낮고 경제적 이유로 입대한 병사나 하사관들에게는 장교가 되는 것이 커다란 상이 되었을 것이다. 『군인칙유』에는 벌에 관한 조항이 세세하고 엄격하게 제시되어 있다.

결론적으로 오사칠계를 비교해 보아 어느 국가가 전쟁에서 이길 수 있는가를 알 수 있다고 한 손무의 혜안은 대단하다. 여기서 일본은 오사칠게를, 즉 짧은 기간에 부족한 국력과 군사력을 집중적으로 준비했기 때문에 전쟁에서 패하지 않았다. 만약 러시아가 잘 싸웠거나 진쟁이 더 길어졌다면 일본은 전쟁 물자와 장비가 부족하여 패할 수도 있었던 전쟁이었다. 그런 면에서 러·일 전쟁은 일본이 잘 싸워서 승리했다고 하기보다는 오사와 칠계를 러시아보다 잘 준비하여 패하지 않은 전쟁이었다.

2 전례분석: 이스라엘의 군사력 건설

1) 군사력 건설의 논리

이 글은 군사 학술지에 게재한 저자의 논문 일부를 발췌한 것이다. 손무는 양병을 통해 용병이 결정되며 더 많은 군사력을 갖추고 있으면 더 다양한 용병이 가능하다고 하였다. 그러나 오늘날에는 '어느 정도의 군사력이면 충분한가' 하는 문제가 제기되었다. 왜냐하면 국가가 군사력에만 무한정 예산을 사용할 수 없기 때문이다. 그래서 군사력의 운용개념에 맞는 수준에서 준비하는 것, 즉 맞춤식 군사력 건설(양병)이 필요하게 되었다. 다시 말해 '어떻게 싸울 것인가?' 하는 개념(용병)에 기초한 군사력 건설이 필요하게 된 것이다. 이스라엘은 자국이 처한 전략적 환경, 네 차례에 걸친 전쟁경험, 예산, 국민의 전투의지 등이 결합되어 생존하기 위한 전략을 수립하고, 전쟁이 발발하면 어떻게 싸울 것인가 하는 개념을 정립하였다. 그리고 그 개념을 구현할 수 있는 가장 효율적인 군사력을 건설하여 전쟁을 수행했다. 제시된 이스라엘의 사례는 손무와는 반대의 접근 방법이다.

2) 이스라엘의 군사력 건설 논리

(1) 군사전략개념 형성의 영향요소

이스라엘이 자국의 독특한 군사전략을 발전시키게 된 것은 많은 전쟁경험을 통해서 얻은 결과다. 따라서 군사전략목표를 달성하는 네 가장 중요하고 우선적인 개념을 발전시켰을 것으로 추정할 수 있다. 이러한 군사전략개념을 형성하는 데는 이스라엘 안보의 기본개념, 지역 상황, 정치적 상황[1] 등이 영향을 미쳤다고 볼 수 있다.

① 이스라엘 안보의 기본개념

이스라엘 안보개념의 핵심은 이스라엘을 둘러싼 아랍의 위협에서 기인하며, 가용한 모든 수단으로 그 위협을 격퇴하는 것이다. 이스라엘 독립 초기 생존위협에 대한 벤 구리온 수상의 대응방안은 다음과 같았다.

> "우리 안보의 본질은 하나의 국가로서 그리고 인간으로서의 생존에 관한 문제에 있다. 이런저런 군 내외 정책에 관련된 것이 아니라 바로 우리의 생존 자체에 대한 도전에 우리가 직면해 있다는 것이다. 적은 우리의 독립과 생존 자체를 말살하려고 한다는 사실을 간과해서는 안 되며 이 때문에 우리의 안보가 심각하다."[2]

이러한 국가 안보의 본질로부터 파생되는 두 가지 영향요소를 고

---

1 이스라엘에서 군사전략 및 군사력 건설에 직접적인 영향을 줄 수 있는 정책 결정자는 수상이다. 이는 수상이 국방장관직을 겸임하기도 했다는 사실을 통해서도 유추가 가능하며 벤 구리온과 에쉬콜 등이 대표적인 예이다. 따라서, 군사 전략가는 수상을 중심으로 한 국방장관, 총참모장 정도로 볼 수 있되, 결국 최종적으로 수상의 신념이 중요한 요소라 할 수 있다. 강병철, 「중간세력국가의 안보환경과 전력구조: 이스라엘·대만·한국의 사례 비교연구」, 연세대학교 대학원 정치학과 박사학위 논문, 2001, pp. 114~115.

2 David Ben-Gurion, *Yehud VeYeud(Uniqueness and Mission)*, Tel Aviv: Ma'arachot Books, 1971, Hebrew, p. 145.

려해 볼 수 있다. 하나는 이스라엘이 외부의 도움을 받을 국가가 없다는 것이며, 또 하나는 군사적 수단으로는 아랍과의 분쟁을 결코 해결할 수 없다는 것이다.

이스라엘은 독립 과정에서 강대국들이 약속을 이행하지 않는 사태[3]를 겪었으며 심지어 그들의 지원이 매우 부족하다는 것을 알고 있었다. 그래서 이스라엘은 강대국들이 이스라엘을 강력한 국가로 인식해야만 이스라엘과 협력하고 독립을 인정한다는 것을 알게 되었다. 그래서 제2차 중동전쟁에 승리하여 이스라엘군은 중동에서 가장 강력한 군대로 평가받았고 강대국들로부터 보잘것없는 국가가 아니라 원조를 받을 만한 당당한 동맹국의 지위를 얻게 되었다.

또한 아랍에 의해 포위된 이스라엘은 아랍이 분쟁을 포기하지 않는 한 분쟁을 끝낼 수 없다는 것을 알고 있었다. 왜냐하면 이스라엘의 인구, 물자, 장비 등이 아랍에 비해 절대적으로 부족하며 그러한 불리한 상황은 극복될 수 없는 것이기 때문이다. 그래서 벤 구리온은 "모든 전쟁이 일어난 뒤 비록 우리가 매 전투마다 승리한다 해도 전쟁의 종결은 아랍에 의해서 결정된다고 하는 것에는 변함이 없다"[4]라고 말했다.

1차, 2차 중동전쟁에서 이스라엘이 아랍과의 전쟁에서 획득한 영토를 강대국의 강요로 포기할 수밖에 없었던 사실은 이스라엘군이 전쟁으로 군사적 성과를 정치적 성과로 확대하기가 얼마나 어려운가를

3　1949년 미국과 영국이 이스라엘에게 시나이 반도에서 철수를 강요한 사건이나 1950년 중동 지역 무기판매에 대한 3자 협정(이스라엘에 대한 무기수출 금지조치)

4　국방대학교, 『군사교리』, 서울: 국방대학교, 1993, p. 32.

보여 주는 사례다. 이스라엘의 경우는 군사적 성과를 통해서 유리한 정치적 목적을 달성할 수 있는 것이 아니라 정치적으로 유리한 상황일 때만 군사적 성과가 의미가 있는 상황이었다.

② 이스라엘의 지역상황

아랍 국가와 비교하여 이스라엘은 인구, 영토 그리고 상비군의 규모가 열세하다. 이러한 군사적 불균형은 어떻게 싸울 것인가 하는 것에 많은 영향을 주었는데, 그중 한 가지는 전쟁기간을 최소화하고자 하는 노력이다. 이스라엘은 가능하다면 소모전을 회피하고 피해를 최소화시키기 위해 적의 강점에 직접 공격하기보다는 간접접근으로 타격하는 방법을 선택하게 되었다.[5]

다른 한 가지는 전쟁목적과 관련된 것으로 이스라엘과 비교해 볼 때 아랍 측의 병력과 물자가 우세하기 때문에 아랍군을 격멸하는 것은 일시적인 이점만 줄 뿐이므로 전쟁목적으로 고려하지 않았다는 것이다. 그렇지만 아랍군을 격멸하는 것이 여전히 중요한 이유는 전시에 아랍 측에게 휴전을 쉽게 받아들이도록 강요하기 위한 수단이 되기 때문이다.

마지막으로 영토에서 파생되는 영향요소로서 아랍군이 이스라

---

5 이스라엘 지도부가 시간요소를 중시하는 이유는 제한된 자원, 인명손실에 대한 민감성, 그리고 군사력이 동원 전력에 기초하고 있다는 사실 때문이며, 이같은 현실은 가능한 한 빠른 시간 내에 전쟁을 종결시켜야 한다는 강박관념에 사로잡히게 하는 이유가 되었다. Schiff, *A History of the Israeli Army: 1874 to the Present*, London: sidgwick and jackson, 1987, pp. 116~117.

의 중요 지역(인구밀집 지역, 주요 군시설, 수원지 등)에 근접해 있고 국경선이 짧다는 것이다. 특히 네타냐 지역은 10km 이내의 협소한 지역으로 아랍군이 점령할 경우 국토가 남북으로 절단되어 효과적인 작전을 수행하는 데 장애요소가 된다. 이처럼 전략적 종심[6]이 짧은 이스라엘은 그들의 영토를 아랍에게 허용하지 않으면서 아랍 지역에서 전쟁을 수행하는 개념을 발전시켰다.[7]

③ 정치적 상황

군사전략 개념에 영향을 주는 또 다른 요소는 전쟁 시 강대국의 간섭이 불가피하다는 것이다. 먼저 이스라엘 내부 및 외부의 정치적 상황 때문에 이스라엘은 아랍과의 전쟁에서 최소의 희생으로 신속하게 승리를 해야 했다. 아랍 국가들의 호전성과 전투의지를 분쇄하기 위해서 최소 비용으로 단기간에 적 항공력을 격멸하는 데 중점을 두었다.[8] 이스라엘은 아랍 국가들에 대해 압도적이고 가시적인 군사적 승리를 달성하는 것이 어려웠지만 이 과제가 이스라엘 군사전략 개념의 대전제였다.

또 다른 하나는 아랍과의 전쟁에서 강대국이 항상 간섭한다는 점이다. 예를 들어, 1949년 시나이로부터 이스라엘군을 철수하게 했던 벤 구리온의 결심, 1967년 6일전쟁 시 골란 고원 점령 결심 연기, 이집

---

6 전략종심이란 다른 나라 주권을 침해함이 없이 방위를 위해 국가가 군사력을 유지해야 하는 최전선과 그 자신의 중요한 지역 사이의 공간을 말한다.
7 op. cit., pp. 117~118.
8 국방대학교, 앞의 책, p. 37.

트에 대한 전략적 폭격 억제, 1970년 말경에 수에즈 운하에 대한 이집트의 지대공 유도탄(SAM) 전진배치 등 휴전 협정 위반에 대해서도 이스라엘은 강대국의 간섭을 무시하였다.

이러한 강대국의 간섭은 이스라엘이 상당 기간 동안 점령지를 장악할 수 없도록 하였으며 이스라엘이 결정적이고 명확한 군사적 승리를 달성하는 데 충분한 시간을 주지 않았다. 또한 이스라엘의 주력이, 신속한 기습을 통해 아랍국의 수도로 진출하여 아랍국의 주권을 직접 위협한다 하더라도, UN 내 강대국들의 개입을 막을 수는 없었을 것이다. 그뿐만 아니라 이스라엘은, 이와 같은 강대국들의 개입으로 인해 장기전 수행이 제한되었기 때문에, 아랍에게 잠시라도 그들의 영토를 허용해서는 안 되었다.

(2) 군사전략개념에 기초한 군사력 건설

앞에서 살펴본 영향요소들에 기초하여 형성된 이스라엘의 군사전략개념은 다음과 같이 요약할 수 있다. 우선 전쟁예방 차원에서는 충분한 군사력을 갖추고 있어야 하며, 억제를 위한 군사력 응징의 실천을 통해서 아랍 국가들에게 군사력 사용에 대한 신뢰를 주어야 한다는 것이다.

전쟁을 실시함에 있어서는 자원과 인구가 부족하고, 전략적 종심이 부재하며 강대국의 간섭 때문에 장기전을 수행할 수 없으므로 대규모의 상비군을 유지하기가 어렵고 비교적 소규모, 다목적 정예 상비군(공군과 기동성 있는 지상부대), 특히 타격부대를 보유해야 한다. 이러한 정예 상비군이 최단 시간 조기경보로 신속하게 동원될 수 있는 대규모 예비군에 의해 증강되어야 한다는 것이다.

전쟁이 끝난 후 요구되는 전쟁의 결과 차원에서 보면 아랍의 전쟁 의지를 분쇄하고, 정치적 협상을 위해 아랍의 영토를 점령해야 하며 강대국들에게 이스라엘이 강한 국가라는 것을 인식시켜 지원을 받을 수 있도록 해야 한다는 것이다. 결국 이스라엘의 전략개념의 본질은 선제 공격을 통해 전쟁을 적의 영토로 전환시켜 신속하고 결정적이며 가시적인 승리를 달성하는 것이다.

이러한 군사전략개념과 군사력 건설이 어떤 관계가 있는지 알아보자. 2가지 주요한 개념은 선제공격과 적의 영토로 나의 전투력을 투사하는 것인데 이를 달성하기 위해서는 우선 적의 종심을 감시할 수 있는 수단과 타격할 수 있는 수단이 있어야 한다. 그리고 적 지역으로 전투력을 투사하기 위해서 기동성 있는 부대를 갖추어야 하고 적의 영토를 일정 기간 장악할 수 있는 작전지속 능력이 보장되어야 한다.

이러한 개념을 구현할 수 있는 구체적인 무기체계는 크게 네 개

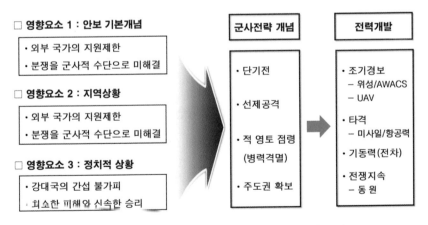

〈그림 15〉 군사전략 개념에 기초한 군사력 건설 논리

의 분야로 구분해 볼 수 있다. 첫째, 조기경보체계를 갖추어야 한다. 이스라엘은 전략적 종심이 부재하고 영토를 상실해서는 안 되는 상황이므로 종심에 대한 적의 공격을 사전 경고할 수 있는 능력을 갖추어야 한다.

이러한 적에 대한 조기경보 능력을 갖추기 위해서는 위성, 공중조기경보기, 무인항공기(UAV)와 같은 전력이 필요하다. 4차 중동전쟁에서 이집트의 공격을 조기에 감지하지 못함으로써 발생한 초전의 고전과 자국 영토 침범은 이스라엘로서는 감당하기 어려운 상황이었다.

두 번째는 종심 깊이 감시한 결과 나타난 표적에 대한 타격 능력을 갖추어야 한다. 이스라엘은 적의 수도와 같은 주요 지역에 전투력을 직접적으로 기동시킬 수 없는 상황이므로 간접적으로 타격할 수 있는 수단이 필요하다. 따라서 미사일, 항공력 등을 우선적으로 개발하였는데 미사일 구상에 대한 개발은 1985년 미국과 함께 한 전략방위구상 연구를 시작으로 지속 발전시키고 있다.[9]

세 번째, 적 지역으로 전투력을 전환하고, 적의 영토를 점령하여 상당 기간 장악하기 위해서는 우선 신속한 기동력을 갖춘 기동타격부대가 필요하다. 그래서 이스라엘은 기갑 및 기계화 부대 위주로 전력을 개발하였다.

마지막으로 이스라엘은 장기간 정규군을 유지할 수 없고 외부로부터 지원을 받을 수 없는 상황을 고려하여 신속한 동원에 의해서 전쟁지

9　손영환·김종국, 「이스라엘/일본의 미사일 방어구상 연구」, 연구보고서 획 98-1278, 한국국방연구원, 1998. 12., p. 18.

속력을 유지할 수 있는 동원체계를 갖추어야 한다. 이처럼 이스라엘의 군사전략개념에 기초하여 그 개념을 구현하기 위해 군사력을 건설하는 논리를 도출할 수 있다.

(3) 구체적인 군사력 건설 사례

① 조기경보

국가 전략 차원에서 전쟁에 대비하기 위한 조기경보는 두 가지 요건을 충족해야 한다. 하나는 적이 기습 공격을 감행할 수 없도록 적 종심 깊숙이 광범위한 지역에 대한 정보를 수집할 수 있어야 하며, 또 다른 하나는 전쟁이 발발하기 이전에 예비군을 동원하여 작전 지역에 전개할 수 있는 충분한 시간을 부여할 수 있어야 한다. 6일 전쟁에서는 경보체계가 잘 갖추어져 있어서 아랍군의 상황을 정확히 파악하고 최신 정보를 즉시 보고하였다.

그러나 4차 중동전쟁에서 이스라엘은 아랍 국가들로부터 기습을 당했는데 이는 이집트와 시리아 군의 전개형태에 대해서 이스라엘군 정보기관들이 자세히 알고 있었지만 아랍 지도자들의 의도 분석에 실패했기 때문이었다. 따라서 이스라엘은 아랍의 의사결정 과정과 정치·군사지도자들의 생각 및 행동을 충분히 예상할 수 있도록 조기경보체계의 보완이 필요했다. 이후 이스라엘의 전술적 승리에도 불구하고 전쟁은 이집트 사다트 대통령의 목적대로 진행되어, 이스라엘은 정치·군사적인 합의를 하도록 압력을 받았다. 이처럼 군사작전에서 이겼음에도 불구하고 전쟁의 정치적 목적 달성에 실패하는 상황에서, 이스라엘은 아랍 국가들의 전쟁목적을 종합적으로 분석하고 판단할 수 있는 조기경보의 중요성에 대해 인식하고 그 대비책을 강구해 나가고 있다.

- **군사위성**

이스라엘은 1988년 9월에 국산정찰위성 Ofeq-1호(히브리어로 '지평선') 위성을, 1990년 4월에 Ofeq-2호 위성을 각각 발사하였고, Ofeq-3호 감시위성은 1995년 4월에 발사하였는데 그 궤도는 이란, 이라크, 시

〈그림 16〉 Ofeq-10호 위성
출처: http://www.freeqration.com

리아에 걸쳐 있다.[10] 이스라엘의 군사위성에 관한 정보는 알려져 있지 않으나 공중을 정찰하여 촬영한 영상을 마이크파로 송신하는 시스템을 사용할 것으로 추정하고 있다. 이후에는 Ofeq 시리즈 후속을 발사할 때까지 99년에 발사한 지구관측 위성인 EROS-A1에 군사정찰 기능을 부가하여 사용하였으며, 이어서 Ofeq 위성을 발사하는 데 성공하였고, 이것도 수명이 다하여 후속위성을 운용할 때까지 EROS-B1 위성에 의존하게 되었다.[11] 이후 지속적인 연구와 위성발사를 통해 현재 공식적으로 이스라엘이 운용하고 있는 위성은 Ofeq-5, 7, 9 등 총 8대이다.[12]

---

10 손영환·김종국, 앞의 글, p. 40.

11 국방기술품질원, 『국방기술정보』, 통권 2호, 2007. 2., p. 50.

12 IISS, *Military Balance: 2014*, p. 324. 이 중 Amos 위성은 IAI사가 제작한 위성으로 2000년대 중후반에 전력화되었고, 2012년에 발사된 Amos-4는 기존 위성보다 우수하여 멀티빔, 이중 대역, 광대역 안테나를 구비하고 있고, 유도도달범위는 아프리카, 아시아, 유럽 지역까지를 포괄한다. 국방기술품질원, 위의 책,

이 중 Ofeq-5호 위성은 2014년 4월 발사한 Ofeq-10호 위성으로 교체된 것으로 파악된다.[13]

- **공중조기경보체계(AWACS, Airborne Warning and Control System)**

공중조기경보체계는 미국의 보잉사에서 보잉737기에 MESA (Multi-role Electronically Scanned Array, 다기능 위상배열) 레이더를 탑재하여 2000년 초반에 완성되었다. 또한 이스라엘의 공중조기경보통제(AEW) 시스템은 낮은 레이더 반사율을 가진 목표물을 추적하는 능력을 향상시킬 수 있기 때문에 차세대 반스텔스 기술(Counter-stealth technology)로 평가된다.[14] 이 전력은 1990년대 후반부터 이스라엘 공군의 보잉707 신호정보수집 항공기와 E-2 Hawkeye 공중경보통제 항공기를 대체하고자 연구를 진행

〈그림 17〉 공중조기경보기(G-550)
출처: https://www.flickr.com/photos/sjbyles/

통권 22호, 2010. 5., pp. 6~7.

13 「Ofeq-10(Op Sat 3000) 신형 위성 발사예정」이라는 기사 발표(2011년) 후, 2014년 4월 9일에 발사한 위성이 Ofeq-10으로 추정되지만, 아직 공식적인 자료에 등장하지는 않고 있다. Ofeq-10은 600km의 고도에서 15km 폭의 영역을 탐색하도록 설계되었고, 기존 70Cm보다 향상된 50Cm의 해상도를 제공하고 있다. 국방기술품질원, 위의 책, 통권 27호, 2011. 3., p. 26; http://www.spacenews.com(검색일: 2015. 2. 28.)

14 국방기술품질원, 위의 책, 통권 2호, 2007. 2., pp. 46~47.

하였고, 이미 2006년 레바논전을 지원하는 과정에서 전장적용 능력을 여실히 증명해 보였다.

추가적으로 2006년 9월 19일 이스라엘 공군은 3대의 AEW&C (Airborne Early Warning & Control)용 G-550 Eitam 중 첫 번째 기체를 미국으로부터 인도받았고, 이어서 2007년과 2008년에 연속적으로 한 대씩을 인도받아서 운용하였다. 현재는 2대의 B-707 Phalcon과 2대의 Gulfstream G-550 Eitam을 보유하고 있으며, 1대를 추가 주문한 상태이다.[15]

- **무인항공기 (UAV, Unmanned Aerial Vehicle)**

이스라엘 최초의 무인항공기는 IAI(Israel Aerospace Industries)사 예하의 MALAT사에서 생산한 Scout으로서 1982년 레바논 전쟁 중 이스라엘 군의 전장 정보 임무를 수행하였으며, 최초의 실시간 주야간 영상전송 능력을 가지고 있었다.[16] UAV는 최초 미국에서 1917년부터 개발하기 시작하여 걸프전, 보스니아전 및 이라크 전쟁 등을 치

〈그림 18〉 무인항공기(Predator)
출처: https://www.flickr.com/photos/expertinfantry/

---

15 IISS, *Military Balance: 2014*, p. 326.
16 합동참모본부 전략기획본부 홈페이지 무기체계 소개 「미국 및 이스라엘의 무인기 개발 동향」 참조. http://www.mnd.mil/user/indexMain.action?siteId=weapon(검색일: 2015. 3. 1.)

렀고, 1995년 중고도 무인정찰기인 MQ-1(Predator)을 전력화하면서부터 세계의 관심을 끌게 되었다.[17]

현재 이스라엘은 3개 비행대에서 총 24대 이상의 UAV를 운용 중인 것으로 파악된다. 이 중 중항공기는 헤론과 RQ-5A hunter이고, 중간급은 22대 이상으로 추정되는 Hermes 450과 900 등이다.[18]

헤론은 2006년 레바논과의 전투 중에 운용되어 그 성능을 입증하였으며, 연안으로부터 1,000km 떨어진 해상에서 최고 9,000m 고도로 해상초계 임무를 수행할 수 있고, 입수한 데이터를 실시간 전송할 수 있다.[19] 특히, Hermes 900은 2010년 시험비행에 성공하여 현재 운용 중인데, 기존 450에 비해 2배 가까운 장시간의 체공 능력을 보유하고 있으며, 지상 10km 이상의 고고도비행이 가능하고, 자동 비행 및 자동 이착륙이 가능하고 Hermes 계열의 모든 무인기에 대한 임무관리도 가능하다.

② 원거리 타격

• 미사일

이스라엘 최초의 미사일은 아랍으로부터 심대한 위협을 받고 있던 1960년 중반 프랑스의 지원하에 이스라엘의 IAI사가 사거리 500km급의 지대지 미사일 제리코-I을 개발하면서부터 시작한다. 제리코-II는 사거리 1,500km의 중거리 미사일로서 1970년대 중반에 개발되었다.

---

17 합동참모본부, 위의 사이트, p. 7.
18 IISS, *Military Balance 2014*, pp. 325~26.
19 국방기술품질원, 앞의 책, 통권 11호, 2008. 7., p. 55.

또한 지대지 미사일뿐만이 아니라 함대함, 함대공, 공대공 무기도 비슷한 시기에 새로운 개발에 박차를 가하게 된다.[20] 이러한 개발의 배경이 된 것은 거듭 계속되는 중동전쟁을 겪으면서 이스라엘이 생존하기 위한 대응이었으며, 이후

〈그림 19〉 미사일(ICBM)
출처: https://www.flickr.com/photos/
7489441@N06/8563944610/

변화하는 군사전략에 기인했다고 판단된다.

　이러한 미사일은 탄두에 어떤 물질을 장착하느냐에 따라서 그 형태가 달라진다. 여기에 일반 폭발물을 결합하면 단순 탄도미사일이 되지만, 핵탄두를 결합하면 핵무기가 되는 것이다. 현재 공신력 있는 스톡홀름 국제평화연구소(SIPRI)의 자료에 따르면 이스라엘에서는 약 80개의 완전한 핵무기를 보유한 것으로 추정된다. 이 중 50개는 탄도미사일(Jericho-II)에 의해 운반될 것으로 보며, 30개는 항공기에 의해 운용될 것으로 판단된다.[21]

　미사일은 현재 100여 발을 보유한 것으로 파악된다. 이것은 단거

20 김종국, 「이스라엘의 미사일 개발사례 및 시사점」, 『주간국방논단』 제688호, 서울: 한국국방연구원, 1997, p. 2.

21 SIPRI, *SIPRI yearbook: 2013*, Oxford University Press, 2013, p. 321. SIPRI에서는 이스라엘의 전략핵무기에 대한 다양한 출처를 바탕으로 추정을 한 것이며, 이스라엘에서는 이에 대한 공식적인 발표를 한 적은 없다. 이 중 탄도탄에 의한 발사방법으로 신형 장거리 탄도탄인 Jericho-III에도 탑재 가능할 것으로 보이나, 아직 확인된 것은 없는 상황이다.

리 탄도유도탄(SRBM)으로 제리코-I과 중거리 탄도유도탄(IRBM)으로 제리코-II를 합한 양으로 추정하고 있으며, 제리코-II는 1톤의 탄두 적재가 가능하다. 신형 장거리 미사일인 제리코-III는 2008년 1월과 2011년 11월에 시험발사에 성공하여 운용 중인데, 그 위상에 대해서는 알려진 바가 없다.[22] 최근에는 주변 아랍국들의 장거리 탄도미사일 보유 증가와 화생무기 개발에 따른 위협에 대한 대응력을 갖추고 생존성을 보장하기 위해 미사일방어체계를 구축하였다.

- **항공력**

1955년까지 이스라엘 공군의 주요 역할은 보병을 방호하고 지원하며 정규군이 동원될 때까지 적의 전진을 지연시키는 것이었다. 이러한 목표를 달성하기 위해 공중 우세권 확보와 아랍 항공기 차단의 임무가 주어졌는데 이를 달성하기 위해 이스라엘 공군은 비용이 저렴하고 융통성이 있는 전폭기를 선정했다.[23]

시나이 전쟁 후 공군을 증강시켰는데 프랑스로부터 미스테레(Mys-

---

22 IISS, op. cit.; 국방기술품질원, 앞의 책, 통권 10호, 2008. 5., p. 46; Jericho-III 는 사거리 5,000~11,000km에 달하며, 최대 1t의 핵무기를 탑재할 수 있을 것으로 보고 있다. 이 실험은 이란을 타격할 수 있다는 경고성 발사의 시험이었다. 현재 타 출처에서는 이스라엘은 중동 유일의 핵보유국으로서 각종 보도자료를 통한 능력을 바탕으로 봤을 때 200~400기의 핵탄두가 있을 것으로도 추정하고 있으나, 이스라엘에서 시인도 부인도 하지 않고 있는 상황이다. 국방기술품질원, 위의 책, 통권 32호, 2012. 1., p. 45.

23 Handel, *Israel's Political-Military Doctrine*, Camgridge: Harvard University Center for International Affairs, Occasional Papers in International Affairs, No. 30, July 1973, pp. 27~28.

teres)와 미라즈(Mirage) 전투기를 구매하였으며, 1964년에 3개 대대 규모의 미라즈-III를 도입하여 1전선에 배치하였다. 또한 2전선에는 구형 전폭기, 기타의 훈련기와 공격기 등을 보강하여 배치하였다.

제3차 중동전쟁은 기갑과 공군이 결정적 역할을 수행하였고 전쟁 후 이스라엘은 아랍의 많은 영토를 점령하여 전략적 종심이 확보되었으며 선제공격의 교리는 방어교리로 수정되었다. 그러나 4차 중동전쟁의 결과는 이스라엘에게 충격이었고 공세적 교리로 다시 돌아가게 만들었다. 따라서 이스라엘은 '마트몬(Matmon) B'라는 전력증강 계획을 발표하고 공군의 F-4E, A-4N, 그리고 당시로서는 세계 최고의 전투기였던 F-15 등을 포함하여 200대 이상의 전투기를 증강하였다. 이후 미국의 F-35의 도입을 추진하는 등 중동에서의 최강의 공군력을 확보해 나가고 있다.

③ 기동력

1955년까지 이스라엘 지상군에게 있어서 보병 중심의 부대 운용이 될 수밖에 없었던 것은 이들을 중심으로 국경 부근의 정착촌을 방어하는 임무가 주어졌기 때문이다. 당연히 공격의 핵심 전력은 보병이었고 전차는 보병을 화력으로 지원하며 소규모로 운용되었다. 기갑 지휘관들이 전차의 특성을 고려하여 대규모 기동부대로 운용하기를 건의하였으나 무시되었다. 그러나 총참모장이었던 다얀은 1956년 그동안의 운용과는 달리하여 대규모 전차부대 운용을 승인하였다.

2차 중동전쟁을 통해 화력과 기동의 협동이 중요해짐에 따라 결정적 기동력을 발휘할 수 있는 기갑부대의 중요성이 대두되었다. 또한 기갑군단이 보병과 대치되고 지상군도 기갑을 지원해야 하므로 지상군도 기계화되어 기동력을 갖춘 부대가 되었다. 이 시기에 기갑부대는 새로운 주력전차의 도입을 모색하는 대신, 현대화에 적합한 센튜리온(Centurion) 전차, M-48 패턴 전차, 그리고 다방면에서 유용성이 입증된 셔먼 전차들을 점진적으로 증강시켰다.[24]

이후 3, 4차 중동전쟁을 통해서 기갑부대는 그 규모가 확대되었고 해외로부터 신형 전차가 도입되었으며 이미 보유하고 있던 전차와 노획한 전차를 개량하였다. 4차 전쟁 이후에는 1,000여 대의 전차, 수백 대의 자주포, 그리고 수천 대의 기갑차량을 보유함으로써 신속하게 적 지역으로 전투력을 전환시키고 적의 주요한 지역을 확보함으로써 군사적 승리를 정치적 승리로 이어 갈 수 있는 능력을 구비하였다.

④ 전쟁지속 능력(동원)

1948년 5월 31일 이스라엘 국방군이 창설되어, 1949년 9월 방위복무법에 따라 14세부터 54세의 남녀 국민이 현역, 예비역, 민방위 요원으로서 국방의무를 담당하였다. 그 후 안보정세에 따라 복무연한이 조정되었고 3차 중동전쟁 이후에 복무가 연장되었다. 특히 1953년 10월에 수립된 3개년 방위계획에 동원체계 발전계획을 포함시켰다.[25]

예비군이 국방의 주력으로서 역할을 한 것은 1956년 2차 중동전

---

24 Edward N. Luttwak, "Defense Planning in Israel: A Brief Retrospective," in Stephanie G. Neuman, *Defense Planning in Less-Industrialized States: The Middle East and South Asia*, Lexington, Massachusetts: D. C. Health and Company, 1984, pp. 136~138.
25 육군본부, 『이스라엘 동원제도』, 대전: 육군본부, 1986, p. 51.

쟁부터이며 3차 중동전쟁에서 예비군 부대는 27개 여단 규모의 동원 병력을 확보하였다. 이스라엘군의 동원 목표는 24시간 내에 45만 명을 동원하는 것이며 48시간~72시간 이내에 전개를 완료하는 것이다. 6일 전쟁 시 이스라엘 기계화 보병여단의 동원 사례를 보면 5월 22일 전력에 동원령을 접수하여 다음 날 오후까지 불과 20시간 만에 동원 및 부대 편성을 완료한 사례가 있다.

〈표 1〉 주요 전쟁 시 병력동원 실례

구 분	2차 중동전쟁	3차 중동전쟁
동원 규모	북부 및 중부(약 5개 여단) 시나이 전투 지역(약 13개 여단)	23개 여단
소요 기간	11일	29일
특징	기도비닉을 위해 비밀동원 적용 예비군을 동원한 첫 사례	전략개념에 따라 동원 소집훈련 반복

출처: 육군본부, 『이스라엘 동원제도』, 대전: 육군본부, 1986, p. 124.

예비군의 편성은 역종별, 기능별 편성으로 구분되는데 역종별 편성은 가드나, 현역, 제1예비역, 제2예비역, 민방위로 구분되며, 가드나는 고등학교 남녀 학생(14~17세) 및 특기소지자들을 대상으로 하고 있다는 것이 특이하다. 가드나의 훈련 기간을 통하여 개인의 자질과 특기를 조기에 발굴하고, 현역 기간 중의 복무기록과 훈련기록을 정확하게 유지하여 34년간의 예비역 복무에 따른 자원을 철저히 관리하고 있다.

또한 이러한 유형적인 군사력에 더하여 무형전력도 막강하다. 이스라엘 국민들은 2,000여 년 동안 나라를 잃은 서러움을 뼈저리게 느껴 자신보다는 조국을 먼저 생각했다. 그래서 많은 국민들이 예비군 훈련에 적극 참여하고, 국가의 지도자가 되려면 군복무를 반드시 마쳐야 한다. 대표적으로 2010년 이스라엘의 총리인 베냐민 네타냐후는 특수부대 출신이었다. 또한 이스라엘은 종교적 차원에서 선민의식으로 무장되어 장교가 항상 전투의 선두에 서는 것을 가장 명예롭게 생각하고 있다. 한마디로 이스라엘은 거대한 병영국가이며, 국가의 지도자로부터 개인에게 이르기까지 하나로 단결(상하동욕자승上下同慾自勝)하여 국가를 지키려는 의지로 뭉친 국가이다. 이스라엘은 강한 국력과 군사력을 갖추고 있기 때문에 과거 수차례 전쟁에서 승리하였으며, 지금도 아랍 국가들로 포위되어 있으나 전쟁의 주도권을 갖고 있다. 이스라엘과 우리는 비슷한 전략적 환경에 처해 있지만 이스라엘 국민의 안보의식과 군사력 개발의 논리는 우리에게도 시사하는 바가 크다.

참고문헌

1. 단행본

- 국방대학교, 『군사교리』, 서울: 국방대학교, 1993.
- 육군본부, 『이스라엘 동원제도』, 대전: 육군본부, 1986.
- Carl Von Clausewitz, 류제승 역, 『전쟁론』, 서울: 책세상, 1998.
- 합참, 『합동/연합작전 군사용어사전』, 합동참고교범 10-2, 서울: 국군인쇄창, 2010.

2. 논문

- 강병철, 「중간세력국가의 안보환경과 전력구조: 이스라엘 · 대만 · 한국의 사례 비교연구」, 연세대학교 대학원 정치학과 박사학위 논문, 2001.
- 김종국, 「이스라엘의 미사일 개발사례 및 시사점」, 『주간국방논단』, 서울: 한국 국방연구원, 1997.
- 손영환 · 김종국, 「이스라엘/일본의 미사일 방어구상 연구」, 연구보고서 획98-1278, 한국국방연구원, 1998. 12.

3. 관련 교범

- 육군본부, 『작전술』, 교육회장 13-3-2, 2013. 4.
- 합동참모본부, 『합동기획』, 합동교범 5-0, 2011. 10.

4. 외국 자료

- David Ben-Gurion, *Yehud VeYeud(Uniqueness and Mission)*, Tel Aviv: Ma'arachot Books, 1971, Hebrew.
- Edward N. Luttwak, "Defense Planning in Israel: A Brief Retrospective," in Stephanie

G. Neuman, *Defense Planning in Less-Industrialized States: The Middle East and South Asia*, Lexington, Massachusetts: D. C. Health and Company, 1984.

- Handel, *Israel's Political-Military Doctrine*, Camgridge: Harvard University Center for International Affairs, Occasional Papers in International Affairs, No. 30, July 1973.
- IISS, *Military Balance*, 2014.
- SIPRI, *SIPRI yearbook 2013*, Oxford University Press, 2013.

5. 저널 및 기타

- 국방기술품질원, 『국방과학기술정보』.
- 네이버 지식백과, 「벤 구리온」. http://m.term.naver.com/entry.nhn?docld=88149 6&cid=43671&categoryld=43671
- http://www.spacenews.com

3 논리적 맥락

兵者, 國之大事, 死生之地, 存亡之道, 不可不察也. → 作戰編
병자   국지대사   사생지지   존망지도   불가불찰야   작전편

(兵聞拙速), 謀攻編(全)
병문졸속   모공편 전

故經之以 五事, 校之以 計, 而索其情. → 軍形編(立於不敗之地)
고경지이   오사   교지이 계 이색기정   군형편   입어불패지지

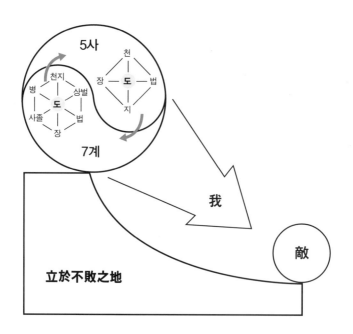

[요약] 오사칠계를 잘 준비해야 적이 함부로 공격하지 못하게 되어 싸우지 않고 적을 굴복시킬 수 있다. 그래야 전쟁에서 패하지 않으며, 국가를 온전하게 지킬 수 있다.

3 세 번째 대화

용병 I
(始計, 兵勢·虛實·軍爭)

兵者, 國之大事, 死生之地, 存亡之道, 不可不察也.
병자　국지대사　　사생지지　　존망지도　　불가불찰야

故經之以五事, 校之以計, 而索其情.
고경지이오사　　교지이계　　이색기정

……

計利以聽, 乃爲之勢, 以佐其外.
계리이청　　내위지세　　이좌기외

勢者, 因利而制權也.
세자　　인리이제권야

계(計)의 강·약점을 잘 활용하여, 세로 만들어 외부에서 도와야 한다.
세(勢)는 적을 이익으로 유인하여 주도권을 확보하는 것이다.

-시계(始計)-

K군: 교수님, 안녕하십니까? 오늘은 용병에 관해서 설명해 주시기로
        하셨습니다.

J교수: 그래. 손무는 양병을 통해서 용병이 나온다(모공-⑩, 군형-⑰)
        고 했지. 우수하고 좋은 무기와 잘 훈련된 병사가 있다면 다양
        한 전법을 구사할 수 있다고 했다네. 손무는 용병을 설명하면
        서도 크게 두 가지로 나누고 있는데 하나는 병세, 허실, 군쟁편
        으로 이어지는 용병의 이론적인 것이고 다른 하나는 구변, 행
        군, … 화공, 용간편으로 이어지는 용병의 실제적인 것이지. 오
        늘은 먼저 용병의 이론에 관해서 설명하겠네. 시계편의 다음 구
        절은 뭐지?

K군: 計利以聽, 乃爲之勢, 以佐其外.
        계리이청   내위지세   이좌기외

        勢者, 因利而制權也.
        세자   인리이제권야

        계(計)의 강·약점을 잘 활용하여, 세로 만들어 외부에서 도와야
        하는데 결국, 세(勢)는 적을 이익으로 유인하여 주도권을 확보
        하는 것이라고 했습니다.

J교수: 그래. 잘 해석했네. 먼저 오사칠계를 적과 비교해서 나에게 유
        리한 점은 극대화하고 약점은 숨겨야겠지. 반면에 적의 강점을
        최소화하고 약점은 들춰내야 할 거야. 이처럼 상대와 나의 계의
        강·약점을 잘 파악해야겠지(計利以聽).

        다음은 이러한 계(計)의 강·약점을 활용해서 나의 세(勢)로

만들어야 하지(乃爲之勢). 오사칠계(형形)는 내부의 힘인데 이 힘을 외부에서 도와서 나의 강점을 극대화하고 약점을 최소화 하는 것을 세라고 할 수 있지. 커다란 돌을 평지에 두는 것보다 가파른 비탈길에 두면 더 거세게 굴러가는 것은 비탈길이 돌이 잘 굴러가도록 외부에서 돕기 때문이라네. 외부에서 돕는 이것 을 세라고 하지. 실제로 전쟁을 할 때도 오사칠계를 잘 준비하 고 상대와 나의 계의 강·약점을 비교하여 나의 강점을 잘 활용 할 수 있도록 세로 만들어야 한다네. 따라서 세(勢)는 내가 상 대에게 이익이 있는 것처럼 유인하여 약점을 노출시켜 나의 기 세로 공격하여 승리하는 것이지(因利而制權也).

예를 들면 나의 부대는 기병 위주이고 적은 보병 위주라고 한다면 나는 적보다 속도 면에서 유리한 점을 가지고 있고 적 은 지형과 협조된 전투의 유리한 점이 있겠지. 만약 적이 방어 하기 좋은 지형으로 이동해야 한다면 내가 더 빨리 기동하여 선 점할 수 있으니 적은 방어가 불리한 지형에서 싸워야 하지. 그 래서 나는 기동력이라는 상대보다 우세한 이점을 활용하고 적 의 약점은 노출시켜 나의 기세를 몰아가서 승리를 하는 것이지.

K군: 네. 상대와 나의 강·약점을 잘 파악하는 것이 중요하고, 그렇 게 하기 위해서는 간첩을 이용해서 적에 관한 정보를 알아야 하겠군요?

J교수: 그렇지. 이쯤 되면 병세편의 핵심을 이해했다고 할 수 있네. 그 래도 좀 더 자세히 병세편을 알아볼까? 한 나라의 군대는 보통 대부대라네. 손무는 대부대를 운용하기 위해서는 우선 더 작은

조직으로 나누어서 편성(分數)해야 한다고 했지. 예를 들면 군단은 3~4개의 사단으로 구성되고, 사단은 3~4개의 연대와 많은 대대로 구성되지. 이처럼 대부대를 여러 개로 나누어서 운용하면 보다 쉽게 군사력을 운용할 수 있겠지.

또한 이 부대들을 잘 싸우게 하기 위해서 지휘통제(形名)를 잘해야 한다고 했다네. 지휘통제는 부대와 부대의 연락 수단을 통해서 명령을 전달하는 것이지. 당시에는 북과 징, 깃발 등을 사용해서 서로 연락을 했지만 오늘날에는 무전기, 컴퓨터 등으로 예하부대에 지시나 명령을 내리게 되니 멀리 떨어져 있는 부대들도 쉽게 지휘할 수 있다네.

이렇게 편성과 지휘통제를 준비해야 세를 발휘할 수 있는 준비가 되는 것이지. 세를 발휘하는 것은 기정(奇正)의 상호작용인데 대부대가 적과 싸워 결코 패하지 않는 것은 정(正), 즉 강한 군사력 때문이고 전투에서 승리하는 것을 마치 숫돌로 계란을 깨듯이 쉽게 할 수 있는 것은 기(奇), 즉 꾀를 발휘하는 때문이라고 할 수 있다네.

K군: 그래서 손무는 이정합(以正合), 이기승(以奇勝)이라 하였군요. 즉, 정(正)으로 대치하고 기(奇)로써 승리한다는 것이지요.

J교수: 그렇지. 앞에서도 계속 강조하고 있듯이, 손무는 강한 군사력이 있어야 기도 발휘될 수 있다고 했지. 군형편에서 승리하는 군대는 무거운 일(鎰)의 중량으로 가벼운 수(銖)의 무게를 누르듯 한다(군형-⑱)고 했는데, 일은 수의 480배에 해당된다네. 즉, 강한 군대가 열세한 군대를 쉽게 이길 수 있다는 뜻이지.

우스갯소리 같지만 대학생이 세 살 된 아기하고 싸운다고 가정해 보세. 대학생은 아이가 이렇게 공격하면 이렇게 대응하고, 아이가 방어하면 어디를 공격할 것인가를 고민하지 않을 것일세. 그냥 힘으로 밀어붙여 공격하겠지. 꾀를 써서 아이를 이기려고 할 필요가 없지. 이미 힘의 크기가 너무 차이가 나기 때문이라네.

K군: 그런데 기와 정, 이 두 가지가 어떻게 많은 변화를 만들어 내죠?

J교수: 사실, 오사와 칠계의 상호작용으로 다양한 정이 만들어지고, 또 정에 따라 다양한 기를 적용하게 되어 많은 변화를 창출하는 것이지. 앞에서도 군사력이 많으면 보다 다양한 전법을 구사할 수 있다고 하지 않았는가? 이처럼 군사력이 많으면 다양한 기를 적용할 수 있고 그러면 기와 정이 상호작용하여 보다 많은 전법의 변화를 만들 수 있게 된다네. 또한 적도 이와 같은 변화를 적용할 것이고, 이러한 적의 변화에 대응하는 나의 변화가 고려되면 그 변화는 무궁무진하게 되지.

기정의 변화에 따라 기세가 만들어지는데 기세는 짧고 세차게 몰아가야 한다네(병세-⑬). 세차게 흐르는 물이 돌까지 구르게 하는 것은 세(勢)가 맹렬하기 때문이라고 했지. 또 사나운 독수리가 새를 덮쳐 목뼈를 부러뜨리고 날개를 꺾는 것은 순식(節)간에 일어나지.

앞에서 대부대는 소부대들로 편성되어 있다고 했지? 소부대를 상황에 따라 집결시키고, 또 분산시킬 수 있도록 지휘한다면 부대가 혼란스러워 보여도 실서가 있는 것이지. 또한 부대의 기세가 강하다면 비겁한 병사들도 용감하게 싸우게 되며, 군사력의 크기에 따라 강함과 약함이 생겨나는 것이네. 사실 음양오행설은 각각의 요소들이 상호작용하는 것이므로 질서 속에 혼란이 있고, 혼란이 변하여 질서가 되지. 질서와 혼란은 지휘의 문제이고 용기와 비겁은 군의 기세의 문제이며, 강함과 약함은 군사력의 문제라고 할 수 있네.

좀 더 설명하자면, 전쟁은 적과 나의 상대적인 것이지. 내가 혼란하면 상대는 지휘통제가 잘되어 질서정연하고, 내가 겁을 먹으면 적은 용감해지며, 내가 약해지면 상대는 강해진다네. 따라서 용병을 잘하는 장수는 나의 일부를 약하게 보이게 하여 적이 쫓아오게 만들고, 나의 부대가 혼란하고 겁을 먹은 것처럼 속여 적이 공격하게 해야 한다네. 이처럼 적으로 하여금 이익이 있는 것처럼 믿게 하여 적을 움직여 적의 허점을 만들어야 한다네. 그렇게 되면 그 허점에 나의 강한 군사력을 집중하여 나의 의도대로 조종한다(因利而制權)는 것이지.

따라서 전쟁을 잘하는 자는 자기가 조성한 기세에서 승리를 찾지 사람에게서 구하지 않는다고 하였네. 또한 전쟁을 잘하는 자는 천 길 낭떠러지에서 둥근 돌을 굴리듯 하는데 이것을(병세-㉑) 세(勢)라고 한다네.

K군: 교수님, 병세편은 군형편과 대구를 이루는 것이군요. 군형편이 정(正)이라면 병세는 기(奇)라고 할 수 있겠군요.

J교수: 그렇게 볼 수도 있지. 군형편에서 높은 곳에 터질 듯이 가둬 놓은 물(형形)이 터져서 거세게 흐르는 것을 세라고 하였다네. 그

런데 손무는 용병을 잘하려면 적에게 이익이 있는 것처럼 유인하여 적을 내 맘대로 조종하고, 적의 약점에 나의 군사력을 집중해서 운용하라고 했지. 한마디로 적의 강점을 피하고 약점을 공격한다(避實擊虛)는 것이지. 이러한 맥락으로 병세편과 허실편이 이어지고 있다네.

허실편에는 인리이제권야를 세 가지로 설명하고 있는데, 치인이불치어인(致人而不致於人), 아전적분(我全敵分), 그리고 피실격허(避實擊虛)지. 치인이불치어인이라는 것은 내가 적을 조종하지 조종당하지 않는다는 뜻인데 한마디로 주도권을 내가 장악하는 것이라네. 전쟁에서 주도권 장악이 중요한데 어떻게 해야 될까?

K군: 적에게 이익이 있다는 것을 보여 주어 적을 속여야 합니다.

J교수: 그렇지. 손무는 적을 속이기 위한 것으로 시계편의 예를 다시 설명하고 있지. 적이 스스로 공격해 오게 하기 위해서는 이익을 보여 주어야 하고, 적이 공격하지 못하게 하려면 피해가 있음을 보여 주어야 한다고 했다네. 적의 수비가 약한 곳을 공격하고 적이 뜻하지 않은 곳을 공격해야 한다고 반복하고 있지. 이처럼 신출귀몰(神出鬼沒)하게 군사력을 운용하면 신의 경지에 이르러 적과 아군도 어떻게 이겼는지 모르게 된다네.

K군: 그렇게 적을 내 마음대로 부릴 수 있는 상황을 만들려면 나는 무엇을 해야 하나요?

J교수: 적의 형(形)은 드러나게 하고 나는 무형이 되는 것이네. 즉, 적은 분산시키고 나의 군사력은 집중(我全敵分)시거아 힌디네.

내가 비록 적보다 군사력이 부족하더라도 어느 지점에서는 나의 군사력을 집중하여 우세를 달성할 수 있지. 〈그림 20〉을 보면서 자세히 설명하겠네.

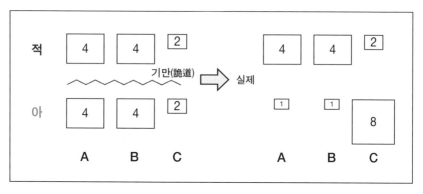

〈그림 20〉 기만을 통한 상대적 전투력 집중

예를 들어 적과 나의 군사력을 각각 10이라고 가정하세. 내가 주도권을 가지고 적을 속여 마치 A 지점에는 4가 있는 것처럼 하지만 사실은 1을 배치하고, B 지점도 A 지점처럼 배치하면 적에게는 내가 C 지점에는 2를 배치한 것처럼 보이지만 실제는 8이 배치되어 있지.

그러면 적은 나를 이기기 위해 A 지점에 적어도 4, B 지점에 4, C 지점에 2를 배치하겠지. 그러면 실제로 C라는 지점에서 나는 적보다 4배의 군사력을 갖추게 되지. 즉, C라는 결정적 지점에서 상대적인 전투력 우세를 달성하여 승리할 수 있다는 것이네. 적을 이익으로 속여 분산시키고 나는 집중한다는 것이지.

이렇게 군사력을 집중하는 것을 가장 잘한 장수는 나폴레옹 장군이네. 나폴레옹 장군은 결정적인 지점에 적보다 우위의 군사력을 집중시키기 위해 기동속도를 높여야 했지. 우선 보병들의 걸음걸이를 적보다 빠르게 했는데, 적이 분당 70보 정도로 걷는다면 나폴레옹 군대는 분당 120보로 걷게 했다네.

또 식사하는 시간도 절약했는데 당시에는 전투를 하다 식사 시간이 되면 멈추고 식사를 하고 진격했거든. 그러나 나폴레옹은 오늘날의 전투식량처럼 병에다 야채와 고기를 넣어 걸어가면서 식사를 했다네. 그렇게 식사 시간도 절약하여 기동하니 적보다 빠르게 결정적인 지점에 도착할 수 있었지. 또 나폴레옹은 포병장교인데 그는 부하들에게 대포 소리가 들리는 쪽을 공격하라고 지시했다네. 무전기도 제대로 없던 시대고 지휘관의 말소리도 제대로 들리지 않는 전투상황에서 군사력을 집중시키는 방법이었지.

전투가 끝나고 참모들이 물었다네. "장군은 언제나 군사력이 열세한데도 매번 승리하는 비결이 무엇입니까?"라고. 그러자 나폴레옹 장군은 "아니야, 나는 항상 적보다 많은 군사력으로 이겼다네"라고 답했지. 군사력을 집중하여 나폴레옹의 군대가 싸운 지점에서는 적보다 군사력이 상대적으로 많았던 거야.

K군: 그래서 클라우제비츠가 나폴레옹 장군을 군사천재라 하였군요.

J교수: 마이클 한델이 쓴 책 『클라우제비츠 손자 & 조미니』에서는 전쟁에 관해 손자와 클라우제비츠를 비교해서 설명하고 있지. 공자(攻者)가 방자(防者)보다 유리한 것은 공자는 전후좌우 어디든 공격할 수 있다는 것이지. 그러나 방자는 어디를 방어해야

할지 모르기 때문에 병력을 분산해서 배치할 수밖에 없지. 앞을 집중하면 뒤가 약해지고 오른쪽을 강화하면 왼쪽이 상대적으로 약해지지. 그래서 적의 병력이 아무리 많다 해도 실제로 싸우지 못하게 하는 병력을 많게 하는 것이지(허실-⑳). 자네, 영화를 보면 주인공이 싸울 때 주로 좁은 골목에서 싸우던가, 아니면 넓은 곳에서 싸우던가?

K군: 대부분 골목에서 싸웁니다.

J교수: 골목에서 1:1로 싸우면 뒤에 있는 사람은 싸움에 가담하지 못하고 맨 앞에 있는 사람과 싸우면 되지. 그게 싸움을 잘하는 방법이야. 명량해전에서 이순신 장군도 10배 이상의 일본 함선과 대치하여 명량(진도 울돌목)의 좁은 수로를 이용하였다네. 그래서 맨 앞에 있는 일본의 함선과 직접적으로 싸우고 뒤에 있

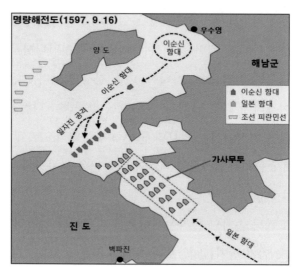

〈그림 21〉 이순신 장군의 명량해전

는 일본의 함선은 싸우지 못하게 하였으니 지형을 이용해서 나는 집중하고 적은 분산시킨 것이지. 이것을 가사무투(可使無鬪)라고 하는데 적으로 하여금 전투에 가담하지 못하게 한다는 뜻이라네.

K군: 네. 그런 용병술이 숨어 있었군요. 앞으로 저도 전투 사례를 읽으면서 『손자병법』의 구절을 생각하겠습니다. 다음은 피실격허(避實擊虛)에 관해 설명해 주시죠?

J교수: 그래. 적을 속여서 적의 약한 곳을 찾아야 한다네. 상대의 약한 곳에 나의 전투력을 집중하여 공격하는 것이 최고의 용병술이지. 그러한 용병술이 최고의 단계에 이르면 나는 형태가 없는 무형(無形)으로 적과 아군도 알 수 없는 상태에 이른다네. 오직 용병술을 구사한 장수만 아는 것이 되니 어떻게 해서 이겼는지 알 수가 없다네. 그러면 아군 쪽에 잠입한 간첩도 알 수 없고 비록 적의 장수가 지혜롭다 해도 계책을 쓸 수 없게 된다네. 이렇게 되면 온전한 가운데 승리하게 되는 것이지.

K군: 그러려면 적의 상황을 잘 알고 있어야 하겠군요.

J교수: 그래. 적의 상황을 고려하여 내가 어떤 방책을 쓸 것인가를 결정하게 되지. 적과 나의 상황, 그리고 지형과 전략적 상황이 변하는 것이니 이것을 잘 관찰하여 용병을 해야 한다네. 용병은 고정된 것이 없고, 무궁무진하지. 다만 그 원리는 물이 높은 곳에서 낮은 곳으로 흐르듯이 용병의 속성은 적의 견고한 곳을 피하고 약한 곳으로 군사력을 집중하는 것이네.

K군: 사실 적의 약점으로 기동하여 공격한다는 것은 시작이 낭년아

지 않나요?

J교수: 물론이지. 『손자병법』의 많은 문구가 그렇다네. 그런데 손무는 실제 전쟁에서 적을 이익으로 속여서 약점을 찾아야 한다고 했지만 적의 약점을 찾기가 상당히 어렵지. 적도 자신의 약점은 최대한 숨기려고 할 것이니까. 그래서 전술에는 두 가지 대별되는 개념이 있다네. 하나는 손무가 말한 것처럼 적의 약점을 노출시키고 찾아서 기동(Recon-full)하는 방법이고, 다른 하나는 적의 약점을 내가 조성하여 기동(Command-push)하는 방법이 있다네.

적극적으로 조성하는 방법은 적의 약한 지점을 선정한 후에 강력하게 화력으로 그 일대를 집중 포격하고 기계화 부대로 신속히 그 파괴된 지역을 돌파하는 것이네. 마치 단단한 거북이의 등을 부수면 그 안에 부드러운 속살이 있는 것처럼. 이처럼 전술도 다양한 형태가 있으니 상황과 여건에 따라 달리 적용해야 한다네. 강·약점을 찾아 기동하는 전술은 독일에서 발전되었고, 약점을 적극적으로 조성하는 전술은 러시아가 취하는 전술인데 북한은 러시아식 전술의 형태를 따르고 있다네.

K군: 그러면 군쟁편에서는 무엇을 살펴야 합니까?

J교수: 우직지계(于直之計)일세. 즉, 멀리 돌아가도 적보다 먼저 도착한다는 의미인데 그러려면 우회의 길을 택하고 적에게 이익이 있음을 보여 주어 유인해야 한다네. 가깝고 빠른 길은 적도 예측하고 대응할 것이기 때문에 적을 격멸하고 가려면 돌아가는 것보다 시간이 훨씬 많이 걸릴 수 있지.

손무는 우직지계를 달성하기 위해서는 이환위리(以患爲利)라고 했는데 이는 나에게 위협이 되는 것을 오히려 이로움이 되도록 한다는 것일세. 적이 대비하고 있는 위협을 우회함으로써 오히려 나에게는 이익이 되는 것을 말한다네. 그러나 돌아서 간다고 해서 각 군을 준비 없이 서둘러 간다면 전쟁물자가 뒤따르지 못하게 되지. 그렇다고 다 준비해서 천천히 가다 보면 호기를 놓칠 수도 있고. 그래서 군쟁(軍爭)이 군사력을 갖추는 것보다 어렵다고 했네.

K군: 또 무엇을 살펴야 하나요?

J교수: 손무는 적의 외교관계를 알아야 하고, 지형에 따라 군의 숙영, 배치, 전법의 형태를 결정해야 하며, 간첩을 활용하여 지형의 이점을 알아야 한다고 했네. 그런 다음에 전쟁은 적을 속이는 것이니 적에게 이로운 것을 보여 주어 움직이고, 적은 분산시키고 나는 집중하여 변화에 잘 대처해야 승리한다(군쟁-⑨)고 하였지. 또한 적 지역에서 전리품을 얻거나 적의 영토를 빼앗으면 아군 병사들에게 그 이익을 나눠 주어 사기와 전투의지를 높이고, 어떠한 상황에서도 상대를 조종할 수 있는 주도권을 확보하라고 했다네. 이러한 것들을 잘 고려해야 더 유리한 상황에 먼저 도달하는 우직지계를 달성할 수 있다네.

K군: 그러면 우직지계를 위해서 대부대는 어떻게 운용해야 하나요?

J교수: 우선 대부대를 지휘할 때는 형명(形名)이 필요하다고 했는데 형은 시각을, 명은 청각을 통해서 명령을 전달하는 것을 말하시. 성기(旌旗)는 형에 해낭아머 상수의 깃발, 봉화 등으로 선

장에서 아군끼리 서로 잘 볼 수 있도록 사용하지. 반면에 금고(金鼓)는 명에 해당되는데 북과 징 등으로 전장에서 장수의 목소리가 잘 들리도록 사용한다네.

또한 손무는 장수가 치기(治氣), 치심(治心), 치력(治力), 치변(治變)을 잘 다루라(군쟁-⑯)고 했네. 치기는 적군의 사기가 왕성할 때는 피하고 약해지면 공격하라는 것이네. 치심은 아군은 질서를 유지하고 적은 혼란하게 만들며, 조용히 적의 소란을 기다리는 것을 말하지.

전투에서 심리적인 요인은 아주 중요하다네. 병사들이 비록 전쟁의 명분을 지키고, 왕을 위해 죽음을 무릅쓴다고 해도 자신의 목숨이 아깝지 않은 것이 아니네. 어떤 경우는 아무런 목적 없이 징집되어 이름 모르게 죽어 가기도 하였지. 그래서 병사들은 전쟁에서 살아남기를 간절히 바라며, 그것이 인간의 본성이라네.

장교는 이러한 병사들의 심리에 정통하고 있어야 한다네. 많은 전투에서 신병으로 배치되면 제대로 싸우지도 못하고 전장의 두려움 때문에 공황(panic)이 발생하게 된다네. 그러면 토하거나 몸을 떨어 총을 쏘지 못하는 증세를 보이게 되지. 사실 웬만한 강심장이 아니고서는 아무런 감정 없이 총으로 사람을 사살하기가 쉽지 않을 것이네.

이런 병사들의 심리를 잘 보여 준 실제 전투 사례가 있었지. 제2차 세계대전 어느 전투에서 적과 치열하게 대치하던 중대에서 일어난 사건인데, 중대장은 솔선수범하여 전방에서 전투를 지휘하고 있었지. 그런데 갑자기 중대장의 전령이 뒤로 달아나는 모습을 본 중대원들이 순식간에 뒤로 도망가는 상황이 발생했다네. 전투상황이 치열한 상황에서 살고 싶다는 인간의 본성이 드러나면서 중대원들은 '전투 상황이 우리에게 불리하니 중대장 전령이 도망가는 것이다'라고 생각했다네. 순식간에 전선은 무너지고 그들은 수많은 희생으로 확보한 고지를 버리고 후퇴해 버렸다네. 사실, 그 전령은 중대장이 지시한 명령을 수행하기 위해 뒤로 이동한 것인데 말이야. 이것이 전장에서 인간의 심리임을 잘 알아야 한다네. 그 병사들이 비겁하거나 용감하지 않아서가 아니라 상황이 그렇게 만들 수도 있다는 것이지. 자네도 앞으로 지휘관이 될 텐데 그런 상황과 병사의 심리를 잘 파악하고 있어야 한다네.

K군: 네, 잘 알겠습니다.

J교수: 손무는 이어서 적의 군대는 멀리서 행군하여 피로하지만 나는 편안하게 하면 그것이 치력이고 적의 진영이 당당하면 공격하지 않는 것이 치변이라 하였네. 즉 적정의 변화를 읽고 유연하게 대응하라는 것이지. 손무가 우직지계를 달성하기 위해서는 많은 것을 고려하라고 한 것은 군쟁이 용병에 있어서 무척 어려운 것이며, 군쟁을 잘해야 훌륭한 장수이기 때문이라네.

K군: 교수님, 손무는 군쟁편에서 적의 유리한 점을 내가 먼저 빼앗는 것을 말하고 있습니다. 그렇게 하면 적은 쉽게 굴복할 것이라고 생각합니다. 그러면 어떤 것을 먼저 빼앗아야 합니까?

J교수: 사실, 구지편에서도 우선 적이 아끼는 것을 빼앗아야 나의 의도

에 따르게 된다(구지-⑮)고 했다네. 상대도 자신이 소중하다고 생각하는 바를 잃게 되면 더욱 심리적으로 충격을 받게 되지. 예를 들어 북한 김정은이 평양을 빼앗기면 북한의 다른 도시를 잃은 것보다 더 큰 충격을 받게 되겠지. 평양은 정치적, 군사적으로 중심이고, 김정은 정권이 있으니 이를 잃게 되면 북한군의 전투의지가 상당히 떨어질 것이네.

여기서 소중한 바가 클라우제비츠가 말하는 중심(Center of Gravity)이지. 클라우제비츠는 나폴레옹의 전쟁을 관찰한 결과 이전의 전쟁과 달리 전쟁의 규모가 커지면서 매번의 전투에서 이겨도 전쟁에서 승리할 수 없다는 것을 알게 되었지.

그래서 적이 가장 믿고 있는 것, 즉 적의 중심을 파괴하면 적의 의지가 붕괴되고 그러면 많은 전투를 하지 않고도 승리한다고 생각했다네. 실제로 이라크 전쟁에서 미군은 이라크의 작전적 중심을 이라크의 공화국 수비대로 보았지. 후세인은 이를 믿고 전쟁을 해 볼 만하다고 생각했지만 실제로 전쟁이 일어나자 10만의 공화국 수비대는 흔적도 없이 사라지고 말았네. 가장 믿었던 바가 무너지자 이라크군은 더 싸울 의지가 사라지고 순식간에 전쟁에서 패배했지.

K군: 그러면 나폴레옹은 적의 중심을 어디로 보고 공격했나요?

J교수: 나폴레옹은 적의 병참선을 중심으로 보았지. 왜냐하면 적이 계속 싸울 수 있는 것은 적의 전쟁물자가 지속적으로 보급되기 때문이라고 생각했기 때문이라네. 그래서 나폴레옹은 적의 병참선을 파괴하면 전쟁에서 조기에 승리할 수 있을 것으로 보

았지.

　6·25전쟁 당시 북괴군이 낙동강까지 밀고 내려왔을 때, 맥아더 장군이 인천상륙작전을 감행한 것을 알고 있지? 맥아더 장군도 북괴군이 낙동강 전선까지 군수물자를 실어 와야 하는 것을 알고 있었지. 북괴군의 병참선이 길어졌거든. 그래서 그 병참선을 차단하기 위해서 상륙작전 지역을 군산과 인천으로 고려했지만 군산보다는 인천이 북한에게 심리적으로 큰 영향을 줄 것으로 판단하여 인천을 선택했다네. 인천은 서울로 들어갈 수 있는 관문이기도 했지. 맥아더는 연합군이 군산으로 상륙할 것이라고 북괴군을 기만하면서 실제 병력은 인천으로 상륙시켰다네.

K군: 그 당시 북한은 연합군이 인천으로 상륙할 것을 예상하지 못했나요?

J교수: 예상할 수 있었을 거야. 그러나 그들은 인천이 조수간만의 차가 심하고 상륙할 시간도 부족하여 대규모의 병력이 상륙하기는 어렵다고 보았지. 그것은 맥아더의 참모들도 그렇게 생각했지만 맥아더는 그래서 인천으로 상륙하기로 했다네. 맥아더는 인천이 손무가 말한 병자궤도의 공기무비, 출기불의의 지점이라고 생각했던 거지.

　맥아더 장군은 웨스트포인트 시절부터 공부를 잘했고 공부한 것을 사색하는 생도였지. 그래서 아침에 학교에 갈 때도 사색하며 교정을 걸었다네. 그 후 1, 2차 세계대전을 통해서 전쟁을 경험하게 된다네. 특히 제2차 세계대선에서는 주로 동남아에서 일본과 전쟁을 하였지. 그때 맥아더는 주로 개구리뛰기 (frog-jumping) 전법을 사용했는데, 그것은 동남아에는 수많은 섬이 있는데 이 섬들을 하나하나 공격하기보다는 주요한 거점을 마치 개구리 뛰듯이 점령하는 것이지. 그래야 전쟁을 단기전으로 끝낼 수 있다고 생각한 거지.

그러한 그의 작전적 마인드가 인천상륙작전으로 구현되었지. 불필요한 전투를 회피하고 적의 의지를 마비시킬 수 있는 결정적 지점(인천)으로 돌아가는 상륙작전을 실시하여 승리한 것이지. 많은 공부와 경험 그리고 강한 신념이 맥아더를 위대한 전략가로 만들었다네.

이처럼 우직지계는 무조건 돌아간다는 의미보다 적의 유리한 점을 먼저 빼앗기 위해 적을 속이는 것을 전제로 하는 것이

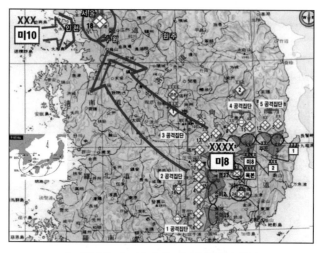

〈그림 22〉 6·25전쟁 시 인천상륙작전
출처: 육군대학 전쟁사학처 강의록

지. 적의 가장 믿는 바를 공격함으로써 적의 전투 의지를 꺾어 버리는 것이 우직지계이네. 내가 볼 때 손자의 우직지계와 클라우제비츠의 중심의 개념은 거의 일치한다고 생각하네. 즉, 그 기본적인 사상은 나의 전투력이 제한되는 상황에서 상대의 전투력은 분산시키고 나의 전투력을 집중하여 적의 가장 소중한 바를 빼앗아 승리한다는 것이지. 그러기 위해서는 상황에 따라 먼 길을 돌아가는 것이 더 빠른 방법일 수도 있다는 것이지.

K군: 교수님, 손무는 왕과 장수의 차원에서 용병 체계를 말하고 있는데 오늘날에는 어떤 체계로 되어 있나요?

J교수: 그래, 아주 좋은 질문이네. 앞에서 나폴레옹 이전의 전쟁에는 전략과 전술이 있었고 전쟁의 승패가 한 번의 전투로 결정된다고 했지. 그러나 나폴레옹 이후의 전쟁에서는 달라졌는데 산업 혁명의 시기로 대량의 물자를 사용할 수 있고, 부대의 규모가 커지게 된다네. 그래서 한 번의 전투로 전쟁의 승패가 결정되지 않게 되었다네. 그 결과 많은 전투에서 이기고서도 전쟁에는 패배하는 결과가 나오기도 했지. 따라서 상대 힘의 근원을 파괴시켜야 전쟁에 승리할 수 있게 되었고 그 힘의 근원을 찾아 부대를 기동시키거나 공격하는 것이 필요하게 되었는데 이 영역이 전투의 승리를 전략의 승리로 이어 주는 작전술의 영역이었지. 사실, 작전술에 관한 연구는 러시아에서 먼저 시작되었네. 월남전은 군사력이 절대적으로 우세했던 미군이 월맹과 베트콩에게 패배한 전쟁이었지.

K군: 미국은 어째서 패배하였나요?

J교수: 사실 미군은 매번의 전투에서 이겼지만 오랜 전투로 지치고 많은 예산이 소모되었지. 무엇보다 전쟁의 명분이 모호하여 국민들이 이 전쟁을 반대하면서 결국 베트남에서 철수하고 말았지. 손무가 말한 백전백승이 최선이 아니라는 것을 깨닫게 되었다네. 결국 미군은 전술에서의 승리를 전략의 승리로 이어 주는 작전술 영역을 몰랐던 것이지. 그때부터 미군은 작전술에 대한 연구를 본격화하면서 지금은 중심을 분석하여 결정적 지점, 작전선을 구상하는 논리적 절차를 만들게 되었다네. 한마디로 불필요한 전투를 회피하고, 나의 전투력을 결정적 지점에 집중하여 적의 중심을 타격하여 적의 전투의지를 파괴하여 전쟁에 승리한다는 것이지. 오늘 대화의 주제인 손무의 용병이론을 미군은 월남전의 엄청난 피해를 입고서야 깨닫게 되었다네. 월남전에 관해서는 해리 서머스가 쓴 『미국의 월남전 전략』을 읽어 보게.

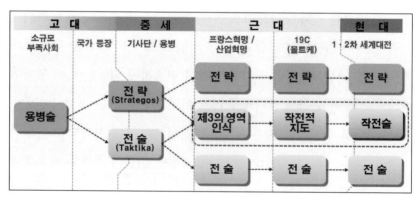

〈그림 23〉 용병술 체계의 3분화

이렇게 해서 손무는 시계편의 구절과 병세, 허실, 군쟁편으로 연결되는 용병의 이론에 관하여 설명했네. 다음은 시계편의 다음 구절과 구변, 행군, 지형, 구지, 화공, 용간편까지 이어지는 용병의 실제에 관해서 설명하지.

더 읽어 보면 좋은 책

1. 마이클 한델, 박창희 역, 『클라우제비츠 손자 & 조미니』, 서울: 평단문화사, 2000.
2. 강경표·남궁승필·임계환, 『한권으로 읽는 6·25전쟁사』, 서울: 진영사, 2012.
3. 해리 서머스, 민평식 역, 『미국의 월남전 전략』, 서울: 병학사, 1999.
4. E. D. 스윈턴, 김형모 역, 『어느 멍청한 소대장의 작전 이야기』, 서울: 21세기 군사연구소, 1998.
5. 조너선 글로버, 김선욱 역, 『휴머니티』, 서울: ㈜문예출판사, 2008.

1 전례분석: 몽골의 3차 대금전쟁

1) 전쟁의 준비

(1) 주숙유도(主孰有道)

징기스칸은 출신, 계급, 재산 등을 따지지 않았고, 강인한 힘과 지혜를 갖추고 전공을 세운 자를 우대하여 부하들은 자신의 목숨까지도 아까워하지 않고 충성하였다. 또한 전공의 표시로 하사한 1급, 2급, 3급 패찰은 군인으로서의 명예와 계급 간의 서열을 정하는 것으로 충성심을 발휘하게 하였다.

(2) 장숙유능(將孰有能)

징기스칸은 인재를 뽑을 때 그의 능력을 제일 먼저 고려해서 선발하였으며, 징기스칸의 친위군에 있는 위사는 각 단위부대에서 가장 우수한 장교로 임명되었다. 위사들은 어떠한 군단이라도 지휘할 수 있는 자질을 키워 나갔으며 이들은 사실상 각 씨족의 대표자들로서 징기스칸에게 충성을 다했다.

(3) 천지숙득(天地孰得)

기본적으로 유목민족인 징기스칸의 군대는 천시와 지리에 대해서 능할 수밖에 없었다. 왜냐하면 평소 사냥을 할 때도 지형과 기상을 반드시 고려해야 했기 때문이다. 특히 계절에 따라 어디에 풀과 사냥감이 있는지를 알아야 했고 사냥하기 위해 어디에서 매복해야 하는지를 거의 본능적으로 배워야 했기 때문이다.

(4) 법령숙행(法令熟行)

징기스칸의 군대는 각각 3만 내외의 중군, 좌군, 우군의 3개 군과 1만 정도의 친위군으로 구성되었다. 또한 징기스칸의 군대는 완벽한 전 국민 병역제를 시행했는데 15세에서 70세 이하의 남자와 부녀자들까지도 전쟁에 동원되었다.

또한 징기스칸의 보급부대는 필요한 보급품을 적지에서 빼앗아 사용(작전-⑭)하였으며 한 마리의 암말에서 나오는 젖을 오늘날의 치즈처럼 숙성시켜 배가 고프면 물에 타서 마시면 한 끼의 식사가 되었다. 또한 식량이 부족하면 사슴, 토끼 등을 잡아 충당하였다. 징기스칸 군대는 수십만 명의 군대를 유지하여도 불을 피우지 않을 수 있었다.

(5) 병중숙강(兵衆熟强)

가장 중요한 무기로 삼은 것은 활과 화살 그리고 군도(軍刀)였다. 활은 관통력이 높고 200~300m까지 나가는 원거리 무기였으며, 화살은 갑옷을 뚫을 수도 있었다. 군도는 말 위에서 사용하므로 휘어 있어 칼날에 닿는 부위를 많게 하여 살상률이 높았다.

또한 가장 혁신적인 무기인 말의 등자는 원형이면서 밑부분이 넓어 신발이 쉽게 들어가며 일단 발이 가운데 자리를 잡게 되면 좀처럼 기울어지지 않았다. 이렇게 등자와 말안장을 함으로써 두 팔이 자유로워져 말을 달리면서 활을 쏠 수 있게 되었다. 이는 오늘날의 내포나 덩

〈그림 24〉 몽골군의 기마전투(좌: 등자, 우: 군도)

크와 같이 당시에는 가장 혁신적인 무기였다.

사실, 몽골군의 가장 중요한 전투력은 기마였는데 몽골군의 일일 최대 이동거리는 128~200km 이상이었고 이는 2차 세계대전 당시 독일 전차군단의 일일 최대 이동거리가 32km였던 것에 비하면 당시로서는 엄청난 속도였다.

(6) 사졸숙련(士卒孰練)

몽골 사람은 말에서 태어나 말에서 죽는다고 한다. 그래서 어린아이 때부터 말을 타며, 4~5세에 이르면 작은 활을 사용하는 법을 배우게 된다. 또한 아주 추운 날씨에도 끊임없이 신체를 단련하여 고도의 인내력을 키운다. 그래서 며칠을 말에서 내리지 않고도 갈 수 있고 작전상 필요시에는 열흘간 쉬지 않고 달릴 수 있는데, 이렇듯 몽골의 전사들은 생활 속에서 전투를 익히게 되었다.

반면에 부대 훈련은 짐승을 포위하고 사냥하는 것에서 시작된다. 초겨울은 포위 사냥의 계절이고 이때는 전시 편제에 따라 부대를 3개 군으로 편성하여 포위망을 형성한다. 이렇게 짐승을 포위하면 장수들의 서열에 따라 포위권 안으로 들어가 무자비하게 학살한다. 실제 전쟁에서 포위전은 짐승을 사냥하는 것과 동일한 것이다. 몽골군의 생활은 곧 전쟁이고 전쟁은 곧 생활이었으므로 천하무적의 군대가 될 수 있었던 것이다.

(7) 상벌숙명(賞罰孰明)

징기스칸의 군대는 상벌이 엄격했다. 전쟁이 없을 때에는 사냥에서 공이 있어야 고기를 나누어 주며, 실패하면 문책이 따랐다. 또한 전공을 세우면 신분에 관계없이 장수가 될 수 있었고, 전공을 세워야 전리품을 받을 수 있었다. 이렇게 징기스칸의 군대는 오사칠계가 잘 준비되어 국력과 군사력이 갖추어진 상태에서 금나라와 전쟁을 하였다.

2) 전쟁의 경과

3차 대금전쟁에서는 1213년 8월 금나라의 장수 호사호(呼沙呼)가 왕을 죽이고 풍왕 순을 세웠다. 동년 가을, 징기스칸은 병력을 3개 제대로 나누어 금을 공격하였다. 우군은 남쪽으로 진출하여 보(保), 휘(輝), 태원(太原) 지역을 공격하였다. 좌군은 동쪽 해안으로 진출하여 요서(遼西) 지역을 점령한다. 징기스칸은 중군으로서 웅(雄), 제남(濟南)을 공격한다. 친위군은 중경의 성곽 북쪽 지역에 주둔하여 중경의 병력을 감시하고 동시에 압력을 가해 다른 곳으로 전환되지 않도록 명령을 내렸다.

각 부대들은 90여 개의 군을 함락시키면서 살육을 감행했다. 1214년 3월 3개 부대는 귀환하여 중경에 집결하였고 징기스칸은 중경의 북

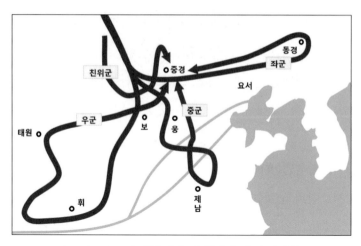

〈그림 25〉 3차 대금전쟁 시 몽골군의 작전계획

쪽에 위치하였다. 이때의 기록에 의하면 징기스칸은 중경을 포위하고 화친을 요구하였으며 마침내 금나라의 왕은 사신을 파견하여 화친을 구걸하였고 전쟁은 종결되었다.

3) 손자병법의 관점에서 분석

(1) 인리이제권(因利而制權)

징기스칸은 금이 자신의 지역에서 상대적으로 우세한 군사력을 바탕으로 전쟁을 장기화할 것으로 판단했다. 또한 금은 중경으로 지속적으로 물자를 보급받는다면 몽골군은 보급이 제한되어 물러날 것이라고 판단했다. 이러한 금을 속이기 위해서 징기스칸의 군대는 3개 군으로 중경을 공격하였다. 그리고 친위군 1만으로 중경을 포위한 상태에서 신속하게 병력을 전환하여 금나라의 90여 개 군현을 점령한 것이다. 금은 이러한 상황을 파악하지 못하고 방어하는 것이 절대적으로 이익이라고 생각하고 방어에 치중하였다. 이는 징기스칸의 군대에 속았던 것이다.

(2) 피실격허(避實擊虛)

금군이 수도인 중경을 방어하는 데 대부분의 병력을 배치함으로써 지방의 군현에는 병력이 부족해졌고, 지방관리들은 자신의 지역을 방어하고자 민병들을 징집하였다. 이러한 금군의 약점을 파악한 몽골군은 3개 제대의 강력한 기병부대로 신속히 공격하여 금군을 패배시키고 학살에 가까운 전투를 수행하였다.

더욱이 몽골군은 경우에 따라 포로들로 하여금 성을 공격하게 하였다. 이렇게 되니 쌍방은 교전거리에서 서로의 가족을 마주 보게 되는 상황이었고 멀리서 서로를 보면서 이름을 불러 대니 전투의지가 사라졌다. 또한 징기스칸은 공격하기 전에 심리전을 활용하여 항복하면 살려 주지만 저항하면 처참하게 학살한다는 소문을 내서 결국 몽골군이 온다는 소리만 듣고도 모두 도망가는 실정이었다.

(3) 우직지계(迂直之計)

몽골군의 전쟁 목표는 중경이었다. 몽골군은 소수 병력으로 중경을 감시하고 동시에 압박을 가해 중경 지역의 병력이 다른 곳으로 전환하지 못하게 하였다. 그다음에 주력을 3개 부대로 나누어 금나라 전 지역의 병력을 격멸하는 대우회기동 작전을 구사하여 중경에 지원할 수 있는 보급품이나 물자와 장비를 불태우고 소탕하였다. 마지막으로 몽골군은 금의 선생시속틱을 모두 파괴하고 그 기세를 몰아 중경으로 공격하여 금나라의 수도를 고립시켰다. 그래서 중경에 있는 부대들에게서 자신들을 구원하기 위해 증원군이 올 것이라는 믿음을 빼앗아 전쟁에 승리할 수 있는 여건을 조성하였다. 몽골군이 중경의 성 밑에 도달하자 금나라의 왕은 재물을 보내어 화의를 구걸하였으니 이것이 손무가 강조한 온전한 승리, 즉 최소의 피해로 전쟁에서 승리한 것이다.

만약 징기스칸이 중경을 포위하고 공격을 계속했더라면 병력이 열세한 징기스칸의 군대는 후방에서 지속적인 지원을 받는 금나라를 이기지 못했을 것이다. 비록 금나라의 더 넓은 지역을 돌아서 공격해야 하는 위험 부담이 있었지만 많은 병력이 포위하고 있는 것처럼 중경을 묶어 두고 약한 지방의 병력을 격멸하는 것이 전쟁 승리에는 이로움(이환위리以患爲利)이 된 것이다. 금나라와의 단기전을 위해서는 이 작전이 제일 빠른 길이었는데, 이것이 우직지계이다. 신속한 기동을 통해 적의 전투의지와 보급을 차단하고, 현지 조달로 원거리 우회작전의 불리점을 극복했던 것이다. 또한 징기스칸은 중경을 탈취하면 고국으로 돌아가는 거리가 짧아지는 것을 이용하여 오랜 전쟁에서 지친 병사들에게 이 전투에서만 이기면 고향으로 돌아갈 수 있다고 자극하였다. 이에 병사들은 마지막 힘을 다하여 결전에 임했지만 실제로 금나라의 항복으로 전투는 없었다. 가히 신의 경지에 이른 용병술이라고 할 수 있고 이런 장수를 군신(軍神)이라 한다.

2 전례분석: 제2차 세계대전 시 프랑스 전역

1) 전쟁의 배경 및 원인

제1차 세계대전 이후 유럽의 국가들이 붕괴되고 새로운 국가들이 탄생하는 가운데 영토분쟁과 인종 간의 갈등이 고조되어 전쟁의 불씨가 되었다. 특히, 나치즘이 등장하고 소련에서 시작된 공산주의 사상이 유럽으로 확산되자 자국이 처한 여러 가지 문제를 전쟁으로 해결하려는 국가들이 나타났다. 그 대표적인 나라가 제1차 세계대전의 패전국으로서 베르사유 조약에 불만을 가진 독일이었다.

1919년 6월 조인된 베르사유 조약은 독일에게 가혹하고 굴욕적이었으며, 독일은 알자스와 로렌 지방을 프랑스에게 양도하여 비스마르크 제국의 약 1/8을 상실하게 된다. 또한 징병제와 일반참모제도가 폐지되고, 육군을 10만 이상 보유하지 못하게 되었다. 뿐만 아니라 연합국에 엄청난 전쟁배상금을 지불하도록 강요받았다.

이후 독일에서는 히틀러가 1934년 집권하면서 베르사유 체제의 타파를 주장하였고, 국제 연맹에서도 탈퇴하게 된다. 그리고 재무장을 선언하고, 라인란트 비무장지대에 군대를 주둔시켜 베르사유 조약을 파기하였다. 1937년에 히틀러는 오스트리아와 체코슬로바키아의 합병을 결의하고, 이후에는 폴란드 회랑과 단치히를 독일에 할양할 것을 요구하였으나 영국과 프랑스의 반대로 무산되었다.

독일과 폴란드의 긴장이 격화되는 상황에서 독일은 소련과 독·소불가침 조약을 체결하여 전쟁을 준비하였다. 사실 히틀러는 폴란드와 소련을 동시에 공격할 능력이 없었는데, 이 조약으로 폴란드에 군사력을 집중할 수 있었고 소련과의 사이에 중립을 확보한 독일은 제2차 세계대전을 일으켰다.

2) 전쟁의 준비(독일의 재무장)

베르사유 조약에 대한 불만을 이용하여 정권을 장악한 히틀러는 국민의 절대적 지지를 받아 독일의 군사력을 재무장하였다. 특히 1938년에는 정부 지출의 52%, 국민 총생산의 17%를 군비에 사용할 수 있었다. 이전부터 독일은 비밀리에 7개 사단을 21개 사단으로 늘리려는 계획이 있었지만 1933년 초의 병력은 10만 내외였다. 그래서 독일은 공군과 기갑부대의 편성 등 전격전에 필요한 전력을 중심으로 군사력을 건설하고 있었다. 히틀러가 등장하여 최강의 군대를 창설하라는 교시를 하달하였고, 1935년부터는 가시적 성과가 나타났다. 그 결과 육군은 약 36개 사단으로 늘어나고, 기갑사단 창설, 국방군의 개편 등으로 군사력이 비약적으로 증강되었다.

전쟁 전에 육군은 약 103개의 사단으로 늘어났으며, 공군도 급격히 증강되었다. 1932년 항공기 생산량은 36대였지만 전쟁 전에는 약 5,000여 대까지 증강되었다. 해군은 전투함대 건설에 시간이 걸렸으나 1939년 독일의 레더 제독은 수 척의 현대식 전함을 보유하게 되었고, 해군병력도 1932년의 5배로 증강되었다.

3) 전쟁의 경과

선전포고 없이 폴란드를 침공한 독일군은 전격전(기갑부대와 공군력을 결합하여 신속하게 적의 후방으로 기동하는 작전)으로 약 한 달 만에 폴란드를 함락시켰다. 폴란드 침공에 성공한 히틀러는 1939년 10월 6일 영국과 프랑스에 화평을 제의하였으나 거부되었는데 영국은 해상봉쇄로 독일군의 해상보급로를 차단하여 독일을 경제적으로 압박하려 했고, 프랑스는 독일과 국경을 연하여 구축된 마지노선(독일과 접한 동쪽의 국경지대에 있는 약 750km의 대규모 방어시설)을 믿고 승리를 자만하고 있었다. 프랑스는 사소한 전쟁 준비에 매달렸으며, 당시의 가장 큰 병폐는 방어제일주의 사상에 얽매여 있었던 것이다.

이에 히틀러는 프랑스를 군사적으로 공격할 경우 영국도 평화협상으로 나올 것으로 판단하여 군사작전을 구상하였으나, 프랑스에 대한 공격은 제1차 세계대전 때와 같은 전선 교착을 염려한 군부의 소극적 태도와 나쁜 기상으로 여러 차례 연기되었다. 더욱이 독일군의 작전계획이 실려 있던 항공기가 벨기에에 불시착하는 사건으로 작전계획이 누설되어 제1차 세계대전 시 벨기에 중앙부를 돌파한다는 당초의 계획

〈그림 26〉 프랑스의 마지노 요새와 독일의 아르덴 삼림 돌파

은 아르덴(Ardennes) 삼림지대로 기갑부대를 투입하는 만슈타인 계획으로 수정되었다.

1940년 5월 10일 독일군은 제1차 세계대전 때와 같이 먼저 벨기에, 네덜란드 그리고 룩셈부르크를 침공하였다. 이에 네덜란드군이 항복하고 독일군은 5월 19일 연합군이 예상하지 못한 아르덴 삼림지대(마지노선 북쪽)를 돌파하여 영국해협까지 저항 없이 신속히 공격하였다. 이러한 신속한 기동으로 연합군의 후방이 포위되어 위기에 빠지게 되었고 천신만고 끝에 다행히도 30여만 명의 병력이 덩케르크에서 영국으로 철수하였다. 그 후 6월 5일에는 독일군이 파리를 향해 총공세를 시작하여 열흘 후 파리를 점령하였고 프랑스는 미국의 참전을 요구하였으나 거절되었으며 프랑스는 6월 17일 항복하였다.

4) 손자병법의 관점에서 분석

(1) 인리이제권(因利而制權)

독일군의 만슈타인의 작전계획은 주력인 기동성이 강한 전차부대로 중앙의 아르덴 삼림지대로 신속히 기동하여 적의 후방을 타격하고 파리로 공격한다는 것이었다. 독일군은 주공 방향을 속이기 위해서 개전 초에는 1차 세계대전 때와 같은 방향인 북쪽으로 공격을 개시하였다.

그러자 연합군은 자신들의 의도대로 독일군이 공격한다는 것을 알고 독일군의 주력에 대응하기 위해서 영국군을 북쪽으로 이동시켰다. 따라서 독일군의 주력이 지향하는 방향에는 방어 공백이 생겨 독일군은 더욱 빠른 속도로 적의 후방으로 진출할 수 있었다. 이처럼 독일군

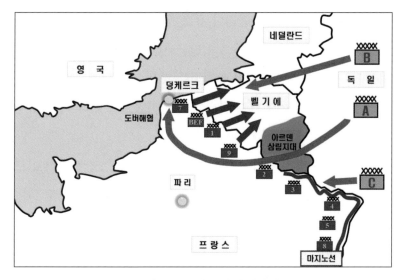

〈그림 27〉 독일군의 기만작전

은 적에게 이익이 있는 것처럼 연합군을 속여 자신의 의도대로 조종할
수 있었다.

(2) 피실격허(避實擊虛)

독일군은 연합군의 강한 곳을 피하고 약한 곳을 집중하여 공격하
였다. 연합군을 벨기에 지역으로 유인하고 고착하는 데 성공한 B 집단
군은 1940년 5월 중순에는 주공인 A 집단군에 3개의 기갑사단을 전
환하였다. A 집단군은 제1, 2선에 기갑사단, 제3선에 차량화사단을 배
치하여 아르덴 삼림지대를 통과하여 별다른 저항 없이 진격하였다. 이
후 A 집단군은 독일 공군의 급강하 폭격기의 지원을 받아 뮤즈 강을 도
하하였다.

전선에서 독일군 B 집단군의 압력이 가중되고 있는 상황에서 연합

군사령관은 독일군의 A 집단군이 뮤즈 강을 도하한 것을 알고 독일군의 주력이 B 집단군이 아니라 A 집단군이라는 사실을 뒤늦게 알게 되었다. 이에 연합군은 방어선이 붕괴되는 것을 막기 위해서 반격을 시도하지만 반격시간이 지체되고 준비가 부족하였으며 여러 가지 상황의 혼선으로 실현되지 못했다.

사실, 독일군과 대치되어 있던 방어선은 벨기에, 영국 그리고 프랑스군이 지키고 있었다. 여러 나라의 부대가 나뉘어서 방어하고 있어서 협조된 방어가 어렵다는 것을 알고 그 약점에 독일군의 주력을 집중했던 것이다. 연합군은 아르덴 삼림지대가 독일군의 기동에 장애물이므로 자신들에게 유리할 것으로 판단하고 있었다. 그러나 독일군은 이러한 연합군의 심리를 역으로 활용하여 이곳으로 전투력을 집중적으로 기동시켰으며, 또한 이 지역은 연합군의 협조된 방어가 어려운 전투지경선 상의 약점이었으므로 독일군은 더 쉽게 연합군의 종심 깊은 후방으로 기동할 수 있었다.

(3) 우직지계(迂直之計)

이후 독일군은 신속히 연합군의 후방으로 진격하였다. 연합군의 반격이 있었으나 독일군의 거센 진격을 막을 수는 없었다. 독일군 기갑사단은 6월 14일 파리를 점령하였고, 16일에는 전선의 C 집단군도 마지노선을 돌파하였다. A 집단군이 엄청난 진격속도로 먼 거리를 돌아서 우직지계로 파리를 함락시킴으로써 연합군의 사기는 급격히 떨어졌으며, 결국 전쟁에서 패배하였다.

이처럼 우직지계란 돌아가는 것이 힘들고 어려워 보이며 목표를 달성하기 더 어려운 것처럼 보여도 실제로 적의 가장 소중한 것을 탈취함으로써 보다 온전한 승리가 가능하다는 것이다. 왜냐하면 내가 그렇게 점령하고자 하는 곳은 적에게도 소중한 것이므로 적이 이곳을 잃게 되면 심리적으로 엄청난 충격을 받을 것이기 때문이다. 사실, 어느 국가든 그 나라의 수도는 가장 소중한 곳이라고 볼 수 있다.

다만 프랑스 전역에서 의문이 되는 것은 신속하게 파리를 함락시켰음에도 불구하고 독일군이 5월 24일부터 3일간 덩케르크로 진격하지 못하고 멈춘 것이었다. 영국군은 이 기회를 이용하여 약 30만의 병력이 영국으로 철수할 수 있었다. 당시 그 지역은 습지대로 독일군의 전차가 기동하기가 어려울 것으로 추정할 수는 있겠지만, 연합군이 철수하는 상황이었으므로 독일군이 기계화 부대로 신속히 공격했다면 이 전쟁은 다른 국면으로 전개되었을 수도 있었다. 결과적으로 영국으로 철수한 병력들이 노르망디 상륙작전을 성공적으로 실시하여 독일군을 패배시켰기 때문이다.

이러한 상황은 6·25전쟁 시 김일성이 남한을 기습하여 서울을 함락시킨 후 약 3일간 지체했던 것과도 비슷하다. 만약 북한이 지체함이 없이 신속히 공격했다면 적화통일이 되었을 것이라는 데 이견이 많지 않을 것이다. 따라서 전쟁을 계획하고 지도하는 장교는 호기를 포착하여 전세를 바꾸어 전쟁을 이끌 수 있는 통찰력을 갖추어야 한다.

3 논리적 맥락

兵者, 國之大事, 死生之地, 存亡之道, 不可不察也.
병자　국지대사　사생지지　존망지도　　불가불찰야

→ 作戰編(兵聞拙速), 謀攻編(全)
　　작전편　병문졸속　　모공편　전

故經之以五事, 校之以計, 而索其情. → 軍形編(立於不敗之地)
고경지이오사　교지이계　이색기정　　군형편　입어불패지지

……

計利以聽, 乃爲之勢, 以佐其外. → 兵勢編(奇正相生)
계리이청　내위지세　이좌기외　　병세편　기정상생

勢者, 因利而制權也. → 虛實編(避實擊虛) → 軍爭編(迂直之計)
세자　인리이제권야　　허실편　피실격허　　군쟁편　우직지계

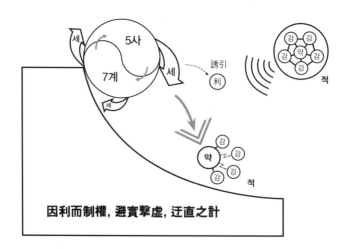

[요약] 피아 간의 계를 비교하여 기세로 만들고 적을 이익으로 유인하여 적의 약점을 공격한다. 먼 길을 돌아서 가지만 적을 유인하고 속여서 내가 먼저 도달할 수 있다.

4

용병 Ⅱ
(始計, 九變·行軍·
地形·九地)

兵者, 國之大事, 死生之地, 存亡之道, 不可不察也.
병자　국지대사　　사생지지　　존망지도　　불가불찰야

故經之以五事, 校之以計, 而索其情.
　고경지이오사　　교지이계　　이색기정

……

計利以聽, 乃爲之勢, 以佐其外. 勢者, 因利而制權也.
　계리이청　　내위지세　　이좌기외　　세자　　인리이제권야

兵者, 詭道也.
병자　궤도야

———

용병은 적을 속이는 것이다.

-시계(始計)-

J교수: 그동안 잘 지냈지? 지난번에는 용병의 이론을 설명했으니까 오늘은 용병의 실제에 관해서 설명하겠네. 용병 이론의 핵심 구절인 시계편의 다음 구절을 풀이해 보겠나?

K군:　*兵者, 詭道也.*
　　　　병자　궤도야

용병은 속임수라는 것입니다.

J교수:　그렇지. 손무는 앞에서 오사와 칠계의 이점을 활용하여 세를 만들고, 적을 이익으로 유인하여 내 마음대로 적을 조종한다고 하였지. 이러한 맥락을 연계하여 한마디로 병자궤도야로 결론 짓고 있다네. 다음 구절에서는 용병의 구체적인 14가지의 사례를 제시하고 있는데,

能而示之不能 능이시지불능: 능력이 있으나 능력이 없는 것처럼 보이게 하고,

用而示之不用 용이시지불용: 사용하지만 사용하지 않는 것처럼 보이게 하며,

近而示之遠 근이시지원: 멀리 있어도 가까이 있는 것처럼 보이게 하고,

遠而示之近 원이시지근: 가까이 있어도 멀리 있는 것처럼 보이게 하며,

利而誘之 이이유지: 이익이 있는 것처럼 속여 적을 유인해 내고,

亂而取之 난이취지: 아군의 진형이 무질서하게 보여 적이 공격하게 만들며,

實而備之 실이비지: 강하게 배비하고 있는 것처럼 속여 적이 대비하게 하고,

強而避之 강이피지: 강한 것처럼 속여 적이 피하게 하며,

怒而撓之 노이요지: 분노한 것처럼 보이게 하여 적이 나를 흔들게 하고,

卑而驕之 비이교지: 적에게 저자세로 보여 적이 교만하게 만들며,

佚而勞之 일이노지: 내가 편안히 있는 것처럼 하여 적이 지치게 만들고,

親而離之 친이리지: 상대의 동맹국과 친밀한 것으로 꾸며 적을 이간시키며,

攻其無備 出其不意 공기무비 출기불의: 적의 대비가 없는 곳에 공격하고 적이 예상하지 못한 곳에 공격한다는 뜻이지.

능이시지불능부터 공기무비 출기불의까지의 사례들은 궤도의 무궁무진함을 강조하기 위한 것이지. 그리고 뒤에 나오는 『손자병법』의 각 편에서는 적의 상황, 지형과 기상, 아군과 관련하여 다양한 상황에서 궤도를 구사하는 방법을 구체적으로 설명하고 있다네.

시중에 있는 많은 책들에는 실이비지(實而備之)를 "적이 강하면 방비를 강화한다"로 해석하고 있지만, 세의 의미가 적을 이익으로 유인한다는 것이므로 이를 적용하여 해석한다면 "내가 강하게 배비하고 있는 것처럼 속여 적이 대비하게 한다"로 해야 궤도의 의미를 정확히 이해한 것이라고 할 수 있지.

K군: 네. 그러면 강이피지(強而避之)는 "나의 대비가 강한 것처럼 속여 적이 피하게 한다"로 해석해야 하겠군요.

J교수: 나는 그렇게 생각하네. 그런데 14개 구절 중에서 마지막 두 구절인 공기무비출기불의는 다른 구절과 같이 해석하지 말고 그대로 이해하는 것이 좋을 듯하네. 어쩌면 다른 구절의 결론을 맺는 구절이니까….

오사에서 파생되는 칠계의 측면에서는 군주와 장수는 틈이 없어 지휘와 명령이 잘 수행되어야 하지. 또한 군사력이 강하고 서로 장수를 신뢰하며, 병사들은 잘 훈련되고 높은 군기를 유지해야 한다네. 이처럼 하나의 사례에는 오사와 칠계의 요소가 서로 함축되어 있다고 보아야 한다네. 그래야 오사칠계와 세의 관계를 이해하고 이익을 보여 주어 적을 속이는 궤도와 연결되는 맥락을 읽을 수 있을 거야.

궤도의 사례와 이어지는 구변편은 용병의 일반적인 원리를, 행군편은 실제 지형에 따라 군을 배치하는 원리를, 지형편은 왕래 가능한 측면에서 본 지형의 유형에 관해서, 구지편은 앞에서 논의한 여러 가지 원리를 종합하여 설명하고 있다네. 오늘은 궤도의 구체적이고 실제적인 것에 대해서 설명하겠네.

군쟁편의 마지막 구절(군쟁-⑳)을 구변편의 첫 문구에 두는 책들도 있는데 손무는 용병을 할 때 하지 말아야 할 것을 제시하고 있다네. 먼저 궁지에 처한 적은 공격하지 말아야 한다고 했지. 또한 비지(圮地: 산림, 소택지), 구지(衢地, 전략요충지) 등 지형에 따라 군사력을 운용해야 할 방법을 설명하고 있다네. 또한 장수는 상황의 변화를 잘 관찰하여 나에게 유리함과 불리함을 잘 판단할 수 있어야 하는데 상황에 따라 하지 말아야 할 것의 사례도 제시하고 있다네.

塗有所不由 도유소불유: 진군해서는 안 되는 길이 있고,

軍有所不擊 군유소불격: 공격해서는 안 되는 적이 있으며,

城有所不攻 성유소불공: 공격하지 말아야 할 성이 있고,

地有所不爭 지유소불쟁: 적의 영토라도 무턱대고 공격해서는 안 되며,

君命有所不受 군명유소불수: 군주의 명령이라도 받지 말아야 할 것
　　이 있다는 것이지.

K군:　교수님, 다른 것은 이해가 되는데 군주의 명령을 받지 않는다면 항명이 아닙니까?

J교수:　곤란한 질문이군. 여기서 손무가 말한 것은 상황과 여건에 따라 그러한 특별한 경우가 있을 수 있다는 것을 말한 것이네. 왜냐하면 군주는 장수와 멀리 떨어져 있어 상황을 보고하고 군주의 명령이 오기까지는 많은 시간이 걸리기 때문이지. 또한 군주가 가까이 있어 명령이 즉시에 하달되더라도 군주의 명령이 지금의 상황에 맞지 않는 경우에는 장수가 신념을 가지고 판단해서 유리한 상황을 만들라는 것이네. 군주가 시키는 것만 할 것 같으면 장수는 필요 없겠지.

K군:　손무는 상황에 따라 군주가 싸우지 말라고 해도 장수는 싸워야 한다고 했습니다. 그러나 군주의 명령을 받지 못하는 경우에는 어떻게 해야 합니까?

J교수:　과거에도 그렇지만 현대에는 전쟁이 더 복잡해지고 군대노 거

졌다네. 과거와는 달리 현재는 무전기, 위성, 컴퓨터 등 다양한 지휘통제 수단이 있지. 그러나 실제 전투상황에서는 통신이 두절되거나 급박한 상황에서 상급지휘관으로부터 어떻게 해야 할지 명령을 받기 어려운 경우가 많이 있을 것이야. 그때는 이번 작전의 목적이 무엇이며 나의 상급지휘관은 이 상황에서 내가 무엇을 해 주기를 바랄까를 생각해서 작전을 해야 한다네. 통신이 두절되고 급박한 상황에서 지휘관은 독단활용을 할 수 있지만 그렇다고 전체 작전을 고려하지 않고 내 마음대로 한다는 것은 아니네.

　　군주도 되도록 장수가 현장에서 판단한 것에 간섭하지 말고 맡겨 두어야 할 것이네. 그래서 앞의 모공편에도 승리의 다섯 가지 조건 중에서 장수가 유능하고 군주가 간섭하지 않으면 승리한다(모공-㉑)는 구절이 있지 않은가?

K군:　네. 그렇게 이어지는 것이군요.

J교수:　장수는 지형뿐 아니라 지형의 이점과 무궁한 변화까지도 알아야 한다(구변-④)고 강조하고 있네. 여기서 구변은 무궁무진함을 의미하는 것이지 꼭 아홉을 의미하는 것은 아니네. 손무는 항상 음양, 즉 대립과 상생의 관점에서 현상을 본다고 했지. 그래서 군사력을 운용할 때는 상황의 이로운 점과 해로운 점을 동시에 고려해야 한다네.

K군:　이것은 이로움과 해로움이 함께 있다는 것을 의미하는 것이군요.

J교수:　그렇지. 앞에서 상대와 나의 오사칠계를 비교하듯이 용병을 할 때도 적, 지형과 기상 그리고 병사의 심리 등 모든 이로움과 해

로움을 분석해야 한다네. 그래서 용병을 함에 있어서는 적이 공격하지 않으리라는 것을 믿지 말고, 공격해 오지 못하도록 방어 태세를 갖추어야 한다네. 항상 장수는 자신이 유리할 때 불리할 수 있는 상황을 미리 판단하고 예측하여 대비해야 하지. 장수가 처할 수 있는 다섯 가지 위험은

必死可殺 필사가살: 필사적으로 싸우는 자는 죽으며,

必生可虜 필생가로: 기어코 살고자 하는 이는 사로잡히고,

忿速可侮 분속가모: 참을성이 없는 자는 업신여김을 받으며,

廉潔可辱 염결가욕: 너무 결백한 자는 사로잡히는 모욕을 당하고,

愛民可煩 애민가번: 지나치게 병사를 사랑하면 그 때문에 번민한다는 것이지.

앞에서 장수가 갖추어야 할 자질은 지신인용엄(智信仁勇嚴) 다섯 가지라고 했지. 그 장수의 자질은 실제 상황과 여건에 다양하게 발휘되어 병사와 부대를 지휘해야 한다네. 전쟁을 하지 않을 때는 자애로운 모습을, 그러나 전쟁에 임해서는 엄격하고 신념에 찬 모습을 병사에게 보여 주어야 한다네. 실제로 오왕 합려가 손무를 시험하기 위해 자신의 궁녀를 훈련시켜 보라고 했는데, 처음에 궁녀들은 장난처럼 웃으며 훈련에 임했다네. 특히 합려가 아끼는 두 궁녀가 말을 듣지 않아 손무는 그 두 궁녀의 녹을 베이 군율의 엄중함을 보여 주었지. 그 후로 궁녀들이 일사불란하게 손무의 지시에 따라 훈련을 받았다네. 장수

는 병사를 사랑해야 하지만 때로 전장의 위험한 상황에서는 그 병사를 위해서 엄격함을 보여 주어야 한다네. 병사를 사랑한다 하여 적진으로 공격 명령을 내리지 못한다면 훌륭한 장수라고 할 수 없겠지?

K군: 또 다른 사례가 있나요?

J교수: 제2차 세계대전 당시 어느 중대장이 전투 중에 자신이 쓴 일기를 모아 『중대장(The Company Commander)』이라는 책을 썼다네. 저자는 치열한 전투가 벌어지고 있는 곳에 중대장으로 부임하게 된다네. 하루는 대대와 통신선이 끊어져 대대와 교신이 되지 않으니 전투를 제대로 수행할 수 없었지. 그래서 중대장은 유선병에게 참호를 나가서 통신선을 연결하고 오라는 명령을 내렸고 그 병사는 주저함이 없이 바로 나갔던 거야.

중대장이 이 병사를 보내 놓고 바깥의 상황을 생각했지. 지금 밖에는 포탄이 엄청나게 쏟아지고 있어서 언제 이 병사가 목숨을 잃게 될지 모르는 상황이었다네. 그 후 얼마의 시간이 지나 그 병사가 무사히 임무를 마치고 돌아왔다네. 이 중대장은 수고했다고 하면서 그 병사를 꼭 안아 주었지. 그리고 그날 밤 일기에 이렇게 쓰고 있다네. "내가 무엇이건대 한 인간을 죽음으로 내몰 수 있다는 것인가? 나는 두렵다. 내가 지휘관이라는 것이…." 그리고 그의 일기에는 눈물 자국이 번져 나갔다네. 진정 부하를 사랑하는 마음, 그러나 임무를 위해서 사랑하는 부하를 사지(死地)로 내몰 수 있는 강함을 장교는 갖추어야 한다네.

K군: 네. 잘 알겠습니다. 교수님, 군인은 전투에서 필사적으로 싸워야 하는데 왜 손무는 필사적으로 싸우면 죽는다 하였습니까?

J교수: 사실 이순신 장군도 명량해전을 앞두고 필사즉생(必死卽生)이라고 하여 죽기를 각오하고 싸우면 살 것이라고 했네. 여기서 손무가 강조하는 것은 때로는 피해서 생명을 보존하는 것이 더 이로운 상황도 있다는 것이지. 한마디로 보다 의미 있고 가치 있는 장소와 상황에서 죽어야 한다는 것을 강조한 것이라고 해야겠군! 그렇다고 자기의 생명을 보존하기 위해 무조건 도망치라는 것은 아니네. 전쟁의 승패를 좌우하는 결정적인 장소와 시간에 자신의 목숨을 바쳐야 가치가 있는 것이지. 결국 장수는 그 장소와 시간, 상황과 여건을 잘 고려하여 병사를 지휘하고 군사력을 운용해야 한다는 것을 강조하고 있네. 그럼 행군편으로 넘어가 볼까?

K군: 네. 행군은 병사들이 걸어가는 것을 말합니까?

J교수: 아니지. 지형의 이점을 활용하여 어떻게 군을 배치할 것인가를 말한다네. 크게 두 가지를 강조하고 있는데, 하나는 다양한 지형에 따라 군대를 운용하는 구체적인 방법을 제시하고 있고, 다른 하나는 장수가 전장상황에서 어떻게 병사를 다스려야 하는가를 보여 주고 있다네.

K군: 그럼 지형에 대해서 먼저 설명해 주시죠.

J교수: 손무는 산악지형, 하천, 소택지, 평지에서 어떻게 군대를 운용할 것인가를 구체적으로 제시하고 있네.

K군: 교수님, 그 당시와 오늘날 전투 상황에서 지형의 중요성은 다

르지 않나요?

J교수: 물론 지금은 다양한 무기가 개발되고 지형을 극복할 수 있는 능력이 뛰어나지. 예를 들면 하천을 도하하는 장비가 발달되어 있고 심지어 전차도 하천을 건널 수 있는 장비를 갖추고 있어서 하천도 장애물이 되지 않지만, 손무가 말한 지형의 활용은 지금도 의미가 있다네.

K군: 제가 행군편을 읽어 보니 손무는 아주 자세히 지형을 관찰하여 분석하고 그 상황에서 적의 움직임을 판단하여 계책을 세우라고 강조하고 있습니다.

J교수: 그렇지. 예를 들어 새가 갑자기 날아오르는 것은 복병이 있기 때문이라고(鳥起者, 伏也) 했지. 또 먼지를 관찰한 것이 특히 인상적인데 먼지가 낮고 넓게 일어나면 적의 보병이 공격하는 것이며, 먼지가 흩어지고 나뭇가지처럼 오르면 적군이 땔나무를 하는 것이고, 작은 먼지가 왔다 갔다 하는 것은 적이 숙영을 준비하는 것이라고 했네.

또한 손무는 항상 전쟁이 속임수임을 강조하고 있다네. 어쩌면 적은 나보다 영특할 수 있거든. 실제로 손빈이 방연과 싸울 때 방연을 속이기 위해 후퇴하면서 밥 짓는 가마솥을 첫날에는 1만 개, 다음 날에는 5천 개, 그다음 날에는 3천 개로 줄였지. 그래서 방연은 손빈 군대의 사기가 떨어지고 탈영병이 늘어나서 병력이 줄었다고 생각했지. 속은 거야. 항상 적이 나보다 뛰어나고 나를 속인다는 것을 염두에 두어야 한다네. 또한 나의 유리함 속에 오히려 해로움도 있음(잡어리해雜於利害)을 늘 생각해야 하지.

K군: 네. 그래서 용병술은 적을 속이는 데서 시작한다(이사립以詐
立)는 것이군요. 다음에 손무는 적과 아군의 내부 실정을 파악
하는 것을 강조하고 있습니다.

J교수: 그래, 전투에 있어서 병력이 많다고 반드시 좋은 것은 아니라
고 했지. 가벼이 진격하지 말고 적의 상황을 잘 살펴서 공격해
야 한다네. 아무런 계책 없이 적을 가벼이 여기는 자는 포로가
된다고 했네. 그다음 구절은 장수가 어떻게 병사를 지휘할 것인
가를 설명하고 있는데, 지형편에서 모든 군 내부의 문제는 장수
의 과오에서 나온다는 것(지형-⑨)이지. 그래서 병사를 벌하기
전에 장수에게 무슨 문제가 있었는지를 먼저 돌아보아야 하고,
병사를 벌해야 할 때 벌하지 않으면 제대로 부릴 수 없게 된다
네. 그래서 장수는 부하에게는 덕과 정으로 대하되 임무를 수행
할 때는 기율을 유지해야 한다고 했지.

K군: 네. 오사의 상벌숙명과 장수의 조건에서 엄에 해당되는 부분이
군요. 그런데 왜 손무는 지형편에서 장수에 관한 내용을 언급했
나요?

J교수: 지형을 관찰하고 적과 나의 군대의 강·약점을 살펴야 함을 강
조하기 위해서지. 전쟁이라는 것이 외부적인 조건, 즉 지형이나
무기, 물자 등도 중요하지만 결국 사람이 하는 것이 아닌가? 그
래서 부하를 다스리는 것이 중요함을 강조하고 있지. 현대에도
최첨단 무기가 발날하고 통신망이 발전했지만 여전히 인간이
전쟁을 하기 때문에 병사를 잘 다스리는 것이 전쟁 승리의 필

수 조건임을 강조하고 있다네.

K군: 네, 그렇군요.

J교수: 다음의 지형편에서 손무는 구변과 행군편의 내용을 더욱 구체적으로 설명하고 있다네. 지형을 알고, 자기를 알고, 적을 알고, 천시를 아는 것이 중요하다(지형-㉔)고 강조하고 있다네. 먼저 지형의 여섯 가지를 언급하고 있지.

通形 통형: 아군이 올 수도 있고 적이 올 수도 있는 지형이며,

掛形 괘형: 오고 가기가 어려운 지형이고,

支形 지형: 피아 공히 나가면 불리한 지형이며,

隘形 애형: 아군이 선점하여 방비를 충실히 해야 하는 지형이고,

險形 험형: 아군이 점령하여 적을 기다려야 하는 지형이며,

遠形 원형: 피아가 멀어서 이익이 적은 지형을 말한다네.

K군: 그런데 내가 생각하는 지형은 적들도 중요하게 생각하고 대처하지 않겠습니까?

J교수: 아주 좋은 생각이네. 나에게 아무런 이익이 없더라도 적이 이를 점령한다면 나에게 아주 불리한 지형일 수 있지. 그런 지형은 내가 반드시 점령하거나 나의 수중에 있어야 하겠지. 그래서 전쟁은 상대가 있는 것이고 절대적으로 유리하거나 절대적으로 불리한 것이 없다는 것이야. 그래서 지형은 적과 상대적인 관점에서 유리함과 불리함을 살펴야 한다네. 또한 시간을 고려해야하지. 시간이 지남에 따라 유리한 점은 불리한 것으로 바뀌고

불리한 것은 유리한 것으로 바뀔 수 있다네. 그래서 공격과 방어가 있지. 방어는 유리한 조건을 만들 때까지 시간을 벌기 위한 작전이니까.

K군: 행군편에서는 지형에 따라 군대를 운용하는 것을 말하고 지형편에서는 적과 나의 상대적 관점에서 지형을 분석하고 있군요?

J교수: 그렇지. 또 손무는 패배하는 여섯 가지 군대의 예를 제시하고 있는데,

走兵 주병: 병력이 부족하여 도망가는 군대이고,

弛兵 이병: 병사는 강한데 장교가 무능한 군대이며,

陷兵 함병: 장교들은 강한데 병사가 약한 군대이고,

崩兵 붕병: 장수가 화를 내고 병사가 복종하지 않으며 장교가 무능한 군대이며,

亂兵 난병: 장교가 위엄이 없고 장병 간에 질서가 없는 군대이고,

北兵 배병: 적에게 속아 군사력을 낭비하고 정예부대가 없는 군대를 말한다네.

손무는 이런 패배하는 군대도 결국 장수가 무능한 결과라고 했지. 그래서 시계편의 장숙유능은 전쟁 승리의 중요한 요소라네. 손무는 또한 장수의 자질(지신인용엄)은 결국 전장의 상황에서 다양하게 발휘된다고 했다네. 따라서 지형의 이점을 알고 적의 정세를 파악하여 군사력을 운용하는 것을 알아야 한다고 했지. 그러면 군주가 싸우지 말라 해도 반드시 싸워야 하는 상

황에서 장수는 소신껏 싸울 수 있다는 것이지. 또한 장수는 병사를 어린아이처럼 사랑해야 하지만 전투에 임해서는 군기를 유지하고 군율을 엄격히 적용해야 한다고 했다네.

K군: 또 무엇을 강조하였나요?

J교수: 이런 상황에서 장수는 적을 속여 약점을 노출시키고 그 약점에 나의 군사력을 집중할 수 있는 용병을 알아야 한다고 했지. 그래야 겨우 절반의 승리를 할 수 있다는 것이지. 나머지 반은 천시와 지형의 이점을 알아야 한다는 것이네.

> 知彼知己 百戰不殆 지피지기 백전불태: 적을 알고 나를 알면 위태롭지 않고,
> 知天知地 勝乃可全 지천지지 승내가전: 천시와 지리를 안다면 온전히 승리한다는 것이지.

그런데 적과 나의 상황, 그리고 천시와 지형을 알기 위해서는 어떻게 해야 할까?

K군: 간첩을 활용해야 한다고 했습니다.

J교수: 그렇지. 적과 나, 천시를 알기 위해서는 간첩을 운용해야겠지. 그래서 용간편과도 이어지고 있다네. 모든 편의 구절이 서로 연결되는 것을 조금 이해할 수 있을 것이네. 이어서 구지편에서 앞의 지형, 적 상황, 아군 상황에 관한 것을 종합적으로 제시하고 있다고 볼 수 있는데, 먼저 아홉 가지 지형을 이야기하고 있지.

〈표 2〉 지형의 분류

지정학적 관점	散地(산지): 자국 영토에서 교전 爭地(쟁지): 피아 점령이 유리한 곳 衝地(구지): 전략요충지
군사전략 관점	輕地(경지): 국경 근처에서 교전 交地(교지): 피아 공격하기 좋은 곳 重地(중지): 적 지역 깊숙한 지형 圍地(위지): 길이 좁고 나올 때 우회하는 지형 死地(사지): 퇴로차단이 가능한 지형
전술적 관점	圮地(비지): 산림, 소택지

지형은 먼저 지정학적인 차원에는 산지, 쟁지, 구지, 군사전략 차원에는 경지, 교지, 중지, 위지, 사지, 전술적인 차원에는 비지가 속한다고 볼 수 있다네. 먼저 지정학적인 관점에서는 모든 주변국이 민감하게 반응하는 지역이므로 직접 공격하기보다는 자신의 영향력하에 두어야 함을 강조하면서, 나는 국제적인 지지를 획득하면서도 적을 고립시키는 것을 생각해야 한다네.

K군: 그러면 전략적인 차원에서는 어떻게 해야 하나요?

J교수: 나는 집중하고 적은 분산시키기 위한 방법을 강구해야 한다네. 적에 대해서는 내부를 이간시키고 서로 불신하게 만들거나 서로 협조하지 못하게 해야 한다네. 특히 중지, 위지, 사지에서는 결사적으로 싸워야 하는 지역에서 나의 전투력을 집중하는 것이 중요하지.

또한 중지에서는 아군은 일치단결하여 싸우고 식량을 현지

에서 조달하며 적이 예측하지 못하게 하면 승리할 수 있다고
했네. 이러한 지형을 선택하여 싸우는 전투를 배수진을 친다고
하지. 강을 뒤에 두고 방어하는 것이지. 더 이상 물러설 수 없는
지형에서 싸우는 것을 말한다네. 그렇게 되면 병사들이 오히려
초인적인 힘을 발휘하지.

　예를 들어 6·25전쟁 때 연합군은 낙동강 방어진지를 편성
하고 끝까지 싸웠지. 엄청난 피해와 포격이 있었지만 그 뒤는
부산 앞바다이니 더 이상 물러날 수 없는 상황이었지. 그래서
연합군은 죽음을 무릅쓰고 싸웠다네.

K군: 　아군의 병사들이 이러한 상황에 놓이게 되면 죽을 각오로 싸우
게 되겠네요. 옛말에 쥐도 궁지에 몰리면 고양이를 문다고 하지
않습니까?

J교수: 　그렇게 되면 병사들은 서로 단결하고 명령이 없어도 임무를 완
수하지. 또한 유언비어가 퍼지는 것을 막고, 병사들이 장수를
신뢰하면 전장을 이탈하지 않고 끝까지 싸우지. 이런 상황과
인간의 심리를 잘 이해하여 장수는 경우에 따라 의도적으로 병
사를 궁지로 몰아넣어 싸우게 할 수 있어야 한다네. 장수의 자
질(智信仁勇嚴)도 상황에 맞게 발휘되어야 한다네.

　이렇게 적이 완전히 포위되면 적이 죽기를 각오하고 싸우니
아군의 피해는 많아지겠지. 그래서 징기스칸은 완전히 포위하
되 한쪽을 터 주는 전법을 사용했지. 그러면 적이 결사적으로
싸우기보다는 살기 위해 포위망이 뚫린 곳으로 도망치려 하고,
몽골군은 도망치는 적을 포위하고 끝까지 추격하면서 격멸하

는 전술을 썼다네.

　　그래서 용병을 잘하는 장수는 부대를 마치 상산에 있는 솔연이라는 뱀처럼 움직인다는 것이지. 이 뱀은 머리를 때리면 꼬리가 덤비고 꼬리를 치면 머리가 덤비며 가운데를 치면 머리와 꼬리가 함께 덤빈다는 것인데, 상대가 이렇게 덤비면 다른 방법이 없지 않겠는가?

K군: 　상대의 공격에 유연하게 대응하는 것이군요!

J교수: 　또한 용병을 할 때는 아군 병사들도 무엇을 하는지 모르게 해야 적의 간첩도 이를 알지 못하게 되지. 또한 장수는 병사들이 결사적으로 싸우도록 마치 높은 곳에 오르게 하고 사다리를 치우듯 해야 한다네. 따라서 장수는 지형의 이점과 병사의 심리상태를 파악하여 의도적으로 사지에 군대를 몰아넣어 병사들이 결사적으로 싸우게 할 수도 있어야 한다네.

　　결론적으로 손무는 "군사회의에서 작전계획을 세우고 개전이 결정되면 국경의 관문을 봉쇄하고 통행증을 폐기하며, 적국의 사절을 중지하는 등 전쟁을 준비해야 한다. 그리고 적에게 틈이 생기면 신속히 공격해서 가장 먼저 적의 전략적 요충지를 탈취해야 한다"고 했지. 적과 기한을 정해 놓고 싸우지 말아야 하며, 작전계획을 실행할 때는 적정의 변화에 따라 끊임없이 변경시켜야 한다고 했네. 그래서 처음에는 처녀와 같이 얌전하게 있다가 적이 경계를 늦추고 방심하는 사이 신속하게 공격하여 적을 격멸해야 하는 것을 용병이라고 했다네.

K군: 　손무는 적을 속이는 것을 또 강조하고 있군요!

J교수: 이제 용병이란 것을 알겠는가? 결국 지형의 이점을 파악하고 적과 나의 상황을 살핀 다음에 적에게 이점을 보여 주어 적은 분산하게 하고 나는 집중하여 나의 강한 전투력을 적의 약점에 집중하는 것을 말한다네. 실제 전투는 땅에서 하게 되니 지형과 기상의 이점과 불리점은 전투에서 승리하기 위해 반드시 고려해야 하지. 그리고 지형에 따라 나의 싸우는 방법과 병사들의 심리가 달라지므로 이를 잘 활용하여 군사력을 운용해야 한다네. 다음 대화에서는 용병의 실제에 포함시켰지만 특수한 작전의 형태인 불로 공격하는 화공(火攻)과 간첩을 운용하는 용간(用間)에 대해서 설명하겠네.

더 읽어 보면 좋은 책

1. 클라우제비츠, 정토웅 역, 『클라우제비츠의 전쟁원칙과 리더십론』, 서울: 화랑대 연구소, 1999.
2. 이순신, 『난중일기』, 서울: 현암사, 1968.
3. 김태훈, 『이순신의 두 얼굴』, 서울: 도서출판 창해, 2004.
4. 존 키건, 정병선 역, 『전쟁의 얼굴』, 서울: 지호출판사, 2005.
5. 찰스 B. 맥도널드, 육군본부 역, 『2차대전 중대장』, 김해: 육군본부, 1979.

1 전례분석: 명량해전

1) 임진왜란의 배경

선조 이전부터 계속된 정쟁과 사림 세력이 등장한 이후 격화된 당쟁으로 조선은 내부 분열이 극심하였다. 율곡 이이가 십만 양병설을 주장했지만 국가의 재정이 빈약하고 관료는 부패했으며 국방체제는 약해졌다. 반면 일본은 도요토미가 일본을 통일하고 제후들의 불만을 외부로 돌리기 위해 전쟁을 준비하였다.

도요토미가 명나라를 정벌하는데 조선은 길을 열어 달라는 요구에 조선이 거부하자, 일본은 약 20만의 병력으로 1592년 임진년에 조선을 침략하였다. 조선은 단기간에 일본에 유린되었으며 이에 명나라가 참전하여 강화를 추진하였으나 결렬되었다. 이어 1597년 정유년에 일본은 2차로 조선을 침공하였으며 칠천량해전에서 원균이 패배하였다. 그 이후 이순신 장군은 명량해전에서 일본 함선을 대파하여 일본 수군이 서해로 진출하는 것을 봉쇄하였고, 도요토미가 병사하자 일본군이 회군하여 7년에 걸친 전쟁은 끝이 났다.

2) 전투의 준비

명량해전까지 조선의 수군에게는 전투준비가 어려운 상황이었다. 우선 수군 서열 2위의 장군인 성싱우수사 배설이 도망을 친 것이다. 배설의 탈영은 군대의 기강이 무너지고 사기가 땅에 떨어진 사건이었다.

또한 이순신 장군이 명량해전까지 확보한 함대는 전선 13척과 초탐선 (哨探船) 32척이 전부였다. 이는 일본의 133척에 비해 절대적으로 열세한 군사력이었다. 한편 9월 7일 오후 4시경 일본의 전함 13척이 싸움을 걸어왔고, 조선 수군은 이를 물리쳤으며, 일본의 야습에도 적절히 대비하여 적을 격파하였다.

그러나 당일의 『난중일기』에는 "우리 여러 배들이 겁을 집어먹은 것 같아 다시 엄명을 내리고 내가 탄 배가 곧장 적선 앞으로 가서 포를 쏘았다. 그랬더니 적이 침범할 수 없음을 알고 자정에 물러갔다"고 적혀 있다. 여기서 이순신 장군의 부하들은 두려움과 공포에 짓눌려 있었고 전투의지가 약했다는 것을 알 수 있다.

3) 전투의 경과

9월 14일 적선 200여 척 중 55척이 어란에 도달했다는 첩보를 받고 이순신은 피란민을 육지로 대피시킨다. 그리고 포로가 되었다가 탈출한 김중걸의 보고에 의하면 일본은 조선 수군이 10척이라는 것을 알고 있었다. 그래서 일본군의 목표는 조선 수군을 몰살시킨 후 제해권을 장악하고 군량미와 무기를 싣고 서해로 진출하여 일본 육군을 지원한다는 것이었다.

다음 날 이순신 장군은 일본 수군이 공격할 경우 벽파진에서 싸운다면 넓은 바다에서 일대 회전을 해야 하지만, 전라우수영에서는 명량해협을 통과하려는 적과 싸우므로 유리하다고 판단하여 전라우수영으로 진을 옮겼다. 명량해협은 진도와 화원반도 사이에 있는 1km 내외의 수로로서 가장 좁은 곳이 300m 내외이다. 최저 수심은 1.9m이고 해류의 속도는 최대 시속 21km로 매우 빠르다. 이 때문에 일본은 대형 군선인 안택선은 해협 밖에 대기시키고, 중소형 군선인 관선만으로 좁은 수로를 통과하여 이순신 함대와 대결하려 했던 것이다. 일본 수군의 주력선인 안택선이 해전에 참여할 수 없기 때문에 관선 중심의 일본 함대는 전투력 면에서 조선 수군보다 열세하였다. 이때 이순신 장군은 "반드시 죽고자 하면 살고, 살려고만 한다면 죽는다(必死則生 必生則死)"라는 명언을 남기게 된다.

9월 16일 아침 오전 7시경에 조류는 정조가 되고 이후 일본 함대가 해협을 통과하여 전라우수영 앞바다로 진격하기 용이한 방향으로 흘렀다. 일본 함선 133척이 명량해협을 통해 전라우수영으로 진격하고 있다는 보고가 전해지자 이순신 장군은 결전을 준비하기 위해 13척을 출항시켜 진영을 갖추고 뒤에는 조선 수군의 규모를 크게 보이기 위해 피난선 100여 척을 배치하였다.

조수의 흐름이 조선 수군 쪽으로 역류하였고, 전투는 처음에 일본 수군의 관선 여러 척이 이순신 장군의 대장선을 여러 겹으로 포위공격하면서 조선 수군에 불리한 상황으로 시작되었다. 이순신 장군이 이 해전에서 몸소 최선봉에 나서 일본 함대에 포위당한 채 긴 시간 동안 버티면서 지자포와 현자포를 쏘고 적선을 파괴하자 사기는 오르고 있었다.

그러나 나머지 12척은 먼바다에서 이순신 장군이 싸우고 있는 것을 쳐다만 보고 있었다. 이순신 장군이 강하게 질책하자 김응함의 함선이 다가왔고, 이어 서세 현령 안위의 함선도 달려왔다. 이순신 장군이 "안위야, 군법에 죽고 싶으냐?"고 호통을 치자 안위는 황급히 적선으로 돌격하였고, 안위의 함선이 진격하는 모습을 보고 뒤에 있던 함선들이 일제히 공격을 하였다. 이때 이순신 장군이 적장의 시체를 발견하고 건져 올려 돛대에 매달자 적장을 잃은 일본 수군은 심리적으로 충격을 받고 사기가 떨어졌다. 때마침 조류도 조선 수군 쪽에서 일본 함대 쪽으로 역류하기 시작하면서 조선 함대는 바람처럼 돌격하여 순식간에 31척의 일본 함선을 격파했다.

조선 수군의 강력한 반격으로 일본 함선이 도망가자 이순신의 함대는 추격하려 하였으나 파도가 높고 바람도 역풍이어서 포기했다. 이날 『난중일기』에는 실로 하늘이 도운 것이라 적혀 있는데 10배의 일본 함대를 상대한 힘겨운 싸움이었음을 말해 주고 있다.

4) 손자병법의 관점에서 분석

(1) 구변지리 잡어리해(九變之利 雜於利害)

구변편에서 장수는 지형의 이점을 생각해야 하고, 그 이점과 해로운 점을 동시에 고려해야 한다고 했다. 이순신 장군은 현재 부하들의 전투의지, 함선의 수 등이 절대적으로 불리함을 인식하고, 결전의 장소를 명량해협으로 정하고 벽파진에서 전라우수영으로 진영을 옮기게 된다.

앞에서 언급했지만 좁은 지형에서 싸우게 되면 적의 적은 군대만이 전투에 직접 참가하게 되고, 또 대형 함선은 해협의 바깥에서 기다려야 하므로 전투에 참가하지 못하니 병력이 많아도 실제로 사용되지 못하게 된다(허실-⑳). 또한 무용만을 믿고 경솔히 진격지 말고 일치단결하여 힘을 합하고 적을 잘 헤아려 승리를 쟁취하는 것이 중요하다(행군-㉙)는 『손자병법』의 구절이 적용되었다.

또한 이순신 장군은 지형을 선택할 때 이 지형의 전략적 중요성을 생각했다. 그것은 명량해협이 뚫리면 그것으로 끝이라는 점이었다. 더 이상 일본 수군을 방어할 지점이 없어지는 것이다. 조선 수군 13척이 일본 함대에 대해 명량해협 통과를 허용하면 전라 해역은 완전히 일본 수군에게 들어가고 그것은 서해로 바로 연결되는 것을 의미하기 때문이다. 따라서 이순신 장군은 명량해협이 일본의 수중에 들어가면 전쟁에서 패한다는 사실을 알고 죽음으로써 지키고자 했다. 즉, 조선군의 입장에서 명량해전은 작은 전투일 수도 있었지만 일본군의 입장에서는 전략적으로 매우 중요한 전투였던 것이다.

이순신 장군이 벽파진에서 전라우수영으로 진을 옮기기 위해 명량해협을 통과할 때는 구변편의 장유오위의 위험 중에서 필사적으로 싸우면 적에게 살해될 수 있다(구변-⑩)는 것을 뛰어넘는 비장한 심정이었고 여기서 죽겠다는 각오를 다졌을 것이다. 한마디로 의미 없는 죽음이 아니라 자기가 죽을 장소를 정확히 판단했고 그래서 죽을 각오로 싸웠던 것이다.

(2) 지천지지 승내가전(知天知地 勝乃可全)

손무가 말한 것에 비춰 보면 이순신 장군의 부하들은 주병(走兵)인데 주병이란 아군과 적군이 지형의 이점은 비슷한데도 1의 병력으로 10의 병력을 공격한다면 이는 싸우기 전에 달아날 수밖에 없는 군대(지형-⑩)라는 것이나. 사실 이순신 장군의 부하들은 칠천량해전에서 패배하여 일본 수군에 대한 두려움이 있었고 이후의 전투에서도 겁을 먹고 전진하지 못하는 상황이었다.

　이러한 부하들의 심리 상황을 정확히 알고 있었기 때문에 대장선으로 먼저 적진을 향해 돌격한 것이다. 일본 수군에 포위되어 자신의 대장이 공격을 받는 것을 보고 가만히 있을 부하는 없다. 어쩌면 이순신 장군은 자신을 호랑이 입에 던져 부하들의 전투의지를 살리려는 배수진을 친 것인지도 모른다.

　또한 이순신 장군은 명량해협의 조수가 세다는 것과 역류한다는 것을 알고 있었다. 그래서 불리한 가운데서도 끝까지 전투하고 마침내 조수가 역전되는 시점에서 총공세를 하게 된다. 이는 시간의 흐름에 따라 상황이 변한다는 것을 알고, 그 변화에 적절하게 대비하는 방책을 미리 세웠다고 할 수 있다. 또한 적장의 시체를 발견하고 배에 매달아 적을 심리적으로 마비시켜 전세를 역전시키는 호기를 놓치지 않았다.

　또한 구지편에서 결전을 할 때는 마치 높은 곳에 오르게 하고 사다리를 치워 버리듯 하라(구지-㉟)고 하였다. 그렇게 하면 병사들이 서로 단결하게 되고 계획이 없이도 승리한다고 했다. 이순신 장군은 병사들을 이러한 험지에 밀어 넣은 것이 아니라 자신이 솔선수범하여 적진으로 돌격함으로써 병사들이 죽음을 무릅쓰고 싸우도록 이끌었던 것이다. 즉, 이순신 장군은 군쟁편의 치심, 치변을 완벽하게 구사할 줄 아는 군신(軍神)이라 할 수 있다. 아마도 손무가 『손자병법』에서 말한 가장 이상적인 장수는 바로 이순신 장군이었을 것이다.

(3) 장숙유능(將孰有能)

　사실 이순신 장군의 적진 돌파는 무모한 행동이라고도 할 수 있다.

왜냐하면 만약 그 상황에서 이순신 장군이 적의 손에 죽게 되면 전쟁은 끝나 버리는 상황이기 때문이다. 앞에서 일본 수군의 적장의 시체를 배에 달아매자 일본 수군의 전투의지가 급격히 떨어진 것을 볼 때, 만약 이순신 장군이 죽게 되었다면 조선 수군에게도 동일한 상황이 발생했을 것이다.

또한 이순신 장군은 조수의 변화를 이용하려 했다. 천우신조와 같이 조류가 역류하면서 일본 수군은 우왕좌왕하게 되고 자기들끼리 부딪쳐 부서지는 상황이 되자 혼란이 발생하고 전투의지는 꺾이게 된 것이다. 이처럼 이순신 장군은 피아의 상황을 정확히 이해하고 병사들의 심리, 조수의 변화 등을 활용할 수 있었기 때문에 온전한 승리(지형-㉔)를 할 수 있었던 것이다.

이순신 장군은 전투에서도 용맹하고 지혜를 발휘했지만 평소부터 항상 전투를 준비한 것을 잊지 말아야 한다. 『난중일기』를 보면 이순신 장군이 얼마나 전쟁에 대비하였는가를 알 수 있다. 『난중일기』에는 이순신 장군의 개인적인 생활을 포함한 많은 것을 기록하고 있는데 주목할 장면은 이 부분이다. 전쟁 준비가 한창일 때 이순신 장군이 준비 상황을 점검하는 장면이 나온다. 병기 창고를 점검하는데 그 병장기가 모두 녹슬어 있어서 이순신 장군은 그 책임자를 파직시킨다. 예하 장수들이 제대로 병사들을 훈련시키지 않았기 때문이었다. 이처럼 이순신 장군은 평소부터 유비무환의 자세로 전쟁을 잘 준비했기 때문에 전쟁에 승리할 수 있었다.

2 전례분석: 뤼순 전투

1) 전투의 경과

일본의 제3군은 1904년 7월 하순에 제9사단, 보병 제4여단, 기타 다수의 포병 및 공병부대를 지원받아 러시아군의 진지를 탈취하였고, 8월 19일부터 고립된 뤼순을 공격하였다. 세 차례의 공방전인 뤼순 전투는 러·일 전쟁 중에서 가장 규모가 크고 치열하였으며 많은 피해가 발생한 전투였다.

(1) 제1차 공격

제3군사령관인 노기는 뤼순에 위치한 러시아군의 방어진지에 주공부대를 공격시켰으며, 대련에서 42km의 장령자역까지 협궤철도를 이용하여 공성포에 필요한 탄약을 수송하였다. 그리고 전투가 시작되기 15일 전까지 포 1문당 약 300발의 포탄을 분배하였다. 일본군은 수 시간 또는 며칠 동안 포병화력으로 제압한 후 보병이 공격하여 요새를 점령하는 강습탈취전법을 사용하였다.

8월 19일 아침에 일본 포병대는 러시아군의 보루를 공격하였고, 이 포격으로 러시아군 화약고가 파괴되는 등 러시아군은 많은 피해를 입었다. 그러나 포격이 끝난 후 공격을 실시한 일본군 제1사단도 러시아군의 측방포격으로 많은 피해를 입었으며, 제9사단도 철조망을 절단하고 돌격을 감행하였으나 러시아군의 소총과 기관총 그리고 인접

보루의 집중포화를 받아서 후퇴할 수밖에 없었다. 다음 날 역시 화포 120문으로 포격을 실시한 후 제1사단이 다시 공격하였으나, 러시아군의 집중 포화와 함포사격으로 일본군은 많은 피해를 입었다.

노기는 공격을 일시 중단하고 8월 24일 공격을 재개하였으나 많은 피해를 입고 실패하였다. 또한 보병 제7연대와 제44연대도 돌격대를 편성하여 철조망을 뚫고 러시아군의 호 외곽에 도착하였으나, 러시아군의 기관총 세례를 받고 전멸하였다. 그리하여 8월 19일 이래 6일 동안 일본군의 사상자는 15,800여 명이었다.

(2) 제2차 공격

제1차 공격에서 실패한 일본군은 전선을 정비하고 전투력을 회복하였으며, 1차 공격에서 공성포의 필요성을 인식하여 요새에 고정된 직경 280밀리 곡사포 6문을 분해하여 운반해 왔다. 동시에 보병부대에 배속되어 있던 모든 기관총을 이곳으로 투입하여 48정을 추가로 배치하였다.

〈그림 28〉 203고지와 일본군의 시체

일본군은 10월 26일부터 보방의 공성법을 적용하여 2차 공격을 실시하였는데, 이 방법은 출발지점을 제1공격지점으로 정하고 목표 방향으로 두 갈래의 공격로를 파고, 이때 나오는 흙을 호의 외측에 쌓으면서 약 100m를 전진한다. 그다음 이곳에 제2공격진지를 만들어 작업 엄호부대를 배치하고 또다시 같은 요령으로 다음 100m 전진을 반복하는 것이다. 이렇게 해서 성곽 가까이 도착하면 최후의 돌격진지를 만들고 포병 화력으로 사격 후 돌격으로 전환하는 방법이다.

처음에는 러시아군도 이 공격법을 무시하였으나 후에 이 방법의 효과를 인정하고 필사적으로 방어하였다. 이에 일본군은 야간작업과 지하갱도 작업으로 러시아군을 물리치려 했으나 실패하였고 약 3,800명의 손실을 입고 두 번째 공격도 중단하였다.

(3) 제3차 공격

뤼순에서 양군이 접전을 벌이고 있는 동안 만주의 봉천 방면에서 러시아군이 증강되었기 때문에 일본군은 신속히 뤼순을 점령하고 그 병력을 북상시킬 필요성이 절박하였다. 일본군이 뤼순을 공략하는 것은 러시아의 발틱 함대의 기항지를 점령하는 것은 물론 병력 운용의 자유를 얻기 위해 필요하였다. 따라서 일본군은 본국에 있는 제7사단의 지원을 요청하였다. 이에 제7사단과 공병 3개 중대가 증원되었다.

11월 26일부터 일본군의 제3차 공격이 실시되었으나 성과가 없었다. 그러자 각 연대에서 선발한 정예 결사대를 편성하여 야습을 실시했지만 병사들의 희생만 증가하였다. 거의 절망적인 상황에 이른 일본군은 공격 목표를 변경하여 측방의 203고지를 공격하였는데 이 고지는 뤼순항 전체가 잘 관측되는 영구축성 진지였다. 이 요새에 대한 공격은 일본군으로서는 최후의 발악이라고 할 수 있었다. 수차례의 공방전을 벌이고 서로 많은 피해를 입으면서 일본군은 12월 5일 마침내 고지를 점령하였고, 이듬해 1905년 1월 1일에 러시아군은 성문을 열고 항복하였다.

2) 손자병법의 관점에서 분석

(1) 잡어리해(雜於利害), 요적(料敵)

최초 뤼순을 점령하는 것은 해군의 임무였으나 여의치 않게 되자 일본군 참모본부는 제3군을 편성하고 휴직 중이던 노기로 하여금 3군 사령부를 지휘하도록 하였다. 그래서 제2군에서 주력으로 전투를 했던 제1사단을 제3군으로 전환했으며 5월 16일에는 제11사단의 선발대와 함께 노기가 전장에 도착하였다. 7월에는 제9사단, 보병 제4여단과 기타 부대가 증원되고 해군의 화력 지원하에 7월 말에는 뤼순항의 방어선까지 공격하였다.

사실 노기는 뤼순 전투에 앞서 결정적인 호기를 상실하였다. 대련에 상륙하여 7월 중순까지 편성을 완료하고 공격을 준비한 노기의 부대는 8월 19일 1차 요새 공격까지 지체하게 된다. 주요 이유는 참모본부에서 뤼순에 대한 러시아군의 배치 상황에 대한 정보가 구체적이지 못하고 누락되어 하달되었던 것이었다. 그래서 노기는 약 한 달 동안 러시아군의 정확한 배치를 파악하느라 시간을 보냈다. 일본군이 시간을 지체하는 사이 러시아군은 203고지를 비롯한 다수의 요새진지를 보강할 수 있게 되었다. 물론 이것은 가정이지만 노기가 지체하지 않고 신속히 공격했다면 일본군은 많은 피해를 줄이고, 신속히 봉천 일대로 제3군을 전환하여 전쟁을 조기에 끝낼 수 있었을 것이다.

노기는 상황 속에 항상 이로움과 해로움이 있다는 것을 잘 판단하지 못했다. 전쟁의 전체 국면에서 러시아군은 패색이 짙어지고 있었고 일본은 이전의 전투(금주전투, 남산전투)에서 혁혁한 승리를 이루었다. 그래서 뤼순에서의 전투에서도 쉽게 이길 것으로 판단한 것이다. 또한 개인적으로도 뤼순은 노기에게는 이미 익숙한 곳이었다. 청·일 전쟁 당시 여단장으로 전쟁에 참가한 노기는 단 반나절 만에 뤼순을 함락시키는 전과를 달성하였던 것인데 이때는 청나라의 군대가 제대로 저항도 하지 못할 정도로 전투력이 약한 상태였다.

노기는 청·일 전쟁 당시와는 상황이 많이 바뀌었고 러시아군의 전투력도 청나라 때와는 비교가 되지 않는 상황임을 인식하지 못한 듯하다. 또한 러시아군이 패배하여도 정보가 부족하다는 상황만을 생각하고 추적하지 않아 러시아군이 뤼순으로 철수하여 요새를 보강할 수 있는 시간을 주어 상황의 이로움과 해로움을 충분히 헤아리지 못한 것이다.

또한 러시아군의 방어진지에 대한 정확한 정보를 얻지 못했고, 러시아군이 어떤 목적으로 방어를 할 것인지 헤아리지도 못했다. 세 번의 공격에서 동일한 날짜에 동일한 방향으로 공격하는 등 전혀 적에 관한 것은 고려하지 않았다. 그의 참모장인 이지치가 공격 날짜를 매월 26일로 정하였는데, 그 이유는 화약이 그때까지 준비되고 26일은 남산을 돌파한 날이라 운이 좋으며 무엇보다 26일은 두 홀수로 쪼개지니 뤼순을 쪼개 버리는 좋은 날이라고 판단했던 것이다. 손무의 말처럼 그야말로 운에 의해 공격을 감행하였고 그것도 모른 채 무모한 돌격으로 수많은 병사들이 죽어 갔다.

(2) 지천지지 승내가전(知天知地 勝乃可全)

노기는 전쟁의 전체 국면에서 뤼순항의 지리적 가치를 이해하지 못했다. 일본군의 참모본부는 초기에 뤼순에서 러시아 함대의 활동이 소극적인 것을 파악하였다. 그래서 계획대로 제2군을 염대오(鹽大嶨)에 상륙시켜 제1군과 함께 요동반도를 공격하도록 명령을 하달했다. 1904년 5월 5일부터 제2군은 상륙을 시작하였으며 이후의 전투에서 많은 피해를 입었지만 5월 30일에는 뤼순으로 통하는 관문인 금주와 대련을 점령하였다. 일본군은 이후 뤼순을 공격하는 것도 러시아군을 추격하는 것도 중단하였는데, 이는 금주전투에서 피해가 예상보다 많았고 만주의 러시아군이 남하하는 것을 막기 위해 제2군의 3, 4사단을 이동시켰기 때문이었다.

이러한 일본의 전황을 노기가 알았다면 그는 시베리아 철도를 통해서 증원되는 러시아군의 남하를 방어하는 데 기여하기 위해서 신속히 뤼순에서 승리하고 병력을 전환하려고 했어야 했다. 그러나 노기는 작전의 큰 그림을 모르고 뤼순에 있는 러시아군을 격멸하는 데 작전의 중점을 두었다.

제1, 2차 공격을 실시하면서도 많은 피해를 입은 노기에게 당시 뤼순 항구 밖에 있던 일본 함대의 도고 제독(東良平八郎)은 "왜 노기군은 203고지에 병력을 보내시 않는기?"라고 문의하였다. 그러자 제3군 참모장 이지치는 "203고지 같은 한구석에 있는 언덕을 빼앗는다 한들 뤼순 요새를 점령할 수 없다. 육군은 전 요새를 점령하는 것이 목적이다"
라고 했다. 사실 203고지는 러시아군이 일본 함대를 향해 포를 쏘는
유리한 지형이므로 일본 함대에게 더 중요한 지형이었다. 그러나 노기
는 그러한 판단을 하지 못했고 뤼순 전투의 중요성과 목적을 전혀 알지
못해 육군의 입장에서 러시아군을 격멸하는 데 중점을 두었던 것이다.

(3) 장숙유능(將孰有能)

구변편에서 장수의 다섯 가지 위험에 대해서 말하고 있는데 뤼순
전투가 대표적인 사례다. 노기는 뤼순 전투에서 203고지를 탈취하기
위해 약 6만여 명의 사상자를 만들었음에도 불구하고, 전투에서의 승
리로 군신(軍神)으로서 추앙받고 있다. 노기는 조슈 번(현재의 야마구치
현)에서 무사 계급의 아들로 태어나 메이지 유신 때는 후에 육군참모총
장이 된 야마가타의 부관으로 근무하게 되었다. 그 당시는 조슈 번 출

〈그림 29〉 가운뎃줄 왼쪽에서부터 스테셀, 노기

신이 아니면 장군이 되기 어려웠는데, 노기는 조슈 번 출신으로 처음부터 천황을 지키는 친위대의 소좌로 임관하였다. 이후 사이고 다카모리가 반란을 일으키고 이를 진압하는 과정에서 노기는 천황이 하사한 군기를 빼앗기는 수치를 당하게 되었고 그것이 할복자살의 이유라고 그의 유서에 남겼다.

그 후에 독일에 유학하지만 전쟁에 관한 전략, 전술보다는 사무라이 정신 수양에 전념하였다는 기록이 있다. 그는 청·일 전쟁에 참전하였고 1895년에는 제2사단장으로 대만을 정벌, 3대 대만 총독으로 취임하지만 제대로 직책을 수행하지 못하고 사임하여 휴직하였다. 그러다 러·일 전쟁이 발발하자 대장으로 취임하고 3군사령관으로 뤼순 전투에 참가하게 되었다. 그는 전투를 잘하는 군인이라기보다는 지연과 인맥으로 대장이 된 자이고 그 결과가 많은 부하들을 죽음으로 몰아넣게 되었다. 뤼순 전투에서 어느 병사가 전투에 참가하기 전에 쓴 유서를 보면 그 전투가 얼마나 치열하였는지 알 수 있다.

> 저의 중대는 200여 명이 있었는데 지금까지 살아남은 건강한 사람은 20여 명에 불과합니다. … 농사꾼인 제가 시골 오두막집에서 헛되게 죽는 것보다는 여기서 명예로운 전사를 하면 꽃 중의 꽃인 벚꽃, 즉 군인 중의 군인이라고 칭송이 되겠지요. 대원수 폐하 만세, 만세, 만세.
> - 육군 상병 故 야마모토 타케토시(山本武敏)-

노기는 3차례 뤼순 공격에서 동일한 날짜에 동일한 방향을 공격하여 무수한 피해를 입었다. 그러면 노기는 왜 그랬을까? 사실 그 계획은 그의 참모장인 이지치가 계획한 것이었다. 그러나 노기가 참모장의 공격계획을 방관한 것은 군사령관이 참모장의 공격계획에 간섭하지 않는 당시 일본군의 관습 때문이었다. 또한 구변편의 장유오위(將有伍危)에서 장수가 너무 결백하고 자존심이 지나치면 적에게 모욕을 당하고, 부하를 너무 사랑하면 번민에 빠진다고 했듯이, 부하인 참모장에게 아무런 말도 못 하고 그냥 묵인하는 우유부단한 성격 때문이었다.

결국 노기는 연대기를 빼앗긴 수치심을 견딜 수 없었다고 유서에 남기면서 천황의 장례식 날 할복하였다. 당시 할복을 금기시하였으나 노기는 천황에 대한 충성심을 실천한 장수로 평가되었고, 뤼순 전투 후 항복을 받는 과정에서 당시 러시아군 지휘관이었던 스테셀 장군의 명예를 지켜 주기 위해 스테셀 장군이 군도(軍刀)를 차고 사진을 찍도록 허락하였다. 이렇게 상대 적장의 명예를 지켜 준 노기의 행동을 높게 평가했던 것이다.

일본은 노기의 무능함으로 수많은 병사들이 죽었음에도 불구하고 그를 군신(軍神)으로 둔갑시켰다. 노기를 보면서 일본인들이 어떻게 역사를 왜곡하고 미화시키는가의 현장을 보게 된다. 노기는 할복으로 자신의 무지와 무능함을 덮은 것이다. 만약 노기가 정말 할복할 것이었다면 오랜 시간 수치심에 살지 말고 연대기를 빼앗겼던 그때 할복했어야 했다. 그랬더라면 뤼순 전투의 6만의 병사들은 희생되지 않았을 것이다. 자신의 무능함으로 죽어 간 수많은 병사들의 목숨보다 천황이 하사한 연대기를 빼앗긴 수치심을 더 크게 생각한 노기와 같은 장수를 손무는 국가의 재앙이라고 했는데 이 구절은 과거에도, 그리고 앞으로도 역사의 진리다.

3 논리적 맥락

兵者, 國之大事, 死生之地, 存亡之道, 不可不察也.
병자　국지대사　사생지지　존망지도　불가불찰야

→ 作戰編(兵聞拙速), 謀攻編(全)
　　작전편　병문졸속　모공편　전

故經之以五事, 校之以計, 而索其情. → 軍形編(立於不敗之地)
고경지이오사　교지이계　이색기정　군형편　입어불패지지

計利以聽, 乃爲之勢, 以佐其外. 勢者, 因利而制權也.
계리이청　내위지세　이좌기외　세자　인리이제권야

→ 兵勢編(奇正相生), 虛實編(避實擊虛), 軍爭編(迂直之計)
　　병세편　기정상생　허실편　피실격허　군쟁편　우직지계

兵者, 詭道也. → 九變編(雜於利害), 行軍編(料敵), 地形編
병자　궤도야　구변편　잡어리해　행군편　요적　지형편

(知天之地勝乃可全), 九地編(譬如率然)
지천지지승내가전　구지편　비여솔연

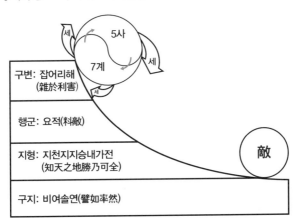

[요약] 장수는 적과 아군(병사 심리) 그리고 천시와 지형의 변화를 알고 그 변화에
유연하게 대응하여 전쟁에서 승리하도록 부대를 지휘해야 한다.

5

다섯 번째 대화

특수작전
(始計, … 火攻·用間)

兵者, 國之大事, 死生之地, 存亡之道, 不可不察也.
병자　　국지대사　　사생지지　　존망지도　　불가불찰야

故經之以五事, 校之以計, 而索其情.
고경지이오사　　교지이계　　이색기정

……

計利以聽, 乃爲之勢, 以佐其外. 勢者, 因利而制權也.
계리이청　　내위지세　　이좌기외　　세자　　인리이제권야

兵者, 詭道也.
병자　　궤도야

……

夫未戰而廟算勝者, 得算多也.
부미전이묘산승자　　득산다야

夫未戰而廟算不勝者, 得算少也.
부미전이묘산불승자　　득산소야

전쟁 전에 따져 보아 승산이 많으면 승리하고,
승산이 적으면 이기지 못한다.

-시계(始計)-

J교수: 이제 마지막 대화로군. 어때,『손자병법』이 어렵지?

K군: 처음에는 많이 어려웠으나 시계편의 구절과 연결되는 맥락을 교수님께서 잘 설명해 주셔서 이해가 쉬웠습니다.

J교수: 그렇다면 다행이네. 사실 손무는 병자궤도를 설명하고 나서 전쟁은 깊이 살펴야 한다는 것을 다시 강조하면서 끝을 맺고 있다네. 그다음 구절을 해석해 보게.

K군: 夫未戰而廟算勝者, 得算多也. 夫未戰而廟算不勝者, 得算少也.
　　　부미전이묘산승자　　　득산다야　　　미부전이묘산불승자　　　득산소야

전쟁 전에 따져 보아 승산이 많으면 승리하고, 승산이 적으면 이기지 못한다는 것입니다.

J교수: 여기서 산(算)은 무엇을 따져 본다는 뜻이지. 맨 첫 구절인 불가불찰야에서 무엇을 살핀다는 찰(察)과 같은 뜻이지.

K군: 그러면 무엇을 따져 본다는 것인가요?

J교수: 지금까지 우리가 논의한 모든 것을 말한다네. 묘산(廟算)은 지금의 대통령과 군사지도자의 작전회의를 말하네. 손무의 시대는 왕들이 자신의 복수심이나 정복욕 때문에 쉽게 전쟁을 일으켰다고 했지. 그리고 전쟁을 할 때 오사칠계를 따지기보다는 점을 쳐서 전쟁을 했어. 심지어 거북이 등을 쪼개서 길한 쪽이 나오면 전쟁을 했는데 얼마나 어이없는 일인가? 앞에서 말했듯이 전쟁은 엄청난 피해를 가져오고 수많은 백성이 전투에서 목숨을 잃거든. 그래서 손무는 전쟁의 승산(廟算)을 따져 봐야 하

다고 했지. 그런데 이 구절이 어떻게 화공과 용간편으로 이어질까? 사실 화공편의 맨 끝 구절이 현명한 군주는 전쟁을 삼가고 훌륭한 장수는 전쟁을 경계(화공-⑮)하라고 강조하고 있다네. 또한 전쟁의 승산을 따지기 위해서는 간첩을 운용하여 적에 관한 정보를 획득해야 하겠지. 그래서 용간편에는 간첩 운용의 중요성을 언급하고 있다네. 그럼 먼저 화공편부터 살펴보세. 화공의 방법에는 어떤 것이 있지?

K군: 화공의 방법에는 다섯 가지가 있는데,

火人 화인: 사람을 불태우는 것이고,

火積 화적: 적의 군수품이나 식량을 태우는 것이며,

火輜 화치: 적의 수송품과 수레를 태우는 것이고,

火庫 화고: 적의 창고를 태우는 것이며,

火隊 화대: 적의 부대를 불태우는 것을 말합니다.

J교수: 화공이란 지금으로 말하면 대포나 미사일로 공격하는 것을 의미한다네. 또 다른 의미로는 전쟁을 수행하는 데 필요한 물자를 태워 버리게 되니 적의 전쟁물자가 부족해지고, 그렇게 되면 전투원의 전쟁의지가 급격히 떨어지게 되니 전쟁을 단기간에 끝내고 온전한 가운데 승리하게 되지.

이처럼 화공은 피아 간에 아주 중요한 작전이므로 나는 적극적으로 화공을 하고, 적은 못 하게 해야겠지. 그래서 불로써 공격하는 방법과 대처하는 방법을 손무는 자세히 제시하고 있네. 또한 손무는 물로써 공격하는 수공(水攻)에 대해서도 언급하고 있는데 화공으로 공격을 돕는다면 승리는 명확하고 수공으로 공격을 돕는다면 공격은 강해진다고 하였다네.

다음은 전쟁을 종결할 때 고려해야 할 비류(費留)는 쓸데없이 경비를 쓰고 군대를 오래 머물게 하는 것을 말한다네. 전쟁을 하면 많은 경비가 소모되니 단기전을 하라고 앞에서도 말했지? 그런데 신속하게 전쟁을 끝냈다 해도 정치적으로 전쟁이 길어지면 군사적 행동이 무의미해지는 사례가 있는데 이를 경계해야 한다는 것이지.

또한 전쟁에서 이기면 군주와 장수가 승리감에 도취되어 전쟁은 확대된다네. 전쟁이 확대되면 장기전으로 변하고 확전이 되면 자국을 지원하던 국가들이 전쟁의 의도와 명분에 의문을 갖게 되어 동맹을 이탈하거나 새로운 반동맹 세력으로 변한다네. 그렇게 되면 또 다른 전쟁을 하는 것이니 처음 전쟁을 할 때보다 더 신중하게 상황판단을 해서 확전되지 않도록 해야 함을 강조하고 있다네.

K군: 비류(費留)와 관련된 전쟁 사례가 있나요?

J교수: 대표적인 전쟁이 이라크 전쟁이지. 이라크 전쟁은 미국의 입장에서는 비교적 소규모의 병력으로 승리하였지만 주요 전투만으로 전쟁의 정치적 목적을 달성하기는 어렵다는 것을 보여 준 사례라네. 사담 후세인을 제거한 연합군의 군사작전과 그다음 단계에서 진행된 안정화 작전은 선동적인 군사작전과는 전혀 다른 전쟁의 모습이었거든.

K군: 그러면 안정화 작전이란 무엇인가요?

J교수: 그것은 군사작전으로 지역을 점령하면 그 지역의 정치세력, 주민, 물자 등을 잘 통제하여 더 이상 아군을 대항하지 못하도록 하는 것이지. 손무는 이러한 대항 세력을 만들지 않게 하기 위해서는 적을 죽이지 말아야 한다(작전-⑮)고 했다네. 왜냐하면 적을 죽이면 항복하는 경우도 있지만 오히려 더 큰 적개심과 복수심을 갖기 때문이지. 그러면 이제는 적의 군대뿐만 아니라 적의 국민 모두가 끈질기게 저항을 하게 된다네. 그렇게 되면 전쟁은 실체가 없는 집단과 싸우게 되고 그래서 장기전으로 갈 수밖에 없게 되어 심지어 어린아이가 자살테러를 감행하거나 또는 무차별적 폭탄테러가 지속되지.

나는 2007년경에 이라크 전쟁에 파병되었다네. 그 당시 상황은 바그다드가 미군에 의해 점령되었지만 알카에다 세력들이 지속적으로 바그다드에 무기와 테러 세력을 지원하고 있었지. 미군은 새로운 전쟁이 된 테러와의 전쟁을 수행하고 있었다네. 보이지 않는 적과 그리고 주민 속에 섞여 있는 테러집단과의 전쟁, 즉 안정화 작전을 수행하고 있었다네.

특히 군사작전에서 가장 위협적인 것이 급조폭발물(IED, Improvised Explosive Device) 공격이었다네. 이는 마치 월남전에서 베트콩이 정글에서 부비트랩을 설치하여 많은 희생이 있었던 것과 같은 상황이었지. 테러집단들은 다양한 IED를 설치하였는데 예를 들면 도로에 설치하는 교통통제용 삼각뿔 밑에 폭발물을 설치하면 미군들이 의심 없이 그것을 치우다가 터지게

〈그림 30〉 도로에 설치된 IED
출처: http://en.wikipedia.org

하였다네. 또한 폭발물을 도로의 중앙 분리대에 설치하거나 심지어는 아스팔트 포장을 교묘히 뜯고 그 밑에다 설치하기도 했다네. 또 사람들이 모여 있는 곳에서는 차량 트렁크에 들어가 후미등을 떼어 내고 총으로 미군을 쏘고 달아나는 형태 등 다양한 방법으로 미군을 공격했다네.

　　이렇게 매일 수없이 테러가 발생하니 전쟁은 길어지고 미군의 희생은 엄청났지. 그래서 이라크 전쟁에서 미국은 군사적으로 조기에 승리하였으나 정치적으로는 전쟁의 목적을 달성하지 못했고, 결국 이라크 전쟁은 더 큰 내전으로 확대되고 IS라는 국제테러조직이 발생하여 지금에 이르고 있다네.

K군:　그러나 중동 지역의 안정화 작전을 우리에게 그대로 적용하기는 어렵지 않나요!

J교수:　아주 좋은 질문이야! 사실 이라크의 상황과 남북대치의 우리

상황은 많은 차이가 있지. 우선 북한에는 정권에 반대하는 세력이 없다는 것이지. 이라크는 종교적으로 시아파와 수니파, 인종적으로 쿠르드계와 아랍계 등이 복잡하게 얽혀 있지만, 북한의 주민은 붉은청년근위대, 노농적위대와 같이 전시에 개인소총을 지급받는 준군인이고, 오랫동안 김일성 우상화가 되어 있어서 이것이 북한 주민을 단결시키는 구심점이 된다네. 지금은 김정은에 대한 불만이 있다고 하지만 전시가 되면 생존을 위해 뭉치게 되니 북한 지역에서의 안정화 작전을 위해서는 치밀한 준비가 필요할 거야.

이처럼 군사적으로 싸워 이겼지만 전쟁의 목적을 달성하지 못하면 전쟁에서 승리의 의미가 퇴색하게 된다네. 그래서 현명한 군주나 장수는 불가불찰, 이색기정, 묘산으로 국가에 유리하지 않으면 전쟁을 해서는 안 되고, 얻을 것이 없다면 군대를 사용하지 말고 국가가 위기에 처하지 않으면 싸우지 말라(화공-⑫)고 강조하고 있다네. 즉, 현명한 군주는 전쟁을 삼가고 훌륭한 장수는 전쟁을 경계해야 한다고 했네. 그래야 국가를 안전하게, 군을 온전하게 유지할 수 있는 것이지. 전쟁을 피할 수만 있다면 피해야 하고 이성적인 판단으로 결정해야 함을 다시 한번 강조하고 있지. 한번 국가가 망하면 다시 세우기 어렵지 않겠나?

K군:　그래서 군주와 장수 사이는 긴밀해야 하는 것이군요.

J교수:　그렇지. 내외의 정세를 정확히 파악하고 전쟁 여부를 신중히 의논하여 결정하라는 것이지. 예를 들면 6·25전쟁 때 연합군이

인천상륙작전을 성공하여 서울을 탈환하자 북한군은 그 소식을 듣고 무너졌지. 연합군은 다시 낙동강 전선을 넘어 진격하여 38선을 회복했다네.

이때 미국의 대통령과 당시 연합군사령관 맥아더 장군 사이에 틈이 발생하게 된 것이지. 맥아더 장군은 북한군을 거의 패배시켰으니 신속히 북진하면 한반도를 통일시킬 수 있을 것이라고 보았지만 트루먼 대통령은 중국을 폭격하는 것을 반대했지. 중공군이 개입하면 전쟁은 더 확대되고 그렇게 되면 3차 세계대전이 발생할 수도 있을 것으로 판단했기 때문이라네. 결국 트루먼 대통령은 맥아더 장군을 해임시키게 된다네.

K군: 만약 트루먼 대통령이 38도선에서 미군의 진격을 멈추게 했더라면 많은 피해를 줄일 수 있었겠네요?

J교수: 그럴 수도 있었겠지. 그러나 역사에는 '만약에'라는 것이 없지 않은가?

K군: 그럼 마지막으로 용간편에 대해서 설명해 주시죠.

J교수: 용간편은 전쟁의 전제조건이 되는 것을 말한다네. 전쟁이란 많은 비용이 들지. 전쟁은 오랫동안 적과 대치하였다가 짧은 시간에 전쟁이 끝나는 것이지. 적에 관한 정보를 얻는 데 상금과 비용을 아끼려고 한다면 전쟁을 조기에 끝내지 못하게 되고 전쟁이 길어지면 비용은 더 커지게 되지.

오사칠계, 적, 지형에 관한 모든 것을 점을 쳐서 알 수 없고 오직 간첩을 통해서 알 수 있다고 했기. 손자가 살았던 시대는 지금처럼 문명이 발전되지 않아 적에 관한 모든 것을 사람에게

의존해서 알 수밖에 없었지만 오늘날에는 정보를 얻을 수 있는 수단이 많이 있지. 예를 들면 인공위성, 정찰기, UAV(무인정찰기) 등이 있고, 적의 무전을 도청하거나 인터넷과 사이버 영역에서 자료를 해킹하거나 수집하고 있다네. 하지만 북한과 같은 폐쇄된 체제에서는 간첩을 운용하기가 어려운데, 탈북자와 해외 고위 관료들의 망명을 통해서 정보를 수집할 수 있다네.

그리고 중요한 한 가지는 우리의 정보를 보호해야 한다는 것이지. 적들도 우리에 관한 정보를 획득하기 위해 혈안이 되어 있을 것이야. 북한의 간첩들은 우리의 중요한 군사시설은 물론이고 원자력 발전소, 주요 통신기지 등 국가 중요 시설에 대한 첩보를 지속적으로 획득하고 있다네. 최근에는 무인기를 띄워서 청와대를 정찰하는 사례도 있었지 않은가? 군생활하는 동안 비밀을 잘 관리하고 군사보안을 생활화하는 것을 잊지 말게. 군사기밀을 누설하는 것은 적을 이롭게 하는 이적행위라네.

K군: 네, 명심하겠습니다.

J교수: 정보 획득의 중요한 수단인 간첩의 유형에는 다섯 가지가 있는데,

鄕間 향간: 적의 주민을 활용하는 것이고,

內間 내간: 적의 관리를 활용하는 것이며,

反間 반간: 적의 간첩을 활용하는 것이고,

死間 사간: 거짓 정보를 적의 간첩에게 알리는 것이며,

生間 생간: 아측 간첩이 적지에서 돌아와 보고하는 것을 말하지.

특히 내간이 중요한데 적의 군주나 장수와 같이 고위직에 있는 관리를 간첩으로 포섭하는 것이지. 왜냐하면 적의 군주나 장수의 전쟁 의도나 목적을 알아야 최선의 용병인 벌모(伐謀)로 온전한 승리를 할 수 있기 때문이라네.

K군: 그러면 간첩은 잘 대해 주고 보상도 많이 해 주어야 하겠네요.

J교수: 당연하지. 앞에서 말했듯이 전쟁을 하게 되면 많은 물자와 장비가 필요하여 단기간에 전쟁을 끝내야 하는데, 간첩에 드는 비용이 아까워서 제대로 운용하지 않는다면 전쟁이 길어져서 더 많은 돈이 들어가지. 결국 간첩을 운용하는 것이 전쟁의 비용을 줄이는 것이므로 군주나 장수는 그 비용을 아까워해서는 안 되겠지?

또한 반간은 이중간첩이므로 잘 활용하여 적의 상황을 알 수 있고 특히 향간이나 내간을 얻을 수 있다는 것이지. 그리고 반간을 통해서 적정을 알 수 있으므로 사간을 통해 허위정보를 적에게 누설하게도 할 수 있다고 했다네. 또한 반간을 통해서 생간을 적국에서 활동하게 하여 얻은 정보를 돌아와 군주나 장수에게 보고하니 반간은 중요하네. 따라서 군주와 장수는 반간의 활동을 반드시 알고 있어야 하지.

현명한 군주와 장수는 가장 지혜로운 자를 간첩으로 교육시켜 큰 공을 이루게 해야 하고, 전군은 간첩을 통해 수집된 정보에 기초해서 작전을 수행하게 된다네.

K군: 교수님. 그런데 정보는 적에 의에서 또는 첩보를 수집하는 과정에서 과장될 수도 있지 않나요?

J교수: 아주 좋은 질문이네. 사실 손무는 정보의 중요성에 대해서『손자병법』전편에 걸쳐 강조하고 있지만『전쟁론(On War)』을 쓴 클라우제비츠는 정보에 중요성을 크게 두지 않았다네. 왜냐하면 상황의 변화가 심한 전장에서 정보는 믿을 만한 것이 될 수 없다고 했기 때문이라네. 그는 "전쟁 중에 획득한 많은 정보는 모순된 것이고, 대부분 허위이며 불확실하다. 이것은 모든 정보에 해당되는 일반적인 사항이지만, 특히 전투가 치열할 때는 더욱 그러하다. 결국 대부분의 정보는 잘못된 것이며, 두려움으로 인해 거짓말과 부정확성이 배로 증가되어 있다"고 했다네. 그는 정보의 생산과정에서 인간의 오류가 있고, 정보를 수집하여 분석하는 데 많은 시간이 걸리므로 실제 정보가 필요할 때는 무용지물이 된다고 하여 정보의 중요성을 평가절하하였던 것이지. 그럼에도 불구하고 손무는 "정보는 모든 군사작전, 전쟁에서 가장 전제 조건이 된다"고 했다네. 서로의 생각 차이가 있는 부분이지.

K군: 교수님, 용간편은 어쩌면 모공편 다음으로 이어져야 더 맥락이 맞는 것 같습니다. 왜냐하면 전쟁을 할 때 고려해야 할 요소이기 때문입니다. 저자가 이렇게 따로 마지막 편에 둔 다른 의도가 있나요?

J교수: 내 생각에는 용간은 전편에 걸쳐 다 연결이 되고 전쟁, 양병, 용병 등에도 반드시 용간이 필요하다는 것을 강조하기 위해 제일 뒤에 따로 둔 것 같네. 한마디로 전쟁의 기본적인 조건이라고 할 수 있지. 이렇게 해서『손자병법』의 맥락을 이해하는 것으로

나의 설명을 마치겠네. 전체 맥락을 이해하면서 『손자병법』을 이해하니 어떤가?

K군: 교수님은 시계편이 『손자병법』의 가장 핵심이며 그 압축된 내용을 『손자병법』의 다른 각 편에서 설명하고 있다고 하셨습니다. 그 하나로 시계, 작전, 모공편으로 이어지는 전쟁과 전쟁 시 고려해야 할 요소와, 다른 하나로 시계, 군형에서 용간편까지 이어지는 전쟁의 구성요소인 양병과 용병을 이해하니 전체 구조를 잘 알 수 있고 명확하게 이해할 수 있었습니다.

J교수: 다음에 『손자병법』을 읽을 때는 이 맥락을 따라서 읽어 보게. 그리고 전쟁사를 공부할 때도 이 맥락을 따라 분석하면 전쟁을 보는 시각이 더욱 넓어지고 그 분야별로 공부하고 지식을 쌓는다면 군사전문가가 될 것이네.

K군: 교수님, 감사드립니다. 앞으로 이 책으로 꾸준히 공부하여 상황의 변화를 통찰하고 그 변화에 유연하게 대응할 수 있는 사고력을 키워, 만약 전쟁이 일어나면 상황에 적절하게 대응하여 반드시 적을 이기는 장교가 되겠습니다.

J교수: 그래. 자네와 대화를 하면서 자네는 충분히 그런 자질을 갖추고 있다고 생각했네. 한 말 양식을 가져갈 수 있도록 준비하게, 삼국지의 유비처럼.

더 읽어 보면 좋은 책

1. 손석현, 『이라크 전쟁과 안정화작전』, 서울: 국방부 군사편찬연구소, 2014.

2. 어니스트 볼크먼, 석기용 역,『20세기 첩보전의 역사』, 서울: 이마고, 2004.

3. 존 키건, 유병진 역,『세계전쟁사』, 서울: 까치, 1996.

4. 케네스 월츠, 정성훈 역,『인간 국가 전쟁』, 서울: 아카넷, 2007.

5. 밥 우드워드, 김창영 역,『공격 시나리오』, 서울: 따뜻한 손, 2004.

1 전례분석: 이라크 전쟁 시 안정화 작전

1) 전쟁의 배경

2001년 9월 11일 뉴욕 세계무역센터 테러로 인해 발발한 아프간 전쟁에서 미국은 대규모의 지상군을 직접 사용하지 않고, 특수부대와 공군력만을 이용하여 단기간에 전쟁을 종결시켰다. 그러나 이라크가 대량살상무기의 문제해결에 의지를 보이지 않자 부시 대통령은 이라크, 이란, 북한을 악의 축으로 규정하고 강력하게 대응할 것이라고 경고하였다. 아프간 전쟁의 종결은 이라크 전쟁의 시작으로 이어졌다.

미국의 대이라크 공격은 테러의 근절이라는 슬로건하에 진행되었으며, 이라크 전쟁에 대한 미국 국민들의 지지는 충분하였다. 그러나 이라크가 대량살상무기를 보유하고 있는지에 대한 충분한 정보 없이 공격하는 것에 대한 많은 장애요인이 있었음에도 불구하고 미국이 이라크를 공격할 수밖에 없었던 것은 테러의 근절, 대량살상무기 확산의 방지 그리고 석유라는 경제적 이익을 보장받겠다는 복합적인 배경이 있었다.

미국의 전략목표는 먼저 이라크의 정치·군사조직의 제거와 둘째, 대량살상무기를 포함한 이라크의 완전한 무장해제, 셋째는 미국의 국익에 유리하게 종전을 처리하는 것이었다. 이러한 목표를 달성하기 위한 개념으로서 첫째는 압도적인 군사력을 이용하여 이라크군을 마비시켜 조기에 전쟁을 종결하는 것이었다. 둘째는 이라크 내 안전한 안보환경을 확립하고 민간행정기능을 향상시켜 민간 정부에 책임을 전환하고 병력을 철수시키는 것이었다.

2) 전쟁의 경과

2003년 3월 20일 새벽 5시 30분에 바그다드 외곽을 폭격하면서 전쟁이 시작되었다. 육군의 제5군단과 해병대인 제1해병원정군을 지휘한 지상군사령관은 맥키어넌 중장이었으며 제5군단은 월레스 중장이 지휘하였다. 제5군단은 제3, 4보병사단, 제101공정사단 그리고 제82공정사단 예하의 1개 여단으로 편성되었다. 그중 제4보병사단은 최초의 디지털 사단으로 예하부대의 상황을 실시간으로 확인할 수 있었다.

이렇게 막강한 제4사단은 초기에 터키 북부로 진격하기로 하였으

〈그림 31〉 이라크 공격계획

나 터키가 이 지역 통과를 거부함으로써 작전에 차질을 초래했다. 그러나 다행인 것은 이렇게 의도하지 않은 혼란으로 후세인은 미국이 이라크군을 기만하는 것으로 여겼고, 미군의 작전이 지연되자 후세인은 미군의 전쟁준비가 부족하여 당분간 공격하기가 어려울 것으로 오판하였으며 그래서 3월 20일 연합군의 공격은 후세인에게는 기습처럼 느껴졌던 것이다.

제5군단 예하의 제101공정사단은 주로 헬기로 무장한 부대여서 지상군 기동로 상의 주요 거점을 선점하여 작전에 기여하였다. 제5군단이 유프라테스 강 서쪽으로 전진하여 바그다드로 진격하는 동안 영국군 제1기갑사단이 배속된 제1해병원정군은 동남쪽에서 바그다드로 진격하였다. 이 외에도 중요한 역할을 한 특수부대는 쿠르드족의 유격대를 지원하고, 후세인 정부가 유전지대에 방화하는 것을 방지하는 등 정규작전에 기여하고 불필요한 희생과 피해를 예방하였다.

한편 공군이 걸프전에서처럼 전쟁에 기여하지 못한 것은 걸프전과 달리 이라크전에서는 지상군과 동시에 작전을 실시했기 때문이었다. 그러나 전략폭격, 전장차단 그리고 전술폭격의 임무를 성공적으로 수행함으로써 전쟁의 승리에 기여하였다. 반면 해군은 전쟁 이전부터 해상우세를 달성하여 연합군이 안정적으로 후방에서 작전을 지속하는데 크게 기여하였다.

사실, 연합군이 판단한 이라크군은 실제로 전투력이 미약했고 특히 공화국 수비대는 쉽게 해체되어 대규모의 전투는 없었던 상황이었다. 4월 5일과 6일 양일간 미군은 바그다드를 점령하였으며, 9일에는 바그다드 시내에 있던 후세인 동상이 철거되면서 군사작전은 종결되었다.

이후 연합군은 일부 병력을 전투지역에서 철수시키기 시작했으며, 작전의 주요 목표를 반란세력 소탕과 대량살상무기 제거, 후세인 정권의 주요 인사를 체포하는 것으로 세웠다. 연합군의 임무도 조정하여 미군은 이라크 북부, 영국군은 남부를 담당하게 하였으며 주요 병력을 철수할 예정이었고, 5월 1일 미국의 부시 대통령이 링컨호의 함상에서 이라크 전쟁의 종결을 선언했다. 같은 해 12월 13일 사담 후세인은 생포되었고 전범재판에 회부되어 사형이 집행되었다.

〈그림 32〉이라크전쟁 종전선언

"이라크에서 주요 전투는 끝났습니다. 이라크 전역에서 미국과 연합국은 승리했습니다. 그리고 이제 우리 연합군은 이라크를 안전하게 지키고 재건하는 데 노력을 기울일 것입니다. … 독재에서 민주주의로 이행하기 위해서는 시간이 걸리겠지만 그만한 가치가 있는 일입니다. 우리 연합군은 임무를 완수할 때까지 머무를 것입니다."

-조지 W. 부시 대통령, 2003년 5월 1일-

그러나 군사작전은 종결되었지만 이 전쟁은 약 8년간 지속되었다. 미국의 입장에서는 마치 월남전에서의 정글처럼 거대한 함정으로 빠지는 결과를 낳게 되었다. 예를 들면 이라크 주요 전투 동안 미군의 전사자는 약 139명이고 전쟁비용은 약 320억 불이었으나 주요 전투 이후 2012년 12월 기준으로 미군의 사상자는 4천여 명, 비용은 약 7천억 불이었다. 미국에게는 또 다른 형태의 전쟁이 시작되었다.

3) 손자병법의 관점에서 분석

(1) 비류(費留)

손무는 화공편에서 "전쟁에서 싸워 이기고 적의 토지와 성읍을 공격하여 탈취했다 하더라도 그 승리를 공고히 하지 못한다면 그것은 위험하며 헛고생이다."라고 했다. 월남전, 이라크 전쟁은 오랜 기간에 걸친 전쟁이었고, 특히 이라크 전쟁은 군사작전이 종결되었음에도 길어진 전쟁이었다. 그 이유는 미국이 이라크와 전쟁을 했지만 해방된 이라크에는 민주주의를 접목하여 열매를 맺을 수 있는 정치체제를 갖추지 못했던 것이라고 볼 수 있다. 특히, 군대의 체계가 갖추어지지 않아 스스로 치안을 담당할 수 있는 능력이 없었다.

또 다른 하나는 전쟁의 본질에 관한 이해가 부족한 때문이다. 클라우제비츠는 전쟁을 절대전쟁과 현실전쟁으로 구분하면서 무한 폭력의 절대전쟁이 현실전쟁으로 돌아오는 것은 마찰 때문이라고 했다. 즉, 두 국가가 전쟁을 함에 있어서도 결국 물자의 한계 등 여러 가지 문제로 협상을 하게 되고 전쟁이 종결된다고 했다.

그러나 인종, 종교, 이념의 충돌과 관련된 전쟁은 무한히 반복되는 절대전쟁으로 나아가는 경향이 있다고 했다. 따라서 이라크의 전쟁이 기독교와 이슬람의 전쟁, 수니파와 시아파 간의 종교전쟁이라는 생각에 미치면 전쟁의 끝을 찾기가 어렵다는 것이다. 그런 점에서 미국은 이라크 전쟁 전에 이 전쟁의 성격을 규정하고 어떤 목표를 세우며 어떻게 철수할 것이라는 종전 이후의 계획에도 분명한 입장을 가지고 있어야 했다. 그런 면에서 아버지 부시 대통령은 걸프전에서 전쟁의 목표와 성격을 분명히 제시하였다. 그는 전쟁의 목표를 후세인의 제거가 아니라 쿠웨이트에서의 이라크군 축출로 한정하여 손무가 말한 비류라는 함정에 빠지지 않은 것이다.

전쟁의 본질을 이해함에 있어서 또 다른 하나는 결국 전쟁의지와 관련된 문제이다. 클라우제비츠는 『전쟁론』에서 "전쟁은 정치적 목적을 달성하기 위해 나의 의지를 적에게 강요하기 위한 조직적 폭력행위다"라고 했다. 저자는 여기에는 두 가지의 경우의 수가 있다고 생각한다. 첫째, 폭력을 가하면 적의 의지가 꺾이는 경우이다. 대부분의 전쟁이 이러한 경향을 띠고 있다. 실제로 클라우제비츠를 피의 화신이라고 주장하는 이유는 이렇게 해석하기 때문일 것이다. 바로 제1차 세계대전이 엄청난 폭격과 피해를 수반하여 적의 의지를 꺾으려고 한 전쟁의 대표적인 모습이었다.

둘째로 적에 대한 폭력은 적의 의지를 꺾기도 하지만 적에 대해 강한 복수심을 갖게 하고 적의 저항의지를 더 강하게 하는 측면도 있다. 특히 주민에 대한 학살, 종교, 이념 그리고 인종과 관련하여 벌어지는 학살은 사람들에게 반감을 갖게 하고 어린아이들까지도 자살테러의 화신이 되게 한다. 그래서 미국은 걸프전까지는 폭력을 신봉한 전쟁수행을 했지만 이라크전을 통해서 미국에 대한 반감을 해소하는 데 더 주력하는 안정화 작전을 강조하고 있다.

안정화 작전의 주요 개념은 설득이다. 폭력과 설득이 동반된, 그래서 전후보다 나은 평화를 달성하는 것이 이 작전의 개념이고 이러한 전쟁은 앞으로 우리가 다뤄야 할 전쟁의 본질적인 면이 될 것이다. 설득을 통해서 상대 국가와 국민들이 복수심과 저항의지를 버리고 나의 생각에 동조하게 되면 전쟁은 조기에 끝나게 될 것이며, 나 또한 적의 정치체제나 종교, 이념 등에 관용적 태도와 배려의 자세가 필요하다. 그래서 서로 신뢰가 형성되어야 상대가 저항의지를 버리게 된다.

(2) 명주신지, 양장경지(明主愼之, 良將警之)

손무는 작전편에서 전쟁을 고려할 때는 단기전으로 수행하되, 싸우면서 강해져야 한다고도 했다. 그리고 화공편에서 쓸데없이 전쟁을 오래 끌고 가서는 안 된다고 했다. 비류는 병문졸속과 연결되며 결국 손무는 『손자병법』 시계편의 제일 첫 문구에서 전쟁을 신중하게 살펴야 한다고 했고, 묘산을 강조하면서 전쟁을 하더라도 승산이 많을 때하라고 했다.

이렇게 시계편의 첫 문구와 마지막 문구를 맞추어서 신중하게 전쟁을 시작하라고 강조하고 있다. 그러면서 화공편에서 다시 한 번 군주와 장수에게 전쟁을 신중하게 경계해야 한다고 강조하고 있다. 그것이 국가를 안전하게, 그리고 군대를 온전하게 유지하는 가장 올바른 방법이라고 했던 것이다. 결국 손무는 훌륭한 군주는 올바른 정치를 하고 장수는 전쟁을 수행하는 능력을 갖추어서 최선을 다해 전쟁을 억제하고, 전쟁을 피할 수 없다면 군주와 장수는 서로 긴밀히 협조하여 최단기간에 최소의 피해로 전쟁을 끝내야 함을 강조하고 있다.

2 전례분석: 2차 세계대전 시 조르게의 첩보전

1) 전쟁의 배경과 경과

1차 세계대전의 결과 베르사유 조약에 의해 독일은 패전국으로서 많은 영토를 잃었고 배상금을 지불해야 했다. 독일은 또 다른 전쟁을 통해서 불평등한 조약을 파기하려고 했다. 그래서 독일은 1935년 군대를 55만으로 확장하였고 히틀러가 정권을 장악하여 1939년 폴란드를 침공하면서 2차 세계대전을 일으켰다.

먼저 군사력을 평가하여 소련과는 불가침 조약을 맺어 프랑스를 먼저 침공하고 승리하면 그 병력을 전환하여 소련을 침공할 계획이었다. 또한 독일은 프랑스가 마지노선에서 방어에 치중할 때 대규모 기동군단으로 아르덴 삼림지대를 통과하여 파리를 함락시켰다. 파리를 함락시킨 후 히틀러는 우크라이나의 곡창지대와 코카서스의 유전을 확보하기 위해 1940년 12월 소련을 침공하는 바바로사(Barbarrossa) 작전계획을 하달하였다.

독일은 소련을 침공하여 스몰렌스크, 키예프, 스탈린그라드로 진격해 나갔다. 수도 모스크바의 관문인 스몰렌스크가 1941년 8월 초 함락돼 31만 명이 포로가 되었다. 또한 9월 중순에 키예프를 점령한 독일군이 60만여 명의 포로와 2,500여 대의 전차, 4천여 문의 중포를 탈취하는 등 전세가 소련에 불리하게 전개되었고 독일의 중부 집단군은 모스크바로 진격하였다.

2) 모스크바 방어전

사실 소련군은 너무도 쉽게 패주하였는데 이는 국가 위기의 상황에서 군을 이끌 지휘부가 사실상 와해된 탓이었다. 이는 최고 지도자 스탈린이 6년 전인 1938년 6월에 단행한 군부 대숙청에서 비롯됐다. 당시 고위 장성 8명이 나치를 위해 간첩 활동을 했다는 혐의로 즉결처형되는 것으로 시작되어 여단장급 이상 지휘관 45%가 숙청되었다. 이러한 고급 지휘관들의 부족은 소련군의 전력을 현저히 떨어뜨렸다.

또한 중요한 것은 전쟁이 일어나기 직전까지만 해도 스탈린은 조르게를 포함해 해외에서 활동하는 비밀 정보 요원들을 신뢰하지 않았다. 모두 나치 독일이나 일본에 매수된 이중간첩이라는 의심 때문이었다. 간첩 조르게는 최초 독일의 소련 침공사항을 첩보보고 하였으나 스탈린의 의심으로 무시당하였다.

소련의 스탈린은 모스크바의 함락이 초읽기에 들어간 것이나 다름없다는 불안에 견딜 수가 없었다. 모스크바를 방어하려면 다행히 전력을 고스란히 유지하고 있던 최정예 시베리아군과 극동군의 투입이 불가피했다. 그러나 일본군의 침공에 대비해 배치한 극동군을 모스크바 등 서부 전선으로 이동하기란 어려웠다. 왜냐하면 독일과 동맹국인 일본이 극동을 협공할 가능성이 있었기 때문이다.

실제로 나치 독일의 절대 권력자인 히틀러도 일본이 극동 방면에서 소련을 공격해 소련군 주력을 분산시켜 줄 것을 여러 차례 요구했다. 일본 내 친독파들은 동맹으로서 히틀러의 이런 요청을 받아들여야 한다고 목소리를 높이기 시작했다.

1936년 11월 친독파들은 공산주의를 무너뜨리는 데 힘을 합친다는 내용의 방공협정을 독일과 체결한 마당에 독일군의 소련 침공으로 절호의 기회가 찾아왔다며 정치적 압력을 가했다. 군부의 압력도 만만찮았다. 특히 소련과 국경을 맞댄 일본의 관동군 지휘부는 소련이 독일군의 공격에 정신이 없는 사이 극동 방면에서 공세를 취하라고 요구했다.

그러나 일본은 결국 소련 침공 대신 남방 진출을 선택했다. 시베리아의 맹추위와 소련군의 전력을 의식하지 않을 수 없었고, 특히 동남아의 석유와 천연고무 같은 전략 자원의 확보가 절실했기 때문이다. 더구나 이런 자원이 풍부한 인도네시아, 베트남, 말레이시아, 싱가포르 등 동남아권에 대한 유럽 열강들의 권력 공백 상태가 현실로 나타난 것도 한몫했다. 바로 그런 상황에서 소련에는 9월 14일 낭보가 찾아들었다. 보낸 사람은 독일 언론사 특파원 신분으로 위장한 채 일본에서 암약해 온 군총참모부 산하 정보국(GRU) 소속 요원 조르게였다.

〈그림 33〉 제2차 세계대전 리하르트 조르게 첩보전 결과

독일군이 모스크바를 함락하기 전까지 "일본은 소련을 침공하지 않고 대신 자원 확보를 위해 남방으로 진격한다"는 것이 조르게가 타진한 정보의 요지였다.

스탈린은 독일의 소련 침공을 믿지 않았던 실수를 반복하지 않고, 조르게의 일본 내 확실한 출처에서 나온 이 정보를 받아들이기로 했다. 스탈린은 일·소 불가침조약(1941. 4. 13.)을 맺어 배후 안전을 도모한 뒤 극동군 전력을 시베리아군에 합류시켜 모스크바 방어전에 투입했다. 서부전선으로 이동시킨 극동군의 맹활약으로 스탈린은 모스크바 방어전에 성공하여 독일과의 전쟁에서 승리하였다. 조르게의 정보가 없었다면 소련의 운명과 현대사의 흐름이 바뀌었을 것이다.

3) 손자병법의 관점에서 분석

손자는 용간편에서 정보활동의 중요성을 언급하면서 정보의 우위만이 전승을 보장하며 이에 소홀한 자는 지도자의 자격이 없다(용간-②)고 하였다. 스탈린은 최초 조르게의 독일이 소련을 침공한다는 것을 믿지 않은 결과 큰 피해를 받았으나, 이후 조르게의 첩보활동을 신뢰하여 극동군을 이동시켜 모스크바를 방어하고 승리를 얻을 수 있었다.

또한 적정을 알아내는 것은 귀신, 추론 등을 배제하고 오직 사람에게서 알아내야 한다는 손자의 말처럼 당시 소련은 총참모부 예하에 정보기관(GRU)을 두고 일본, 영국, 미국, 중국 등 전 세계에서 인간정보자산을 활용한 활발한 정보활동을 실시하였다. 손자가 말한 간첩의 종류인 오간(伍間) 중 조르게는 소련에게 파견되어 적국에서 간첩활동을 하는 생간(生間)에 비유할 수 있다.

물론 손자가 말했듯이 '적국에서 간첩활동 후 살아와서 보고하는 자'를 생간이라 하였고, 2차 세계대전 당시 조르게는 간첩활동을 통해 획득된 첩보에 대해서 무전을 이용하여 본국에 보고했다는 사실에서 손자 시대와 수단과 방법은 다르지만, 생간으로 분류할 수 있다. 하지만, 조르게는 일본 내에서 조직망을 구성하고 간첩활동을 함에 있어서 일본 내 자생하여 비밀리에 활동하는 공산주의자와 독일 대사관 인물들을 적극 활용하였다는 측면에서는 향간(鄕間)과 내간(鄕間)을 잘 활용한 사례로도 볼 수 있다.

손자는 정보활동 대상에서 적국의 장수, 주위의 참모, 부관 등의 군주의 주변 인물을 파악하고 그들로부터 정보를 수집해야 한다(용간-⑮)고 하였다. 조르게 역시 손자가 제시한 것과 같이 일본에서 고급정보를 빼낼 수 있었던 것은 그가 상대한 사람이 핵심요직에 있어서 적의 기도를 충분히 알아낼 수 있었다는 것이다. 조르게가 상대한 오자키 호쓰미는 일본의 주요인사와 친분이 두터웠기 때문에 조르게는 그를 통해 일본 수뇌부의 정책결정 등 중요한 정보를 입수할 수 있었고, 주일 독일 대사 오토의 신임을 받았기 때문에 그는 일본에서 독일의 정보도 파악할 수 있었다.

손자는 용간편 마지막에 정보활동은 군사활동에서 중요한 사항이며, 전군이 의지하여 움직이는 근거(용간-㉓)라고 하였다. 2차 세계대전 당시 독일과 일본 사이에서 양쪽을 모두 배비해야 했던 소련은, 독일군이 모스크바를 함락하기 전까지 일본은 소련을 침공하지 않고 남방으로 진격한다는 조르게의 첩보를 바탕으로 극동군 전력을 모스크바 방어전에 투입함으로써 결국 독일에 승리할 수 있었다. 하나의 첩보가 전쟁의 승패와 국가 존망과 직결되고, 모든 군사는 정보활동을 바탕으로 움직인다고 해도 과언이 아니다.

손자가 용간편을 통해서 결국 추구하고자 한 것은 온전한 승리였다. 벌모, 벌교, 벌병, 공성의 단계 중에서 온전한 승리를 위한 최선은 벌모로 적의 의도를 파괴하는 것이다. 그렇게 하기 위해서는 적의 의도가 무엇인지를 파악해야 하는데 이는 간첩을 통해서만 알 수 있고 특히 적의 고위지도자에 접근할 수 있는 내간이 중요하다고 보았다. 조르게는 관동군을 남방으로 전환하려는 일본의 의도를 파악했고, 그러한 정보는 소련의 지도부가 극동군을 유럽으로 전환하는 데 결정적으로 기여하였으며, 러시아가 전쟁에서 승리하게 되는 주요요인이 되었다. 따라서 모든 군사활동은 정보에 기초하여 시작되므로 손무의 시대에는 간첩이 사용되지 않는 곳이 없었으며, 현대전에서도 정보의 중요성은 아무리 강조해도 지나치지 않다.

3 논리적 맥락

兵者, 國之大事, 死生之地, 存亡之道, 不可不察也.
병자　국지대사　사생지지　존망지도　불가불찰야

→ 作戰編(兵聞拙速), 謀攻編(全)
　　작전편　병문졸속　모공편　전

故經之以五事, 校之以計, 而索其情. → 軍形編(立於不敗之地)
고경지이오사　교지이계　이색기정　　군형편　입어불패지지

勢者, 因利而制權也. → 兵勢編, 虛實編, 軍爭編
세자　인리이제권야　　병세편　허실편　군쟁편

詭道也. → 九變編, 行軍編, 地形編, 九地編
궤도야　　구변편　행군편　지형편　구지편

夫未戰而 廟算 勝者, 得算多也. → 火攻編, 用間編(無所不用間)
미부전이　묘산　승자　득산다야　　화공편　용간편　무소불용간

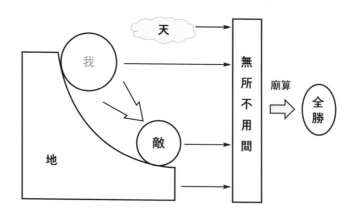

[요약] 적을 격멸, 설득하여 아측에 대한 적대감을 해소함으로써 조기에 전쟁을 종결한다. 그리고 간첩을 활용하여 적의 의도와 지형의 이점을 알아야 전쟁에서 승리한다.

2부

손자병법의 원문 해설

1. 전쟁의 고려요소(시계편 → 작전 · 모공편)

1. 始 計

兵者 國之大事
死生之地 存亡之道 不可不察

經之以五事, 校之以計, 而索其情.

勢

七計

五事　主孰有道
道　　將孰有能
天　　天地孰得
地　　法令孰行
將　　兵衆孰強
法　　士卒孰練
　　　賞罰孰明

勢

形(正)

勢(奇)

因利而制權

兵者 詭道也

能而示之不能
用而示之不用,
近而示之遠,
遠而示之近, 利而誘之,
亂而取之, 實而備之,
強而避之, 怒而撓之,
卑而驕之, 佚而勞之,
親而離之.
→ 攻其無備 出其不意

未戰而廟算 (多, 少, 無)

2. 作 戰

兵聞拙速
　日費千金, 鈍兵挫銳, 屈力殫貨
勝敵而益強
　取用於國, 因糧於敵, 務食於敵
　殺敵者 怒, 取敵之利者 貨
　賞其先得者, 車雜而乘, 卒善而養
　→ 將, 民之司命 國家安危之主

　※ 3차 중동전쟁

+

3. 謀 攻

不戰而屈人之兵
全: 國, 軍, 旅…
　謀攻之法: 伐謀, 交, 兵, 攻城
　用兵之法: 十則圍, 五則攻…
　將者 國之輔也, 輔周則國必強
　君: 縻軍, 惑軍, 疑軍
　將: 可以與戰, 衆寡之用,
　　　上下同欲, 以虞待不虞,
　　　將能 君不御

2. 전쟁의 구성요소: 양병(시계편 → 군형편)

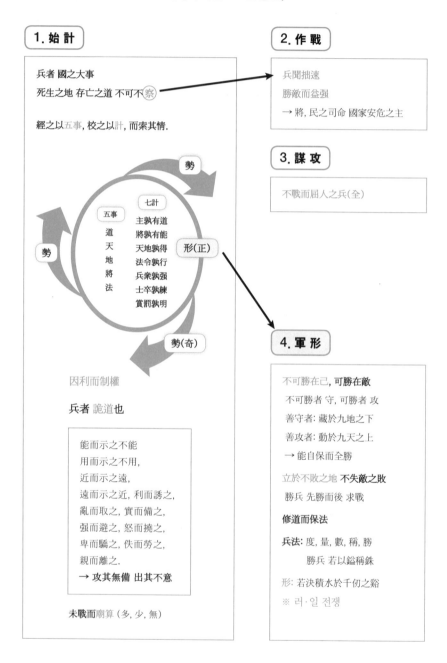

1. 始 計

兵者 國之大事
死生之地 存亡之道 不可不(察)

經之以五事, 校之以計, 而索其情.

勢

七計
五事   主孰有道
道   將孰有能
天   天地孰得
地   法令孰行   形(正)
將   兵衆孰强
法   士卒孰練
            賞罰孰明

勢   勢(奇)

因利而制權

兵者 詭道也

能而示之不能
用而示之不用,
近而示之遠,
遠而示之近, 利而誘之,
亂而取之, 實而備之,
强而避之, 怒而撓之,
卑而驕之, 佚而勞之,
親而離之.
→ 攻其無備 出其不意

未戰而廟算 (多, 少, 無)

2. 作 戰

兵聞拙速
勝敵而益强
→ 將, 民之司命 國家安危之主

3. 謀 攻

不戰而屈人之兵(全)

4. 軍 形

不可勝在己, **可勝在敵**
不可勝者 守, 可勝者 攻
善守者: 藏於九地之下
善攻者: 動於九天之上
→ 能自保而全勝
立於不敗之地 **不失敵之敗**
勝兵 先勝而後 求戰
修道而保法
兵法: 度, 量, 數, 稱, 勝
       勝兵 若以鎰稱銖
形: 若決積水於千仞之谿
※ 러·일 전쟁

3. 전쟁의 구성요소: 용병 이론(시계편 → 병세 · 허실 · 군쟁편)

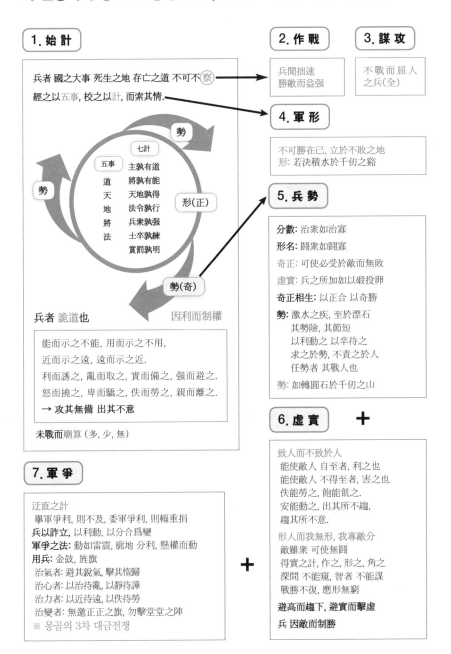

1. 始 計

兵者 國之大事 死生之地 存亡之道 不可不(察)

經之以五事, 校之以計, 而索其情.

勢

七計

五事   主孰有道
道   將孰有能
天   天地孰得
地   法令孰行
將   兵衆孰強
法   士卒孰練
        賞罰孰明

勢

勢

形(正)

勢(奇)

兵者 詭道也   因利而制權

能而示之不能, 用而示之不用,
近而示之遠, 遠而示之近.
利而誘之, 亂而取之, 實而備之, 強而避之.
怒而撓之, 卑而驕之, 佚而勞之, 親而離之.
→ 攻其無備 出其不意

未戰而廟算 (多, 少, 無)

2. 作 戰

兵聞拙速
勝敵而益强

3. 謀 攻

不戰而屈人
之兵(全)

4. 軍 形

不可勝在己, 立於不敗之地
形: 若決積水於千仞之谿

5. 兵 勢

分數: 治衆如治寡
形名: 鬪衆如鬪寡
奇正: 可使必受於敵而無敗
虛實: 兵之所加如以碬投卵
奇正相生: 以正合 以奇勝
勢: 激水之疾, 至於漂石
    其勢險, 其節短
    以利動之 以卒待之
    求之於勢, 不責之於人
    任勢者 其戰人也
勢: 如轉圓石於千仞之山

6. 虛 實   ✚

致人而不致於人
能使敵人 自至者, 利之也
能使敵人 不得至者, 害之也
佚能勞之, 飽能飢之.
安能動之, 出其所不趨,
趨其所不意.

形人而我無形, 我專敵分
敵雖衆 可使無鬪
得實之計, 作之, 形之, 角之
深間 不能窺, 智者 不能謀
戰勝不復, 應形無窮
避高而趨下, 避實而擊虛
兵 因敵而制勝

7. 軍 爭

迂直之計
舉軍爭利, 則不及, 委軍爭利, 則輜重捐
兵以詐立, 以利動, 以分合爲變
軍爭之法: 動如雷震, 廓地 分利, 懸權而動
用兵: 金鼓, 旌旗
治氣者: 避其銳氣, 擊其惰歸
治心者: 以治待亂, 以靜待譁
治力者: 以近待遠, 以佚待勞
治變者: 無邀正正之旗, 勿擊堂堂之陣
※ 몽골의 3차 대금전쟁

✚

4. 전쟁의 구성요소: 용병 실제(시계편 → 구변 · 행군 · 지형 · 구지편)

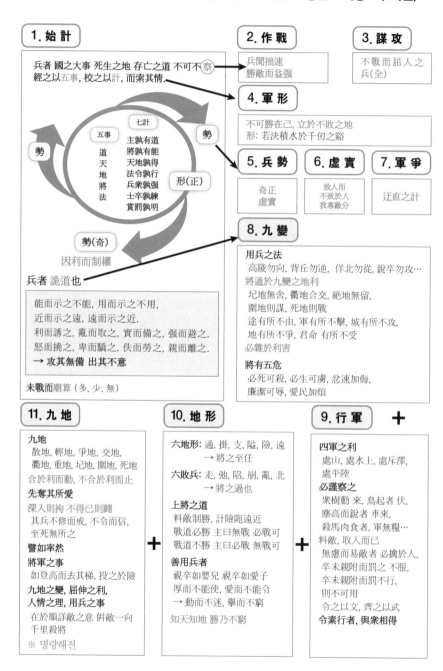

1. 始 計

兵者 國之大事 死生之地 存亡之道 不可不(察)
經之以五事, 校之以計, 而索其情.

七計
五事
主孰有道
將孰有能
天地孰得
法令孰行
兵衆孰强
士卒孰練
賞罰孰明

道
天
地
將
法

勢

勢

形(正)

勢(奇)
因利而制權

兵者 詭道也

能而示之不能, 用而示之不用,
近而示之遠, 遠而示之近.
利而誘之, 亂而取之, 實而備之, 强而避之.
怒而撓之, 卑而驕之, 佚而勞之, 親而離之.
→ 攻其無備 出其不意

未戰而廟算 (多, 少, 無)

2. 作 戰

兵聞拙速
勝敵而益强

3. 謀 攻

不戰而屈人之
兵(全)

4. 軍 形

不可勝在己, 立於不敗之地
形: 若決積水於千仞之谿

5. 兵 勢

奇正
虛實

6. 虛 實

致人而
不致於人
我專敵分

7. 軍 爭

迂直之計

8. 九 變

用兵之法
　高陵勿向, 背丘勿逆, 佯北勿從, 銳卒勿攻…
　將通於九變之地利
　圮地無舍, 衢地合交, 絶地無留,
　圍地則謀, 死地則戰
　途有所不由, 軍有所不擊, 城有所不攻,
　地有所不爭, 君命 有所不受
　必雜於利害
將有五危
　必死可殺, 必生可虜, 忿速可侮,
　廉潔可辱, 愛民可煩

11. 九 地

九地
　散地, 輕地, 爭地, 交地,
　衢地, 重地, 圮地, 圍地, 死地
　合於利而動, 不合於利而止
先奪其所愛
　深入則拘 不得已則鬪
　其兵不修而戒, 不令而信,
　至死無所之
譬如率然
將軍之事
　如登高而去其梯, 投之於險
九地之變, 屈伸之利,
人情之理, 用兵之事
　在於順詳敵之意 倂敵一向
　千里殺將
　※ 명량해전

10. 地 形

六地形: 通, 掛, 支, 隘, 險, 遠
　　　→ 將之至任
六敗兵: 走, 弛, 陷, 崩, 亂, 北
　　　→ 將之過也

上將之道
　料敵制勝, 計險阨遠近
　戰道必勝 主曰無戰 必戰可
　戰道不勝 主曰必戰 無戰可
善用兵者
　視卒如嬰兒 視卒如愛子
　厚而不能使, 愛而不能令
　→ 動而不迷, 擧而不窮
　知天知地 勝乃不窮

9. 行 軍 ✚

四軍之利
　處山, 處水上, 處斥澤,
　處平陸
必謹察之
　衆樹動 來, 鳥起者 伏,
　塵高而銳者 車來,
　殺馬肉食者, 軍無糧…
　料敵, 取人而已
　無慮而易敵者 必擒於人,
　卒未親附而罰之 不服,
　卒未親附而罰不行,
　則不可用
　令之以文, 齊之以武
令素行者, 與衆相得

5. 전쟁의 구성요소: 용병 특수작전(시계편 → 화공 · 용간편)

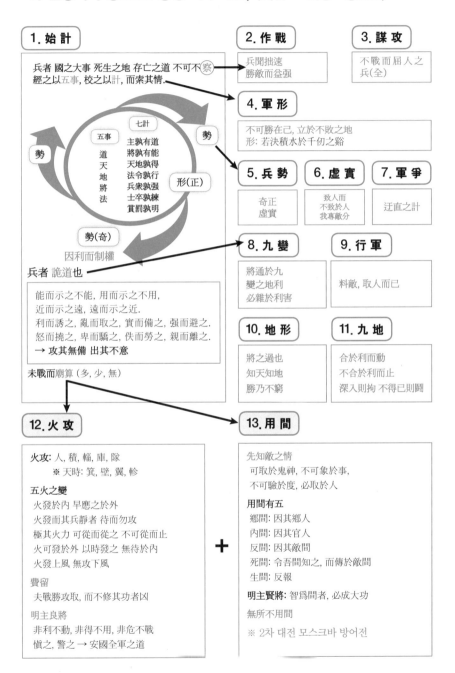

1. 始計

兵者 國之大事 死生之地 存亡之道 不可不察
經之以五事, 校之以計, 而索其情.

五事 / 七計
道 天 地 將 法
主孰有道
將孰有能
天地孰得
法令孰行
兵衆孰强
士卒孰練
賞罰孰明

勢 / 形(正) / 勢(奇)
因利而制權

兵者 詭道也

能而示之不能, 用而示之不用,
近而示之遠, 遠而示之近.
利而誘之, 亂而取之, 實而備之, 强而避之.
怒而撓之, 卑而驕之, 佚而勞之, 親而離之.
→ 攻其無備 出其不意

未戰而廟算(多, 少, 無)

2. 作戰

兵聞拙速
勝敵而益强

3. 謀攻

不戰而屈人之
兵(全)

4. 軍形

不可勝在己, 立於不敗之地
形: 若決積水於千仞之谿

5. 兵勢

奇正
虛實

6. 虛實

致人而
不致於人
我專敵分

7. 軍爭

迂直之計

8. 九變

將通於九
變之地利
必雜於利害

9. 行軍

料敵, 取人而已

10. 地形

將之過也
知天知地
勝乃不窮

11. 九地

合於利而動
不合於利而止
深入則拘 不得已則鬪

12. 火攻

火攻: 人, 積, 輜, 庫, 隊
※ 天時: 箕, 壁, 翼, 軫

五火之變
火發於內 早應之於外
火發而其兵靜者 待而勿攻
極其火力 可從而從之 不可從而止
火可發於外 以時發之 無待於內
火發上風 無攻下風

費留
夫戰勝攻取, 而不修其功者凶

明主良將
非利不動, 非得不用, 非危不戰
愼之, 警之 → 安國全軍之道

+

13. 用間

先知敵之情
可取於鬼神, 不可象於事,
不可驗於度, 必取於人

用間有五
鄕間: 因其鄕人
內間: 因其官人
反間: 因其敵間
死間: 令吾間知之, 而傳於敵間
生間: 反報

明主賢將: 智爲間者, 必成大功

無所不用間

※ 2차 대전 모스크바 방어전

원문 해설

1. 始計(시계)

① 孫子曰, 兵¹者國之大事, 死生之地, 存亡之道,
　　손자왈　　　병자국지대사　　　사생지지　　　존망지도

不可不察也.
불가불찰야

손자는 "전쟁은 국가의 막중한 일로서, 땅의 모든 것을 파괴하고, 인간의 도리를 무너뜨리므로 신중하게 살펴야 한다"고 했다.

② 故 經之以五事², 校之以計³, 而索其情⁴.
　　고　　경지이오사　　　교지이계　　　이색기정

그러므로 국사의 다섯 가지를 잘 경영하여 국력을 기르고, 군사력의 일곱 가지를 비교하여 정황에 따라 상대와 나의 강·약점을 살펴야 한다.

③ 一曰 道, 二曰 天, 三曰 地, 四曰 將, 五曰 法.
　　일왈　도　이왈　천　삼왈　지　사왈　장　오왈　법

다섯 가지 요소는 도(道), 천(天), 지(地), 장(將), 법(法)에 관한 것이다.

④ 道⁵者, 令民與上同意也, 可與之死, 可與之生,
　　도자　　영민여상동의야　　　가여지사　　　가여지생

而民不畏危也.
이민불외위야

도는 임금이 바른 정치를 하면 백성들이 뜻을 같이하여 생사를 무릅쓰고 전쟁에 나아가는 것을 말한다.

1　兵: 전쟁, 용병, 군대, 병기, 병사의 뜻으로 사용되나 여기서는 전쟁을 말한다.
2　五事: 왕이 국사를 돌볼 때 고려해야 할 다섯 가지 요소이며, 이를 통해서 국력이 길러지며 국력이 전쟁을 수행하는 바탕이 된다.
3　(七)計: 국력이 전쟁을 수행할 수 있는 군사력으로 발휘되는 것을 말한다.
4　索其情: 앞의 오사칠계를 정황에 따라 살펴야 한다고 해석해야 한다.
5　道: 바른 정치에 의한 국민적 통합을 의미하며 전쟁에서 결정적으로 중요한 요소이다. 오사와 칠계에서 도를 가장 앞에 두어 그 중요성을 강조했다.

⑤ 天者, 陰陽, 寒暑, 時制也.
　　천자　　음양　　한서　　시제야

천(天)은 낮과 밤, 추위와 더위 그리고 계절의 변화를 말한다.

⑥ 地者, 遠近, 險易, 廣狹, 死生也.
　　지자　　원근　　험이　　광협　　사생야

지(地)는 멀고 가까움, 지세의 험하고 평탄함, 지형의 넓고 좁음, 위태로운 곳과 안전한 지형을 말한다.

⑦ 將者, 智, 信, 仁, 勇, 嚴也.
　　장자　　지　신　인　용　엄야

장수(將)의 자질은 지혜, 신의, 인애, 용기, 위엄 등이다.

⑧ 法者, 曲制, 官道, 主用也.
　　법자　　곡제　　관도　　주용야

법은 군대의 편성, 행정, 수송, 보급 등 제도와 법규를 말한다.

⑨ 凡此五者, 將莫不聞, 知之者勝, 不知者不勝.
　　범차오자　　장막불문　　지지자승　　부지자불승

장수가 오사를 이해하고 정통하면 전쟁에 승리하고, 그렇지 못하면 패배한다.

⑩ 故 校之以計, 而索其情.
　　고　　교지이계　　　이색기정

또한 칠계를 비교하여 정황에 따라 상대와 나의 강·약점을 살펴야 한다.

⑪ 曰 主孰有道, 將孰有能, 天地孰得, 法令孰行.
　　왈　주숙유도　　장숙유능　　천지숙득　　법령숙행

첫째, 어느 편의 군주가 바른 정치를 하는가? 둘째, 어느 편의 장수가 상황에 더 유연하게 대처하는가? 셋째, 천시와 지리는 어느 편이 유리한가? 넷째, 법령은 어느 편이 더 엄격히 집행되는가?

⑫ 兵衆孰强, 士卒孰練, 賞罰孰明, 吾 以此 知勝負矣.
　　병중숙강　　사졸숙련　　상벌숙명　　오　이차　　지승부의

다섯째, 군사력은 어느 편이 더 강한가? 여섯째, 병사들은 어느 편이 더 잘 훈련되어 있는가? 일곱째, 상벌은 어느 편이 더 공정한가? 나는 이를 비교해 보아 승부를 미리 알 수 있다.

⑬ 將聽吾計 用之 必勝, 留之. 將不聽吾計 用之 必敗, 去之.
　　　장청오계　　용지　필승　유지　　　장불청오계　　용지　필패　거지

장수가 계의 강·약점을 잘 활용하면 반드시 이길 것이고, 장수는 군을 지휘할 자격이 있지만 장수가 그렇지 못하면 반드시 패할 것이고, 그런 장수는 그 직책에서 물러나야 한다.

⑭ 計利以聽[6], 乃爲之勢[7], 以佐其外, 勢者, 因利[8]而制權[9]也.
　　　계리이청　　　　내위지세　　　　이좌기외　　세자　　　인리이제권야

계의 강·약점을 활용하여 세(勢)를 만들어 오사칠계의 외적인 발휘를 도와야 하며, 세는 적을 이익으로 유인하여 적을 나의 의도대로 조종하는 것이다.

⑮ 兵者 詭道也.
　　　병자　　궤도야

용병은 적을 속이는 것이다.

⑯ 故能而示之不能, 用而示之不用, 近而示之遠, 遠而示之近.
　　　고능이시지불능　　　　용이시지불용　　　　근이시지원　　　　원이시지근

그러므로 할 수 있으면서도 할 수 없는 듯이 보이고, 쓸 수 있으면서도 쓸 수 없는 것처럼 보이며, 가까우면서도 먼 것처럼 보이고, 멀면서도 가까운 것처럼 보이게 해야 한다.

6　聽: 계의 이점에 따른다는 것으로 오사칠계를 분석한 이점을 잘 활용한다는 것을 말한다.

7　勢: 세는 피아 간 오사칠계의 이점을 활용하는 가운데 만들어 내부의 오사칠계가 더욱 발휘될 수 있도록 외부에서 도와야 한다는 것이다.

8　利: 計利以聽에서 계의 이점을 판단하고, 적의 약점을 도출하기 위해 적에게 利로 유인한다는 것을 말한다. 적에게 강점이 있다면 이익이 있는 것처럼 속여서 적의 약점을 노출시키고 적의 약점은 적이 강하다고 믿게 속이는 것이다.

9　制權: 임기응변의 조치를 취하는 것으로 해석하고 있으나 적에게 이익이 있는 것처럼 유인하여 내가 주도권을 확보하여 적을 마음대로 조종한다는 의미로 이해해야 한다(허실편-①).

⑰ 利而誘之, 亂而取之, 實而備之, 强而避之.
　　　이이유지　　　난이취지　　　실이비지　　　강이피지

적에게 이로운 것처럼 하여 유인하고 아군이 혼란스러운 것처럼 속여 적이 공격하게 하며, 충실히 대비하고 있는 것처럼 속여 적이 불필요한 곳에 대비하게 하고, 튼튼히 지키고 있는 것처럼 속여 적이 대비케 하고, 아군이 강한 것처럼 속여 적이 회피하게 한다.

⑱ 怒而撓之, 卑而驕之, 佚而勞之, 親而離之.
　　　노이요지　　　비이교지　　　일이노지　　　친이리지

아군이 분노하고 있는 것처럼 속여 적을 교란시키고, 비굴한 듯 속여 적을 교만하게 하며, 편히 있는 것처럼 속여 적을 힘들게 하고, 적의 동맹과 친한 척하여 서로를 이간시킨다.

⑲ 攻其無備, 出其不意.
　　　공기무비　　　출기불의

적의 대비가 없는 곳을 공격하고, 적이 뜻하지 않는 곳으로 진격해야 한다.

⑳ 此¹⁰ 兵家之勝, 不可先傳¹¹也.
　　차　　병가지승　　　불가선전야

적을 속여 전쟁에서 승리하는 것이지만 매번 동일하게 적용할 수 없고, 그 비법을 전수할 수도 없다.

㉑ 夫 未戰而廟算¹² 勝者 得算多也. 未 戰而廟算不勝者
　　부　미전이묘산　　　승자　득산다야　　　미　　전이묘산불승자

得算少也.
　득산소야

전쟁 전에 전략회의에서 따져 보아 승리하는 것은 승산이 많은 때문이고, 그렇지 못

---

10 此: 제시된 14가지에 국한하지 않고 실제는 무궁무진하다는 의미이며, 이어지는 12편은 궤도의 구체적 설명이라고 할 수 있다.

11 先傳: 다른 해석이 있지만 용병의 승리 비결은 적과 상황에 따라 무궁무진하므로 그 비법을 전수할 수 없다고 하는 것이 더 타당하다.

12 廟算: 최고작전회의, 조정에서 행해지는 전쟁 전의 전략 판단을 말한다.

한 것은 승산이 적은 때문이다.

㉒ 多算勝, 少算不勝, 而況於無算乎. 吾以此觀之, 勝負見矣.
　다산승　　소산불승　　이황어무산호　　오이차관지　　승부현의

승산이 많으면 승리하고 승산이 적으면 승리하지 못하니, 하물며 승산이 전혀 없으면 어떠하겠는가? 나는 승산의 많고 적음에 따라 전쟁의 승부를 예측할 수 있다.

察: 살필 찰	經: 경영할 경	校: 비교할 비	索: 찾을 색
情: 뜻 정	與: 줄 여	意: 뜻 의	畏: 두려워할 외
危: 위태할 위	陰: 응달 음	陽: 볕 양	寒: 차가울 한
暑: 더울 서	制: 마를 제	遠: 멀 원	近: 가까울 근
險: 험할 험	易: 쉬울 이	廣: 넓을 광	狹: 좁을 협
勇: 날쌜 용	嚴: 엄할 엄	曲: 굽을 곡	官: 벼슬 관
莫: 아닐 막	孰: 누구 숙	得: 얻을 득	衆: 무리 중
强: 강할 강	練: 익힐 련	賞: 상줄 상	罰: 죄 벌
負: 질 부	聽: 받아들일 청	留: 머물 류	勢: 기세 세
權: 저울추 권	詭: 속일 궤	誘: 꾈 유	亂: 어지러울 란
避: 피할 피	怒: 성낼 노	撓: 어지러울 요	卑: 낮을 비
驕: 교만할 교	佚: 편안할 일	勞: 힘쓸 로	親: 친할 친
離: 떼어놓을 리	攻: 칠 공	備: 갖출 비	傳: 전할 전
廟: 사당 묘	算: 계산할 산	況: 하물며 황	吾: 나 오
觀: 볼 관	見: 알 현		

2. 作戰(작전)

① 孫子曰 凡 用兵之法 馳車[13]千駟 革車[14]千乘 帶甲十萬
　손자왈　범　용병지법　　치차천사　　혁차천승　　대갑십만

---

13 馳車: 네 마리의 말이 끄는 전투용 전차 1대는 전차병 3명, 보병 72명으로 편성되었다.

14 革車: 전차를 지원하는 혁차는 보급용 수레 1대와 취사병 10명, 장비 엄호병

千里饋糧.
천리궤량

손자는 "전쟁을 하려면 전차 1,000대, 치중차 1,000대, 병력 10만 명과 천 리까지 보급할 양식이 필요하고,

② 則內外之費 賓客之用 膠漆[15]之材 車甲之奉 日費千金.
즉내외지비　　빈객지용　　교칠지재　　차갑지봉　　일비천금

국내외 전쟁 비용과 외교사절의 접대비, 무기의 정비·수리용 자재, 수레와 갑옷 등 많은 비용이 소요된다"고 했다.

③ 然後 十萬之師[16] 擧矣 其用戰也 貴勝.
연후　십만지사　　거의　기용전야　귀승

10만의 군사를 일으키는 데 엄청난 전쟁의 비용이 필요하고 더구나 전쟁에서 승리하기 위해서는 더 많은 비용이 소모된다.

④ 久則鈍兵挫銳 攻城則力屈 久暴師則國用 不足.
구즉둔병좌예　　공성즉역굴　　구폭사즉국용　부족

따라서 전쟁을 오래 끌면 군사력이 약해지고 예기가 꺾이며, 성을 공략하면 군사력이 약화되고, 군사작전을 오래 하면 국가재정이 부족해지니,

⑤ 夫 鈍兵挫銳 屈力殫貨 則諸侯 乘其弊而起.
부　둔병좌예　굴력탄화　즉제후　승기폐이기

군사력이 약해지고 예기가 꺾여 재정이 고갈되면, 제3국이 이때를 틈타 군사를 일으키니,

⑥ 雖有智者 不能善其後矣.
수유지자　　불능선기후의

비록 지혜로운 군주나 장수가 있다 해도 적의 침공을 감당하지 못할 것이다.

5명, 말 관리병 5명, 연료 담당 5명 등 병사 25명으로 편성되었다.

15 膠漆: 전차, 활과 화살 등 고대 병기를 만드는 데 쓰이는 아교와 칠

16 師: 軍-12,500명, 師-2,500명, 卒-100명, 伍-5명, 卒은 앞의 馳車와 革車로 편성된다.

⑦ 故 兵聞拙速[17] 未覩巧之久也 夫 兵久而國利者 未之有也.
　　고　병문졸속　　　미도교지구야　　부　병구이국리자　　미지유야

그러므로 전쟁은 속히 끝내야 하고, 완벽한 계획으로 승리하려고 전쟁을 오래 끈다는 것은 듣지 못했다. 예로부터 전쟁을 오래 끌어 국가에 이로운 사례는 없었다.

⑧ 故 不盡知用兵之害者 則不能盡知用兵之利也.
　　고　　부진지용병지해자　　　즉불능진지용병지리야

따라서 전쟁의 해로운 점을 다 알아야 전쟁의 이로운 점도 능히 알 수 있다.

⑨ 善用兵者 役不再籍 糧不三載 取用於國 因糧於敵 故
　　선용병자　역불재적　양불삼재　취용어국　인량어적　고

軍食 可足也.
군식　가족야

전쟁을 잘하는 장수는 장병을 두 번씩이나 징집하지 않고, 군량을 세 번씩이나 실어 나르지 않으며, 적국에서 장비를 획득하고 적지에서 양식을 구해야 군량이 넉넉해진다.

⑩ 國之貧於師者 遠輸 遠輸則百姓 貧.
　　국지빈어사자　원수　원수즉백성　빈

전쟁으로 국가가 빈곤해지는 것은 보급품과 물자를 멀리 실어 나르기 때문인데, 그러면 백성들이 가난해지고,

⑪ 近師者 貴賣 貴賣則百姓 財竭 財竭則急於丘役.
　　근사자　귀매　귀매즉백성　재갈　재갈즉급어구역

군대가 주둔한 근처에는 물자가 귀해지니, 백성의 재물이 고갈되어 백성들이 부역에 동원되며,

⑫ 力屈財殫 中原 內虛於家 百姓之費 十去其七.
　　역굴재탄　중원　내허어가　백성지비　십거기칠

국력이 약화되고 재물이 고갈되며 백성들의 재산이 70%나 소모될 것이다.

---

17 拙速: 엉성한 것 같으나 빠르게 수행하는 것을 말하며, 계획 없이 서둘러 하라는 의미는 아니다(구지-⑥⑩).

⑬ 公家之費 破車罷馬¹⁸ 甲冑弓矢¹⁹ 戟楯矛櫓²⁰ 丘牛大車
　　공가지비　파차파마　　갑주궁시　　극순모로　　구우대차

十去其六.
십거기육

수레, 말, 갑옷과 투구, 활과 살, 창과 방패 등을 보급하기 위해 국가재정의 60%가
소모된다.

⑭ 故 智將 務食於敵 食敵一鐘²¹ 當吾二十鐘 芑秆²² 一石
　　고　지장　무식어적　식적일종　　당오이십종　　기간일석

當吾二十.
당오이십

따라서 지혜로운 장수는 적지에서 식량을 조달하는데, 적지에서 식량 일 종(鐘)은
자국에서 이십 종을 수송하는 것과 같으며, 말의 먹이도 마찬가지다.

⑮ 故 殺敵者 怒也 取敵之利者 貨也.
　　고　살적자　노야　취적지리자　　화야

적을 죽이면 적이 적개심을 갖게 되니, 적의 자원을 획득하여 재물을 상으로 주는 것
이 더 낫다.

⑯ 車戰 得車十乘以上 賞其先得者.
　　거전　득거십승이상　　상기선득자

전차 10대 이상을 노획하면 노획한 자에게 상을 주고,

而更其旌旗²³ 車雜而乘之 卒善而養之 是謂勝敵而益强.
이경기정기　　거잡이승지　　졸선이양지　　시위승적이익강

---

18 破車罷馬: 부서진 전차를 수리하고 병든 말을 대체하는 비용
19 甲冑弓矢: 갑옷, 투구, 활과 화살의 제작에 드는 비용
20 戟盾矛櫓: 다양한 창과 방패를 제작하는 데 드는 비용
21 鐘: 중국 고대의 양의 단위로 정확하게 알 수는 없으나 오늘날의 단위로 환산
　　하면 1종은 약 300ℓ에 해당된다.
22 芑秆: 말에게 먹이는 콩깍지와 볏짚
23 旌旗: 부대의 깃발

노획한 전차에 아군 깃발을 꽂아 아군에 편성하고, 포로도 교육하여 아군에 편성하면 적과 싸워 이기면서도 군사력이 더욱 강해진다.

⑰ 故 兵貴勝 不貴久 故 知兵之將 民之司命
　고　병귀승　불귀구　고　지병지장　민지사명

國家安危之主也.
국가안위지주야

그러므로 전쟁에서 승리하려면 많은 비용이 소요되니 장기전을 해서는 안 되며, 이러한 전쟁의 속성을 아는 장수라야 백성의 생명을 책임지며 국가안보의 주체가 될 수 있다.

馳: 달릴 치	駟: 네 마리 말 사	革: 가죽 혁	乘: 탈 승
帶: 띠 대	饋: 먹일 궤	糧: 양식 량	費: 쓸 비
賓: 손님 빈	膠: 아교 교	漆: 옻 칠	然: 그러할 연
師: 스승 사	擧: 들 거	貴: 귀할 귀	鈍: 무딜 둔
挫: 꺾을 좌	銳: 날카로울 예	屈: 굽을 굴	暴: 사나울 폭
殫: 다할 탄	弊: 나쁠 폐	拙: 졸할 졸	速: 빠를 속
覩: 볼 도	巧: 공교할 교	久: 오랠 구	盡: 다할 진
役: 부릴 역	籍: 장부 적	載: 실을 재	足: 족할 족
貧: 가난할 빈	輸: 나를 수	賣: 팔 매	竭: 다할 갈
丘: 언덕 구	急: 급할 급	破: 깨뜨릴 파	罷: 그칠, 쉴 파
胄: 투구 주	矢: 화살 시	戟: 창 극	楯: 방패 순
矛: 창 모	櫓: 방패 로	務: 힘쓸 무	鍾: 무게 단위 종
苫: 흰 차조 기	稈: 짚 간	殺: 죽일 살	貨: 재화 화
旌: 깃발 정	旗: 깃발 기	雜: 섞일 잡	謂: 이를 위
益: 더할 익	命: 목숨 명	安: 편안할 안	危: 위태할 위

3. 謀攻(모공)

① 孫子曰, 凡 用兵之法, 全²⁴國爲上, 破²⁵國次之.
   손자왈   범   용병지법   전국위상   파국차지

손자는 "용병에 있어서 적국을 온전하게 놓아둔 채 굴복시키는 것이 최상이고, 파괴하여 굴복시키는 것은 차선이며,

② 全軍爲上, 破軍次之, 全旅爲上, 破旅次之.
   전군위상   파군차지   전여위상   파여차지

적의 군대를 온전히 둔 채 굴복시키는 것이 최상이고, 격멸하는 것은 차선이며, 적의 여단을 온전히 둔 채 굴복시키는 것이 최상이고, 격멸하여 굴복시키는 것은 차선이다.

③ 全卒爲上, 破卒次之, 全伍爲上, 破伍次之.
   전졸위상   파졸차지   전오위상   파오차지

적의 중대를 온전한 채 굴복시키는 것이 최상이고, 격멸하는 것은 차선이며, 적의 분대를 온전한 채 굴복시키는 것이 최상이고 격멸하는 것은 차선이다"라고 했다.

④ 是故, 百戰百勝, 非善之善者也, 不戰而屈人之兵,
   시고   백전백승   비선지선자야   부전이굴인지병

善之善者也.
선지선자야

따라서 백번 싸워 백번 이기는 것이 최선은 아니며 싸우지 않고 적을 굴복시키는 것이 최선이다.

⑤ 故 上兵伐謀, 其次伐交, 其次伐兵, 其下攻城.
   고   상병벌모   기차벌교   기차벌병   기하공성

그러므로 최상의 용병은 적의 의도를 파괴하는 것이고, 그다음은 적의 동맹관계를

---

24 全: '온전한 상태로 보존하다'의 뜻으로 전쟁을 끝내고 나서도 나라를 온전히 보존한 가운데 승리하는 것이 최선의 계책이라는 것이다. 결국 최소의 피해로 전쟁을 끝내야 함을 강조하고 있다.

25 破: '깨뜨리다', '파괴하다'로 해석해야 한다.

끊는 것이며, 그다음은 군대를 치는 것이고, 최하는 적의 성을 공격하는 것이다.

⑥ 攻城之法, 爲不得已, 修櫓轒轀²⁶ 具器械²⁷, 三月而後成,
　　공성지법　　　위부득이　　　수로분온　　　구기계　　　삼월이후성

　距堙²⁸, 又三月而後已.
　　거인　　　　우삼월이후이

다만 성을 공격하는 것은 부득이한 경우에 해야 하는데, 방패나 공성용 병거를 수리하고 각종 장비를 갖추는 데 3개월이 걸리며, 성벽 공격용 토산을 쌓는 것도 3개월이 걸리고,

⑦ 將不勝其忿 而蟻附²⁹之, 殺士卒三分之一 而城不拔者
　　장불승기분　　　이의부지　　　살사졸삼분지일　　　이성불발자

　此 攻之災也.
　　차　공지재야

장수가 분노를 참지 못해 섣불리 병사들을 개미 떼처럼 성벽에 기어오르게 하여 그중 3분의 1을 죽이고도 성을 함락시키지 못하면, 이는 엄청난 공격의 재앙이다.

⑧ 故 善用兵者, 屈人之兵, 而非戰也 拔人之城, 而非攻也.
　　고　선용병자　　　굴인지병　　　이비전야　　　발인지성　　　이비공야

그러므로 용병을 잘하는 것은 싸우지 않고 적을 굴복시키고, 공격하지 않고도 성을 함락시키며,

　毀人之國 而非久也 必以全爭於天下.
　　훼인지국　　　이비구야　　　필이전쟁어천하

적국을 무너뜨리되 오래 끌지 않으며 반드시 온전한 상태로 승리하는 것이다.

⑨ 故 兵不鈍而利可全, 此 謀攻之法也.
　　고　병불둔이리가전　　　차　모공지법야

---

26 轒轀: 성을 공격하던 병거를 말한다.
27 器械: 여러 가지 공성장비를 말한다.
28 距堙: 성을 공격하기 위해 성벽에 흙을 붙여 쌓아 만든 산이다.
29 蟻附: 개미 떼처럼 성벽에 기어오르게 한다는 뜻이다.

그래야 군대는 약해지지 않고, 국가도 온전하니, 이것이 용병의 원칙이다.

⑩ 故 用兵之法, 十則圍之, 五則攻之, 倍則分之[30].
　　고　　용병지법　　　십즉위지　　　오즉공지　　　배즉분지

용병은 아군의 병력이 적보다 10배가 되면 포위하고, 5배가 되면 공격하며, 2배가 되면 적을 분산시키고,

⑪ 敵則能[31]戰之, 少則能守之, 不若則能避之.
　　적즉능전지　　　　소즉능수지　　　불약즉능피지

병력이 대등하면 싸우며, 적보다 적으면 지키고, 상대보다 아주 열세하면 피해야 한다.

⑫ 故 少敵之堅, 大敵之擒也.
　　고　　소적지견　　　대적지금야

따라서 열세한 군대가 섣불리 정면으로 맞서 대응하면 우세한 적에게 사로잡힌다.

⑬ 夫將者國之輔[32]也, 輔周則國必強, 輔隙則國必弱.
　　부장자국지보야　　　　보주즉국필강　　　　보극즉국필약

장수는 군주를 보좌해야 하며, 군주와 장수가 친밀하면 나라가 강해지고, 틈이 생기면 나라는 약해진다.

⑭ 故 軍之所以患於君者 三.
　　고　　군지소이환어군자　　　삼

그러므로 군주로 인해 군이 위험에 처하는 경우가 있는데,

⑮ 不知軍之不可以進, 而謂之進,
　　부지군지불가이진　　　이위지진

첫째는 군대가 진격할 수 없는 상황에서도 진격하라고 명령하며,

---

30 分之: 나의 전력을 양분해서 사용하라는 해석과 적을 분할하여 상대하라는 해석이 있으나 후자의 해석이 보다 타당하다.
31 能: 열세한 전력으로 적을 상대하기 위해서는 용병 능력이 탁월해야 함을 강조하고 있다.
32 輔: 수레 양쪽 옆에서 바퀴가 빠져나가지 않도록 버티는 나무

不知軍之不可以退, 而謂之退, 是謂 縻軍[33].
　　부지군지불가이퇴　　　　이위지퇴　　시위　　미군

군대가 후퇴할 수 없는 상황임에도 후퇴하라고 명령하는 것이니 이는 군을 속박하는 것이다.

⑯ 不知三軍之事, 而同[34]三軍[35]之政, 則軍士惑矣.
　　부지삼군지사　　　　이동삼군지정　　　　즉군사혹의

둘째는 군의 사정을 모르면서 군사행정에 개입하면 군이 의혹을 갖게 되고,

⑰ 不知三軍之權[36], 而同三軍之任, 則軍士疑矣.
　　부지삼군지권　　　　이동삼군지임　　　　즉군사의의

마지막으로 군주가 군의 지휘통제를 모르면서 개입하면 군은 불신하게 되며,

⑱ 三軍 旣惑且疑 則諸侯之難 至矣 是謂 亂軍引勝.
　　삼군　기혹차의　　즉제후지난　　지의　시위　　난군인승

군이 의혹을 갖고 불신하게 되면, 주변국이 침공하여 어려움을 겪게 되니, 이는 아군을 혼란케 하여 적에게 승리를 바치는 꼴이 된다.

⑲ 故 知勝有五. 知可以與戰, 不可以與戰者勝.
　　고　지승유오　　지가이여전　　　불가이여전자승

그러므로 전쟁의 승리를 알 수 있는 다섯 가지가 있다. 첫째, 지금 싸울 것인지 아닌지를 아는 자는 승리한다.

⑳ 識 衆寡[37]之用者 勝, 上下同欲者 勝, 以虞待不虞者 勝,
　　식　중과지용자　승　상하동욕자　승　이우대불우자　승

둘째, 군사력의 우세와 열세에 따라 용병을 달리 할 줄 아는 자는 승리한다.
셋째, 상하가 한마음 한뜻이 되어 단결하면 승리한다.
넷째, 깊이 숙고하여 미리 대비하여 그렇지 못한 적을 맞이하는 자는 승리한다.

---

33 縻軍: 군대를 얽매어 속박하는 것을 말한다.
34 同: '함께하다', '관여하다'의 뜻이다.
35 三軍: 상군(上軍), 중군(中軍), 하군(下軍)으로 각 군은 12,500명이다.
36 三軍之權: 삼군의 지휘권
37 衆寡: 적과 비교하여 많은 병력과 적은 병력을 의미한다.

㉑ 將能而 君不御者 勝. 此五者 知勝之道也.
　　　장능이　　군불어자　　승　　차오자　　　지승지도야

다섯째, 장수가 유능하고 군주가 간섭하지 않으면 승리한다. 이 다섯 가지로 승리를 미리 알 수 있다.

㉒ 故曰 知彼知己, 百戰不殆[38].
　　고왈　　지피지기　　백전불태

따라서 적을 알고 나를 알면 백번 싸워도 위태롭지 않으며,

㉓ 不知彼而知己 一勝一負, 不知彼不知己 每戰必殆.
　　부지피이지기　　　일승일부　　　부지피부지기　　　　매전필태

적을 모르고 나만 알면 승부는 반반이고, 적도 모르고 나도 모르면 싸울 때마다 위태롭게 된다.

全: 온전할 전	破: 깨뜨릴 파	旅: 군사 려	謨: 꾀 모
櫓: 방패 로	謨: 꾀 모	伐: 칠 벌	城: 성 성
修: 닦을 수	轒: 병거 분	輼: 와거(臥車) 온	具: 갖출 구
器: 그릇 기	械: 형틀 계	距: 떨어질 거	堙: 막을 인
忿: 성낼 분	蟻: 개미 의	附: 붙을 부	拔: 뺏을 발
災: 재앙 재	毀: 헐 훼	爭: 다툴 쟁	鈍: 무딜 둔
圍: 둘러쌀 위	倍: 곱 배	若: 같을 약	避: 피할 피
堅: 굳을 견	擒: 사로잡을 금	輔: 덧방나무 보	周: 주밀할 주
隙: 틈 극	患: 근심 환	謂: 이를 위	進: 나아갈 진
退: 물러날 퇴	縻: 얽어맬 미	惑: 미혹할 혹	權: 저울추 권
疑: 의심할 의	旣: 이미 기	且: 또 차	亂: 어지러울 란
引: 끌 인	寡: 적을 과	欲: 하고자 할 욕	虞: 갖출 우
待: 기다릴 대	御: 다스릴 어	彼: 저 피	殆: 위태할 태
負: 질 부	每: 매양 매		

---

38 百戰不殆: 손무가 백전불태라고 한 것은 이것만으로는 온전한 승리를 이룰 수 없다고 본 것인데 전쟁은 적과 나를 포함한 전장환경도 알아야 한다고 보았기 때문이다. 그래서 지형편에서 천시를 알아야 온전한 승리를 할 수 있다고 강조하고 있다(지형편-㉔).

4. 軍形(군형)

① 孫子曰, 昔之善戰者, 先爲不可勝, 以待敵之可勝.
　　손자왈　　석지선전자　　　선위불가승　　　이대적지가승

손자는 "예로부터 잘 싸우는 장수는 먼저 적이 나를 이기지 못하게 한 후 내가 적을
이길 수 있게 했다"고 말했다.

② 不可勝 在己, 可勝 在敵.
　　불가승　재기　가승　재적

적이 나를 이기지 못할 태세는 나에게 달려 있고 내가 이길 수 있는 것은 적에게 달
려 있다.

③ 故善戰者 能爲不可勝, 不能使敵之必可勝.
　　고선전자　　능위불가승　　　불능사적지필가승

그러므로 잘 싸우는 장수는 적이 나를 이기지 못하게 할 수는 있지만 적에게 내가 반
드시 승리하게 만들 수는 없다.

④ 故曰 勝可知不可爲, 不可勝者守也, 可勝者攻也.
　　고왈　승가지불가위　　불가승자수야　　가승자공야

따라서 승리란 알 수 있지만 만들어 낼 수 없는 것이다. 적이 나를 이기지 못하게 하
는 것은 방어하기 때문이요, 내가 적을 이길 수 있는 것은 공격하기 때문이다.

⑤ 守則不足, 攻則有餘.
　　수즉부족　　공즉유여

방어는 군사력이 부족한 것이고, 공격은 군사력이 여유가 있기 때문이다.

⑥ 善守者藏於九地³⁹之下, 善攻者 動於九天⁴⁰之上.
　　선수자장어구지지하　　　선공자　　동어구천지상

방어를 잘하는 자는 군사력을 땅속 깊숙이 숨기듯 하고, 공격을 잘하는 자는 군사력

---

39 九地: 지하의 가장 깊은 곳을 뜻한다.
40 九天: 가장 높은 곳을 뜻한다.

을 마치 하늘 위에서 자유자재로 움직이듯 한다.

⑦ 故 能自保而全勝也.
　　고　　　능자보이전승야

그래야 자기의 군사력을 보존하여 온전한 승리를 할 수 있다.

⑧ 見勝 不過衆人之所知, 非善之善者也.
　　견승　　불과중인지소지　　　비선지선자야

일반 사람들보다 승리를 예측하는 능력이 뛰어나지 못하다면 최고 수준이 아니며,

戰勝 而天下曰善, 非善之善者也.
전승　　이천하왈선　　　비선지선자야

싸움에 이기고 나서야 세상 사람들이 잘했다고 한다면 이 또한 최고 수준이 아니다.

⑨ 故 擧秋毫⁴¹不爲多力, 見日月 不爲明目, 聞雷霆 不爲聰耳.
　　고　　거추호불위다력　　견일월　불위명목　　문뢰정　불위총이

왜냐하면 가는 털 한 오라기를 들었다 해서 힘이 세다고 하지 않으며, 해와 달을 본다고 눈이 밝다고 하지 않고, 천둥소리를 들었다 해서 귀가 밝다고 하지 않기 때문이다.

⑩ 古之所謂善戰者 勝於易勝者也.
　　고지소위선전자　　　승어이승자야

예로부터 전쟁을 잘한 장수는 이기기 쉬운 적에게 이긴 것이다.

⑪ 故善戰者之勝也, 無智名, 無勇功.
　　고선전자지승야　　　무지명　　무용공

따라서 용병을 잘하는 장수를 지혜롭다 하지 않고 용맹하다고도 하지 않는 것은,

⑫ 故其戰勝不忒, 不忒者, 其所措勝, 勝已敗者也.
　　고기전승불특　　　불특자　　기소조승　　　승이패자야

싸우면 반드시 이기는 것은 여건상 이미 패배한 적을 이기는 것이기 때문이다.

─────────

41 秋毫: 가을철에 아주 가늘어진 동물의 깃털을 말한다.

⑬ 故善戰者, 立於不敗之地, 而不失敵之敗也⁴².

    고선전자   입어불패지지   이불실적지패야

그러므로 용병을 잘하는 장수는 패하지 않을 태세에 서서, 적을 패배시킬 기회를 놓치지 않는다.

⑭ 是故 勝兵先勝而後求戰, 敗兵先戰而後求勝.

   시고   승병선승이후구전   패병선전이후구승

따라서 승리하는 군대는 먼저 이겨 놓고 싸움을 하고, 패배하는 군대는 일단 싸움을 시작하고 나서 승리를 구하려고 한다.

⑮ 善用兵者, 修道而保法⁴³, 故能爲勝敗之政.

   선용병자   수도이보법   고능위승패지정

용병을 잘하는 장수는 오사와 칠계를 잘 갖추어 전쟁의 승패를 결정한다.

⑯ 兵法, 一曰度, 二曰量, 三曰數, 四曰稱, 五曰勝.

   병법   일왈도   이왈량   삼왈수   사왈칭   오왈승

병법은 도(度), 량(量), 수(數), 칭(稱), 승(勝)이다.

⑰ 地生度, 度生量, 量生數, 數生稱, 稱生勝.

   지생도   도생량   량생수   수생칭   칭생승

지생도(地生度)는 국토의 면적, 넓이를 판단하는 것이며, 도생량(度生量)은 그 도에 따라 자원의 양이나 전투규모가 산출되는 것, 양생수(量生數)는 그 양에 따라 투입 가능한 병력 수가 나오는 것, 수생칭(數生稱)은 그 수에 따라 전세와 전투형태를 비교하는 것, 칭생승(稱生勝)은 전세와 전투의 형태에서 용병이 나온다는 것이다.

⑱ 故勝兵 若以鎰⁴⁴稱銖, 敗兵 若以銖稱鎰.

   고승병   약이일칭수   패병   약이수칭일

그러므로 이기는 군대는 무거운 일(鎰)로써 가벼운 수(銖)를 저울질하는 것과 같고, 패하는 군대는 그 반대다.

---

42 立於不敗之地, 而不失敵之敗也를 구체적으로 표현한 것이 구변편-⑨이다.

43 修道, 保法: 오사의 도천지장법 전체를 닦고 보전한다는 뜻이다.

44 鎰: 일은 20량(量), 1량은 24수(銖)이므로 일은 수보다 480배나 무겁다.

⑲ 勝者之戰 若決積水於千仞[45]之谿者 形也.
　　승자지전　　　약결적수어천인지계자　　　　형야

승리는 마치 천 길 계곡 위에 터질 듯한 물을 막아 둔 것과 같은데 그것이 형(形)
이다.

待: 기다릴 대	在: 있을 재	使: 하여금 사	守: 지킬 수
餘: 남을 여	藏: 감출 장	動: 움직일 동	保: 지킬 보
過: 지날 과	擧: 들 거	秋: 가을 추	毫: 가는 털 호
雷: 우레 뢰	霆: 천둥소리 정	聰: 귀 밝을 총	忒: 어긋날 특
措: 둘 조	敗: 패할 패	政: 정사 정	度: 법도 도
稱: 칭할 칭	鎰: 중량 일	銖: 무게 단위 수	決: 터질 결
仞: 길 인	谿: 시내 계		

5. 兵勢(병세)

① 孫子曰 凡 治衆如治寡 分數 是也 鬪衆如鬪寡 形[46]名[47]
　　손자왈　범　　치중여치과　　분수　시야　　투중여투과　　형명

是也.
시야

손자는 "대부대를 소부대처럼 지휘하는 것은 부대를 여러 제대로 편성한 때문이고,
대부대를 소부대처럼 싸우게 하듯이 하는 것은 각 부대를 지휘통제할 수 있기 때문
이며,

---

45 仞: 오늘날의 약 2m에 해당하고 천인(千仞)은 약 2km의 길이에 해당된다.
46 形: 시각을 통해 명령을 전달하는 도구, 즉 깃발과 연기 등이다.
47 名: 청각을 통해 명령을 전달하는 도구, 즉 종과 북 등이다.

② 三軍之衆 可使必受敵而無敗者 奇正 是也.
　　삼군지중　　가사필수적이무패자　　기정　시야

대부대로 하여금 적을 맞아 반드시 승리하게 하는 것은 기정을 활용하기 때문이고,

③ 兵之所加 如以碬投卵者 虛實 是也.
　　병지소가　　여이단투란자　　허실　시야

돌로 알을 깨뜨리듯 쉽게 할 수 있는 것은 허실을 활용하기 때문이다"라고 했다.

④ 凡 戰者 以正合 以奇勝.
　　범　전자　이정합　이기승

따라서 전쟁이란 정병(正兵)으로 적과 대치하고 기병(奇兵)으로 승리하는 것이다.

⑤ 故 善出奇者 無窮如天地 不竭如江海.
　　고　선출기자　　무궁여천지　　불갈여강해

그런데 기를 잘 구사하는 장수는 천지와 같이 막힘이 없고, 강과 바다같이 마르지 않으니,

⑥ 終而復始 日月 是也 死而更生 四時 是也.
　　종이부시　　일월　시야　　사이갱생　　사시　시야

끝인가 하면 다시 시작되는 것이 해와 달 같고, 봄·여름·가을·겨울이 반복되는 것과 같다.

⑦ 聲不過五 五聲[48]之變 不可勝[49]聽也.
　　성불과오　　오성지변　　불가승청야

소리는 불과 다섯 가지에 지나지 않지만 그 변화는 다 들을 수 없으며,

⑧ 色不過五 五色[50]之變 不可勝觀也.
　　색불과오　　오색지변　　불가승관야

색깔은 다섯 가지에 불과하지만 그 변화는 다 볼 수 없고,

---

48 五聲: 궁(宮), 상(商), 각(角), 치(緻), 우(羽)의 다섯 음을 말한다.
49 勝: 여기서는 '남김없이'의 뜻으로 해석해야 한다.
50 五色: 청(靑), 황(黃), 적(赤), 흑(黑), 백(白)의 다섯 색을 말한다.

⑨ 味不過五 五味⁵¹之變 不可勝嘗也.
미불과오　오미지변　불가승상야

맛은 다섯 가지밖에 없지만 그 변화는 다 맛볼 수 없으며,

⑩ 戰勢 不過奇正 奇正之變 不可勝窮也.
전세　불과기정　기정지변　불가승궁야

전세는 기와 정에 불과하지만 그 변화는 다 헤아릴 수 없다.

⑪ 奇正相生 如循環之無端 孰能窮之哉.
기정상생　여순환지무단　숙능궁지재

기정은 서로 보완적이어서 마치 끝이 없는 고리와 같으니, 누가 다 헤아릴 수 있겠는가?

⑫ 激水之疾 至於漂石者 勢也 鷙鳥之疾 至於毀折⁵²者 節也.
격수지질　지어표석자　세야　지조지질　지어훼절자　절야

거세게 흐르는 물이 돌을 떠내려가게 하는 것이 세(勢)요, 큰 새가 빠르게 공격하여 작은 새의 뼈를 꺾어 버리는 것이 절(節)이다.

⑬ 是故 善戰者 其勢險 其節短 勢如彍弩⁵³ 節如發機.
시고　선전자　기세험　기절단　세여확노　절여발기

따라서 용병을 잘하는 장수는 세를 맹렬히 하고 절을 짧게 하니, 세는 당겨진 활과 같고, 절은 활을 쏘는 것과 같으며,

⑭ 紛紛紜紜 鬪亂而不可亂 渾渾沌沌 形圓⁵⁴而不可敗.
분분운운　투란이불가란　혼혼돈돈　형원이불가패

이런 장수가 지휘하는 부대는 얽혀서 혼란스럽게 싸우지만 패배시킬 수 없고, 뒤섞여 혼란스러워 진형을 갖추지 못하는 듯해도 패배시킬 수 없다.

---

51 五味: 단맛, 쓴맛, 신맛, 짠맛, 매운맛의 다섯 가지 맛을 말한다.

52 毀折: 낚아채면서 먹이를 꺾는다는 뜻이다.

53 彍弩: 노의 활줄을 당겨 놓은 상태와 같이 팽팽한 상태를 말한다.

54 形圓: 군의 진형이 둥근 것을 말하는데 이는 무질서한 진형을 말한다.

⑮ 亂生於治 怯生於勇 弱生於强.
　　란생어치　　겁생어용　　약생어강

혼란은 질서 속에서 나오고, 비겁함은 용기에서 나오며, 약함도 강함에서 나온다.

⑯ 治亂 數也 勇怯 勢也 强弱 形也.
　　치란　수야　용겁　세야　강약　형야

질서와 혼란은 수(數), 용기와 겁은 세(勢), 강하고 약함은 형(形)에 관한 것이다.

⑰ 故 善動敵者 形之 敵必從之 予之 敵必取之.
　고　선동적자　형지　적필종지　여지　적필취지

그러므로 적을 잘 조종하는 장수는 자신의 강·약점을 보여 주어 적이 반응하게 하고, 무엇을 주면 적이 반드시 취하려고 하게 된다.

⑱ 以利動之 以卒待之 故 善戰者 求之於勢 不責之於人.
　　이리동지　　이졸대지　고　선전자　구지어세　　불책지어인

이익으로 적을 움직여 준비된 병력으로 기습을 기다리는 것이다. 그러므로 싸움을 잘하는 자는 세에서 승리를 구하며, 부하에게 책임을 묻지 않는다.

⑲ 故 能擇人而任勢 任勢者 其戰人也 如轉木石.
　고　　능택인이임세　　임세자　기전인야　여전목석

그러므로 가파른 곳에 나무와 돌을 굴리면 잘 구르는 것처럼 부하를 선발하여 세를 만들면 잘 싸우게 되는 것과 같다.

⑳ 木石之性 安則靜 危則動 方則止 圓則行.
　. 목석지성　　안즉정　위즉동　방즉지　원즉행

나무와 돌의 본성이 평평한 곳에서는 움직이지 않고 가파른 데 두면 움직이며, 모나면 정지하고 둥글면 굴러가는 것이니,

㉑ 故 善戰人之勢 如轉圓石於千仞之山者 勢也.
　고　선전인지세　　여전원석어천인지산자　　세야

그러므로 용병을 잘하는 장수의 세는 마치 높고 가파른 산에서 둥근 돌을 굴리는 것과 같다.

寡: 적을 과	鬪: 싸움 투	受: 받을 수	奇: 기이할 기
碫: 숫돌 단	投: 던질 투	卵: 알 란	虛: 빌 허
實: 실할 실	窮: 다할 궁	竭: 다할 갈	終: 끝날 종
復: 다시 부	始: 처음 시	更: 다시 갱	聲: 소리 성
過: 지날 과	變: 변할 변	聽: 들을 청	觀: 볼 관
味: 맛 미	嘗: 맛볼 상	勢: 기세 세	循: 돌 순
環: 고리 환	端: 끝 단	哉: 어조사 재	激: 물결 부딪쳐 흐를 격
疾: 빠를 질	漂: 물에 떠서 흐를 표	鷙: 사나울 지	毁: 헐 훼
險: 험할 험	彍: 당길 확	弩: 쇠뇌 노	紛: 어지러울 분
紜: 어지러울 운	渾: 흐릴 혼	沌: 어두울 돈	擇: 가릴 택
任: 맡길 임	轉: 구를 전		

6. 虛實(허실)

① 孫子曰, 凡先處戰地, 而待敵者佚[55]. 後處戰地,
　　손자왈　　　범선처전지　　　이대적자일　　　후처전지

　　而趨戰者勞.
　　이추전자로

손자는 "전장에 먼저 도달하여 공격해 오는 적을 맞이하는 자는 편하고, 뒤늦게 도착하여 끌려드는 자는 힘들게 된다.

　　故善戰者, 致人[56]而不致於人.
　　고선전자　　　치인이불치어인

그러므로 용병을 잘하는 장수는 적을 조종하지 적에게 조종당하지 않는다"고 했다.

---

55 佚: '편안하다'의 뜻으로 육체와 마음의 여유가 있는 것을 말한다.
56 致人: 적의 주도권을 빼앗아 조종한다는 뜻이다.

② 能⁵⁷使敵人, 自至者, 利之也. 能使敵人, 不得至者, 害之也.
　　능사적인　　자지자　　이지야　　능사적인　　부득지자　　해지야

적이 공격하도록 하려면 이로움이 있다고 생각이 들게 해야 하며, 공격해 오지 못하게 하려면 해롭다는 생각이 들게 해야 한다.

③ 故敵佚能勞之, 飽能飢之, 安能動之.
　　고적일능로지　　포능기지　　안능동지

그러므로 적이 편하면 피로하게 하고, 적이 배부르면 배고프게 하며, 안정되어 있으면 동요시켜야 한다.

④ 出其所不趨, 趨其所不意, 行千里而不勞者,
　　출기소불추　　추기소불의　　행천리이불로자

行於無人之地也.
　행어무인지지야

적이 쫓아오지 못할 곳을 공격하고, 적이 예측하지 못한 곳을 공격하며 천 리를 진군해도 피로하지 않은 것은 배비가 없는 곳으로 진군하기 때문이다.

⑤ 攻而必取者, 攻其所不守也. 守而必固者, 守其所不攻也.
　　공이필취자　　공기소불수야　　수이필고자　　수기소불공야

공격이 성공하는 것은 지키지 않는 곳을 공격하기 때문이며, 방어가 성공하는 것은 적이 공격하지 못할 곳을 지키기 때문이다.

⑥ 故善攻者, 敵不知其所守. 善守者, 敵不知其所攻.
　　고선공자　　적부지기소수　　선수자　　적부지기소공

그러므로 공격을 잘하는 장수는 적이 어디를 지켜야 할지 모르게 하고, 잘 지키는 장수는 적이 어디를 공격해야 할지 모르게 해야 한다.

⑦ 微乎微乎, 至於無形. 神乎神乎, 至於無聲.
　　미호미호　　지어무형　　신호신호　　지어무성

故能爲敵之司命.
　고능위적지사명

---

57 能: 장숙유능(將孰有能)의 能처럼 상황의 변화에 적절히 대처하는 것을 말한다.

아무 형태가 없어 종잡을 수 없고, 신기함이 극치에 이르니 소리 없이 은밀하여야 적의 생사를 좌우할 수 있다.

⑧ 進而不可禦者, 衝其虛也. 退而不可追者, 速而不可及也.
　　진이불가어자　　　충기허야　　　퇴이불가추자　　　속이불가급야

나아가되 적이 막지 못하는 것은 적의 허점을 공격하기 때문이며, 물러가되 적이 쫓지 못하는 것은 너무 빨라서 적이 따라오지 못하기 때문이다.

⑨ 故我欲戰, 敵雖高壘深溝, 不得不與我戰者,
　　고아욕전　　　적수고루심구　　　부득불여아전자

　攻其所必救也.
　　공기소필구야

따라서 내가 싸우고자 하면 적이 비록 성루를 높게 쌓고 참호를 깊이 파고 지키다가도, 싸우게 되는 것은 그들이 반드시 지켜야 할 곳을 공격하기 때문이다.

⑩ 我不欲戰, 雖劃地而守之, 敵不得與我戰者, 乖其所之也.
　　아불욕전　　　수획지이수지　　　적부득여아전자　　　괴기소지야

내가 싸우지 않으려 하면 비록 땅에 선만 긋고 지킬지라도 적이 싸움을 걸지 못하는 것은 그 의도를 꺾어 버리기 때문이다.

⑪ 故形人[58]而我無形, 則我專而敵分.
　　고형인이아무형　　　즉아전이적분

그러므로 적의 강·약점은 드러나게 하고 나의 강·약점은 숨기며, 나는 집중하고 적은 분산시켜야 한다.

⑫ 我專爲一, 敵分爲十. 是以十攻其一也, 則我衆敵寡.
　　아전위일　　　적분위십　　　시이십공기일야　　　즉아중적과

나는 한곳으로 집중하고 적을 열로 분산하게 되면, 나의 열로써 적의 하나를 공격하니, 나는 우세하고 적은 열세하게 된다.

---

58 形人: 적의 형을 드러내는 것을 말한다.

⑬ 能以衆擊寡, 則吾之所與戰者 約矣.
　　능이중격과　　　즉오지소여전자　　　약의

우세한 군사력으로 약한 적을 치면, 싸움의 결과는 분명하다.

⑭ 吾所與戰之地, 不可知, 則敵所備者多. 敵所備者多,
　　오소여전지지　　　불가지　　　즉적소비자다　　　적소비자다

則吾所與戰者 寡矣.
　　즉오소여전자　　　과의

내가 싸우려 하는 곳을 적이 알지 못하면 적이 대비할 곳이 많아지고, 그렇게 되면
상대는 상대적으로 약하게 된다.

⑮ 故備前則後寡, 備後則前寡, 備左則右寡, 備右則左寡.
　　고비전즉후과　　　비후즉전과　　　비좌즉우과　　　비우즉좌과

따라서 앞을 대비하면 뒤가 약해지며 뒤를 대비하면 앞이 약해지고, 왼쪽을 대비하
면 오른쪽이 약해지며 오른쪽을 대비하면 왼쪽이 약해진다.

⑯ 無所不備, 則無所不寡. 寡者備人[59]者也,
　　무소불비　　　즉무소불과　　　과자비인자야

衆者使人備己者也.
　　중자사인비기자야

대비할 곳이 많으면 적의 약한 곳이 많아지고, 적의 병력은 적어지며, 그렇게 되면
상대적으로 나의 병력은 많아진다.

⑰ 故知戰之地, 知戰之日, 則可千里而會戰.
　　고지전지지　　　지전지일　　　즉가천리이회전

그러므로 싸울 장소와 시기를 알면, 천 리에 걸쳐 방어하고 있는 적과도 싸울 수
있다.

⑱ 不知戰地, 不知戰日, 則左不能救右, 右不能救左,
　　부지전지　　　부지전일　　　칙좌불능구우　　　우불능구좌

싸울 장소와 시기를 알지 못하면, 좌익과 우익이 서로 지원하지 못하며,

---

59 人: 나의 상대편, 적을 말한다.

前不能救後, 後不能救前, 而況遠者數十里, 近者數里乎.
전불능구후　　　　후불능구전　　　　이황원자수십리　　　　근자수리호

전위와 후위가 서로 지원하지 못하는데, 하물며 수십 리 또는 수 리(里)나 떨어져 있으면 어떻게 지원해 줄 수 있겠는가?

⑲ 以吾度之, 越人之兵雖多, 亦奚益於勝哉.
　　이오탁지　　　월인지병수다　　　역해익어승재

따라서 비록 월나라 병력이 많다고 해도 유리하다고 할 수는 없지 않은가?

⑳ 故曰, 勝可爲也, 敵雖衆, 可使無鬪.
　　고왈　　승가위야　　적수중　　가사무투

그러므로 승리를 만들 수 있으니, 비록 적이 많다 해도 싸울 수 없게 만들 수 있다.

㉑ 故策之而知得失之計, 作之而知動靜之理,
　　고책지이지득실지계　　　　작지이지동정지리

그러므로 피아의 강·약점을 파악하고, 적을 움직여 적의 대응을 파악하며,

形之而知死生之地, 角之而知有餘不足之處.
　형지이지사생지지　　　　각지이지유여부족지처

적의 형태를 판단하여 승리 또는 패배의 위치에 있는지 살피고, 적과 부딪쳐서 강하고 약한 지점을 살핀다.

㉒ 故形兵之極, 至於無形, 無形則深間[60]不能窺, 智者不能謀.
　　고형병지극　　　지어무형　　　무형즉심간불능규　　　지자불능모

용병에는 고정된 형태가 없어야 하며, 형태가 없으면 깊이 잠입한 간첩도 엿볼 수 없고, 지혜로운 자도 계책을 쓰지 못한다.

㉓ 因形而措勝於衆, 衆不能知.
　　인형이조승어중　　　중불능지

적의 강·약점에 따라 전쟁에서 승리하지만 사람들은 이를 모른다.

---

60 深間: 국내 깊숙이 들어온 간첩을 말하며 용간편에서 간첩의 종류를 설명하고 있다.

㉔ 人皆⁶¹知我所以勝之形, 而莫知吾所以制勝之形.
　　　인개지아소이승지형　　　　　　이막지오소이제승지형

사람들은 내가 승리한 결과는 알아도, 내가 승리의 여건을 조성한 내용은 알지 못한다.

㉕ 故其戰勝不復, 而應形於無窮.
　　고기전승불복　　　이응형어무궁

따라서 전승은 반복되지 않으며, 적과 나의 형세에 따라 군사력 운용은 무궁무진하다.

㉖ 夫兵形象⁶²水. 水之形, 避高而趨下. 兵之形, 避實而擊虛.
　　부병형상수　　　수지형　　　피고이추하　　　병지형　　　피실이격허

물이 높은 곳에서 낮은 곳으로 흘러가듯이, 군사력은 적의 강점을 피해 약점으로 집중되어야 한다.

㉗ 水因地而制流, 兵因敵而制勝.
　　수인지이제류　　　병인적이제승

물은 땅의 높고 낮음에 따라 흐름을 바꾸며, 군사력은 적의 강·약점에 따라 승리를 조성해 나가는 것이다.

㉘ 故兵無常勢, 水無常形, 能因敵變化而取勝者, 謂之神.
　　고병무상세　　　수무상형　　　능인적변화이취승자　　　위지신

그러므로 물에 고정된 형태가 없는 것처럼 군사력 운용도 마찬가지다. 적의 변화에 대응하여 승리하는 것을 신의 경지라고 한다.

㉙ 故五行無常勝, 四時無常位, 日有短長, 月有死生.
　　고오행무상승　　　사시무상위　　　일유단장　　　월유사생

오행의 각 요소들은 상호보완적인데, 사계절의 변화가 반복되고, 해도 길고 짧음이 있으며, 달도 차고 기울어짐이 있는 것과 같다.

61　人皆: 일반적인 사람을 말한다.
62　象: '~의 형상을 띠다'의 뜻이다.

處: 곳 처	趨: 달릴 추	致: 다스릴 치	飽: 배부를 포
飢: 주릴 기	衝: 찌를 충	固: 굳을 고	微: 작을 미
神: 귀신 신	禦: 막을 어	壘: 진 루	深: 깊을 심
溝: 도랑 구	救: 건질 구	劃: 그을 획	乖: 어그러질 괴
專: 오로지 전	約: 간략할 약	備: 갖출 비	里: 마을 리
會: 모일 회	況: 하물며 황	度: 법도 도	越: 넘을 월
雖: 비록 수	亦: 또 역	益: 더할 익	鬪: 싸울 투
策: 계책 책	靜: 고요할 정	角: 뿔 각	極: 다할 극
餘: 남을 여	處: 곳 처	深: 깊을 심	窺: 엿볼 규
措: 둘 조	皆: 다 개	應: 응할 응	窮: 다할 궁
象: 코끼리 상	避: 피할 피	擊: 부딪칠 격	流: 흐를 류
常: 항상 상	短: 짧을 단		

7. 軍爭(군쟁)

① 孫子曰, 凡用兵之法, 將受命於君, 合軍聚衆[63],
　　손자왈　　　범용병지법　　　장수명어군　　　합군취중

交和而舍[64].
교화이사

손자는 "용병은 장수가 군주로부터 명령을 받아 부대와 병력을 편성하여 적과 대치하는 것이며,

莫難於軍爭, 軍爭之難者, 以迂爲直, 以患爲利.
막난어군쟁　　　군쟁지난자　　　이우위직　　　이환위리

군쟁이 제일 어려운 것은 돌아가는 먼 길을 곧은 길처럼 진격하며, 우려하는 바를 이로운 것으로 만들어야 하기 때문이다"라고 했다.

---

63 聚衆: 백성들을 징집함을 말한다.
64 交和而舍: 적과 진영을 마주한다는 뜻이다.

② 故迂其途, 而誘之以利, 後人發, 先人至,
　　고우기도　　　이유지이리　　　후인발　　　선인지

　此知迂直之計者也.
　　차지우직지계자야

길을 돌아가면서 적에게 이로운 듯이 유인하여, 적보다 늦게 출발하고도 더 빨리 도착하는 것이니, 이를 우직지계라 한다.

③ 故軍爭爲利, 軍爭爲危.
　　고군쟁위리　　　군쟁위위

그러므로 군쟁을 잘하는 장수는 이롭고, 못하는 장수는 위태롭다.

④ 擧軍而爭利, 則不及, 委軍而爭利, 則輜重捐.
　　거군이쟁리　　　즉불급　　　위군이쟁리　　　즉치중연

전군을 이끌고 싸우려면 신속함이 떨어지고, 정예부대로만 싸우려면 보급이 어려워진다.

⑤ 是故, 捲甲[65]而趨, 日夜不處, 倍道兼行[66], 百里而爭利.
　　시고　　권갑이이　　　일야불처　　　배도겸행　　　백리이쟁리

따라서 갑옷을 벗어 버리고 밤낮으로 두 배의 거리를 강행군하여 백 리를 나가 싸우면 대부분의 장수가 사로잡힐 것이요,

　則擒三將軍[67], 勁者先, 疲者後, 其法 十一而至.
　　즉금삼장군　　　경자선　　　피자후　　　기법　　십일이지

굳센 장병만 먼저 가면 피로한 장병은 뒤에 처지니 전 병력의 10분의 1만 도달하게 된다.

⑥ 五十里而爭利, 則蹶上將軍, 其法半至, 三十里而爭利,
　　오십리이쟁리　　　즉궐상장군　　　기법반지　　　삼십리이쟁리

---

65 捲甲: 무거운 무장을 풀어 몸을 가벼이 한다는 뜻이다.
66 兼行: 낮과 밤을 겸하여 행군하는 것을 말한다.
67 三將軍: 상군, 중군, 하군을 지휘하는 장군을 통칭하는 말이다.

則三分之二至.
즉삼분지이지

그렇게 오십 리를 나가 싸우면 상장군을 잃고, 전 병력의 반만 도달하게 되고, 삼십 리를 나가 싸우면 전 병력의 3분의 2만이 도달할 것이다.

⑦ 是故, 軍無輜重則亡, 無糧食則亡, 無委積則亡.
　시고　　　군무치중즉망　　　　　무양식즉망　　　　　무위적즉망

따라서 군대를 지원하는 부대, 식량, 그리고 보급물자가 없으면 패배한다.

⑧ 故不知諸侯之謀者, 不能豫交, 不知山林險阻沮澤之形者,
　고부지제후지모자　　　　불능예교　　　　부지산림험조저택지형자

不能行軍.
불능행군

또한 주변국의 의도를 모르면 미리 외교관계를 가질 수 없고, 산림이나 험한 곳, 소택지 등 지형을 모르면 군을 배치하거나 숙영할 수 없으며,

不用鄉導[68]者, 不能得地利.
불용향도자　　　　　불능득지리

현지 안내자를 활용해야 지형의 이로움을 얻을 수 있다.

⑨ 故兵以詐立[69], 以利動, 以分合爲變者也.
　고병이사립　　　　　이리동　　　　이분합위변자야

따라서 군사행동은 속임수로써 여건을 조성하고 이로우면 움직이고 집중과 분산으로 변화를 만든다.

⑩ 故其疾如風, 其徐如林, 侵掠如火, 不動如山, 難知如陰.
　고기질여풍　　　기서여림　　　침략여화　　　부동여산　　　난지여음

그러므로 바람과 같이 빠르게 하고, 숲과 같이 느리게 하며, 침략은 불처럼 맹렬히 하고, 산처럼 무겁게 하며, 캄캄한 어둠처럼 알지 못하게 해야 한다.

---

68 鄉道: 지역의 길을 안내하는 자를 말한다.
69 以詐立: 전쟁은 적을 속임으로 시작된다.

動如雷震, 掠鄕分衆[70], 廓地分利[71], 懸權而動,
동여뇌진　　약향분중　　　곽지분리　　　　현권이동

先知迂直之計者勝, 此軍爭之 法也.
선지우직지계자승　　차군쟁지　　법야

움직임은 번개와 같이 하고, 전리품은 나누어 주며, 땅을 얻으면 이익을 나누고, 상황을 평가한 후에 움직이되 우직지계를 아는 자가 승리하니, 이것이 군쟁의 법칙이다.

⑪ 軍政曰, 言不相聞, 故 爲之金鼓. 視不相見 故 爲之旌旗.
　　군정왈　　언불상문　　고　　위지금고　　　시불상견　　고　　위지정기

군(軍)을 지휘하는 데 있어 말소리가 서로 들리지 않아 징과 북을 사용하고, 신호가 서로 보이지 않아 깃발을 사용한다.

⑫ 夫金鼓旌旗者, 所以一人之耳目也, 人旣專一,
　　부금고정기자　　　소이일인지이목야　　　인기전일

則勇者不得獨進.
즉용자부득독진

대체로 징, 북, 깃발 등은 사람들의 이목을 하나로 모으고, 병사들이 하나로 뭉쳐지면 용감한 자도 혼자만 나아갈 수는 없고,

怯者不得獨退, 此用衆之法也.
겁자부득독퇴　　　차용중지법야

비겁한 자도 혼자 물러서지 않으니, 이것이 대부대를 움직이는 방법이다.

⑬ 故夜戰多火鼓, 晝戰多旌旗, 所以變人之耳目也.
　　고야전다화고　　　주전다정기　　　소이변인지이목야

그러나 야간전투에는 횃불과 북소리를 쓰고, 주간전투에는 깃발을 쓰는 것은 적군의 귀와 눈을 현혹시키기 위한 것이다.

---

70 掠鄕分衆: 적의 고을을 점령한 뒤에는 아측에 동조하는 세력과 그렇지 않은 세력을 구분하여야 한다는 뜻이다.

71 廓地分利: 아군의 공로자에게 이익을 나누어 주는 논공행상을 의미하고 이는 승적이익강(작전편-⑯)과 연결된다.

⑭ 故三軍可奪氣, 將軍可奪心.
　　　고삼군가탈기　　　장군가탈심

적 부대의 기세를 빼앗고, 적장의 마음을 빼앗아야 한다.

⑮ 是故朝氣銳, 晝氣惰, 暮氣歸.
　　　시고조기예　　　주기타　　　모기귀

아침의 기세는 왕성하고 낮에는 약해지며 저녁에는 돌아가려는 심리가 크다.

⑯ 故善用兵者, 避其銳氣, 擊其惰歸, 此治氣者也.
　　　고선용병자　　　피기예기　　　격기타귀　　　차치기자야

따라서 용병을 잘하는 장수는 적의 왕성한 기세는 피하고, 해이해지고 돌아가고 싶은 심리를 치는 것인데 이것이 적의 사기를 다스리는 것이다.

⑰ 以治待亂, 以靜待譁, 此治心者也.
　　　이치대란　　　이정대화　　　차치심자야

정돈된 상태로 혼란한 적을 맞이하고 조용한 상태로 소란한 적을 맞이하는 것은 적장의 심리를 다스리는 것이다.

⑱ 以近待遠, 以佚待勞, 以飽待飢, 此治力者也.
　　　이근대원　　　이일대로　　　이포대기　　　차치력자야

가까이서 먼 곳에서 오는 적을 맞이하고, 나는 편안하되 지친 적을 맞이하며, 나는 배부르되 굶주린 적을 맞이하는 것은 적의 힘을 다스리는 것이다.

⑲ 無邀正正之旗[72], 勿擊堂堂之陣[73], 此治變者也.
　　　무요정정지기　　　물격당당지진　　　차치변자야

깃발이 정연한 적과 싸우지 않고, 진영이 당당한 적을 공격하지 않는 것은 변화를 다스리는 것이다.

⑳ 故用兵之法, 高陵勿向, 背丘勿逆, 佯北勿從, 銳卒勿攻,
　　　고용병지법　　　고릉물향　　　배구물역　　　양배물종　　　예졸물공

---

72 正正之旗: 군기가 엄정한 모습을 말한다.
73 當當之陣: 적의 진이 위용이 넘치는 것을 말한다.

그러므로 용병을 할 때는 높은 구릉의 적진을 공격하지 말고, 언덕을 등진 적을 공격하지 말고, 거짓 패주하는 적을 추격하지 말며, 정예 병력을 공격하지 말고,

餌兵勿食, 歸師勿遏, 圍師必闕, 窮寇勿迫, 此用兵之法也.
이병물식　　　귀사물알　　　위사필궐　　　궁구물박　　　차용병지법야

미끼 병력을 잡으려 하지 말며, 철수하는 적 부대를 막지 말고, 포위 시에는 틈을 내주며, 궁지에 처한 적은 공격하지 말아야 한다.

聚: 모일 취	舍: 집 사	莫: 아닐 막	難: 어려울 난
迂: 멀 우	患: 근심 환	途: 길 도	誘: 꾈 유
發: 쏠 발	危: 위태할 위	擧: 들 거	及: 미칠 급
委: 맡길 위	輜: 짐수레 치	捐: 버릴 연	捲: 말 권
移: 옮길 이	兼: 겸할 겸	擒: 사로잡을 금	勁: 굳셀 경
疲: 지칠 피	蹶: 넘어질 궐	糧: 양식 량	積: 쌓을 적
侯: 제후 후	豫: 미리 예	險: 험할 험	澤: 못 택
導: 이끌 도	詐: 속일 사	動: 움직일 동	疾: 빠를 질
徐: 천천히 할 서	侵: 침노할 침	掠: 노략질할 략	雷: 우레 뢰
震: 벼락 진	廓: 둘레 곽	懸: 매달 현	政: 정사 정
鼓: 북 고	視: 볼 시	旌: 기 정	旗: 기 기
旣: 이미 기	獨: 홀로 독	晝: 낮 주	奪: 빼앗을 탈
銳: 날카로울 예	暮: 저물 모	歸: 돌아갈 귀	避: 피할 피
惰: 게으를 타	譁: 시끄러울 화	飽: 배부를 포	飢: 주릴 기
邀: 맞을 요	堂: 당당할 당	陵: 큰 언덕 릉	背: 등 배
丘: 언덕 구	逆: 거스를 역	佯: 거짓 양	從: 쫓을 종
餌: 먹이 이	遏: 막을 알	闕: 대궐 궐	寇: 도둑 구

8. 九變(구변)

① **孫子曰, 凡用兵之法, 將受命於君, 合軍聚衆.**
손자왈　　　범용병지법　　　장수명어군　　　합군취중

손자는 "장수가 군주의 명령을 받고 백성을 징집하여 군대를 편성한 후,

② 圮地無舍, 衢地合交, 絶地無留, 圍地則謀, 死地則戰.
　　비지무사　　　구지합교　　　절지무류　　　위지즉모　　　사지즉전

비지에서는 숙영하지 말고, 구지에서는 주변 강국과 외교관계를 맺으며, 절지에서
는 머물지 말고, 위지에서는 계략을 쓰며, 사지에서는 싸워야 한다"고 했다.

③ 途有所不由, 軍有所不擊, 城有所不攻, 地有所不爭,
　　도유소불유　　　군유소불격　　　성유소불공　　　지유소불쟁

君命有所不受.
군명유소불수

가서는 안 될 길이 있고, 공격하지 말아야 할 적군이 있으며, 공격해서는 안 될 요새
가 있고, 탈취해서는 안 될 지형이 있으며, 군주의 명령도 따르지 말아야 할 경우가
있다.

④ 故將通於九變之利者, 知用兵矣.
　　고장통어구변지리자　　　　지용병의

그러므로 장수는 다양한 상황 변화의 이점에 통달하여 용병에 능해야 한다.

⑤ 將不通於九變之利者, 雖知地形, 不能得地之利矣.
　　장불통어구변지리자　　　수지지형　　　불능득지지리의

그렇지 못한 장수는 비록 지형을 안다 해도 지리적 이점을 얻을 수 없다.

⑥ 治兵 不知九變之術, 雖知五利[74], 不能得人之用矣.
　치병　　부지구변지술　　　수지오리　　　불능득인지용의

부대를 지휘하면서 다양한 상황의 변화를 알고 다섯 가지 이점을 안다 해도 용병을
완전히 체득한 것은 아니다.

⑦ 是故智者之慮, 必雜於利害, 雜於利而務可信也,
　　시고지자지려　　　필잡어리해　　　잡어리이무가신야

雜於害而患可解也.
잡어해이환가해야

---

74 五利: 이와 반대되는 사례가 뒤에 있는 장유오위(將有五危)의 오위라고 보는
것이 타당하다.

따라서 지혜로운 장수는 전쟁을 할 때 이익과 손실을 동시에 고려해야 한다. 유리한 상황에서 불리한 점을 생각하여 확신을 가질 수 있고, 불리한 상황에서 유리한 점을 생각하여 위기를 모면할 수 있어야 한다.

⑧ 是故屈諸侯者以害, 役諸侯者以業, 趨諸侯者以利.
　　시고굴제후자이해　　　　역제후자이업　　　　추제후자이리

제후들을 굴복시키려면 그들이 가장 두려워하는 일로 위협하고, 제후들이 아군을 돕게 하려면 위험한 일에 끌어들여 서로에게 이익이 되게끔 하며, 제후들이 쫓아오도록 하려면 이익을 주어 유인해야 한다.

⑨ 故用兵之法, 無恃其不來, 恃吾有以待也, 無恃其不攻,
　　고용병지법　　　　무시기불래　　　　시오유이대야　　　　무시기불공

恃吾有所不可攻也.
　　시오유소불가공야

용병의 원칙은 적군이 쳐들어오지 않으리라고 믿지 말고 대적할 수 있는 준비를 갖춘 자신을 믿어야 하며, 적군이 공격하지 않으리라 믿지 말고 공격해 오지 못하도록 방어태세를 갖춘 자신을 믿어야 하는 것이다.

⑩ 故將有五危[75], 必死可殺, 必生可虜, 忿速可侮, 廉潔可辱,
　　고장유오위　　　　필사가살　　　　필생가로　　　　분속가모　　　　염결가욕

愛民可煩也.
　　애민가번야

장수의 다섯 가지 위험은 지략이 없어 필사적으로 싸우기만 하면 적에게 살해되고, 죽음을 두려워하면 적에게 사로잡힐 수 있다는 것이다. 그리고 성미가 급해서 화를 잘 내면 적에게 우롱을 당하고, 청렴결백하고 자존심이 지나치면 적에게 모욕을 당한다는 것이다. 또한 백성을 너무 사랑하면 번민에 빠지는 것이다.

---

75 五危: 시계편의 장수가 갖추어야 할 다섯 가지 자질과 대비되는 것이다. 이는 지휘에 있어서도 일반적인 원칙을 알되, 상황에 따라 부합되게 사용할 줄 알아야 한다고 강조하고 있다.

⑪ 凡此五者, 將之過也, 用兵之災也. 覆軍殺將, 必以五危,
　　범차오자　　장지과야　　용병지재야　　복군살장　　필이오위

不可不察也.
불가불찰야

이 다섯 가지는 장수의 허물이며 용병에 위험을 가져온다. 군대가 뿌리째 뒤엎어지
고 장수마저 피살되는 것은 이 다섯 가지의 치명적인 약점 때문이니, 장수는 이를 신
중하게 살펴야 한다.

聚: 모일 취	圮: 쓸 비	衢: 네거리 구	絶: 끊을 절
留: 머무를 류	途: 길 도	通: 통할 통	雖: 비록 수
慮: 생각할 려	雜: 섞일 잡	務: 일 무	患: 근심 환
解: 풀 해	屈: 굽을 굴	害: 해칠 해	役: 부릴 역
趨: 달릴 추	諸: 모든 제	恃: 믿을 시	殺: 죽일 살
虜: 포로 로	忿: 성낼 분	侮: 업신여길 모	廉: 청렴할 렴
潔: 깨끗할 결	辱: 욕되게 할 욕	煩: 괴로워할 번	過: 지날 과
災: 재앙 재	覆: 뒤집힐 복		

9. 行軍(행군)

① 孫子曰 凡 處軍相敵, 絶[76]山依谷, 視生處高 戰隆無登,
　　손자왈　　범　　처군상적　　절산의곡　　시생처고　　전융무등

此處山之軍也.
차처산지군야

손자는 "적과 대치하여 산을 넘어갈 때는 계곡을 이용하고, 탁 트인 높은 곳에 위치
하고, 높은 곳의 적을 공격하지 않는 것이 산악 전투 요령이고,

---

76 絶: 여기서는 '건너다'의 뜻이다.

② 絶水必遠水, 客[77]絶水而來, 勿迎之於水內,
절수필원수　　　　객절수이래　　　　물영지어수내

令半濟而擊之利.
영반제이격지리

강을 건넌 후에는 반드시 물에서 멀리 떨어지고, 적이 강을 건너오면 물 가운데서 맞아 싸우지 말고, 반쯤 건너게 하여 공격하면 유리하며,

③ 欲戰者, 無附水而迎客, 視生處高, 無迎水流,
욕전자　　　무부수이영객　　　시생처고　　　무영수류

此處水上之軍也.
차처수상지군야

싸우고자 할 때는 물가에서 기다리지 말고, 높은 곳에 위치하며, 물을 거슬러 올라가면서 적을 공격하지 않는 것이 하천 전투의 요령이다.

④ 絶斥澤[78], 惟亟去無留, 若交軍於斥澤之中,
절척택　　　　유극거무류　　　약교군어척택지중

必依水草而背衆樹 此處斥澤 之軍也.
필의수초이배중수　　　차처척택　　지군야

소택지는 빨리 지나 머물지 말며, 소택지에서 전투를 하게 되면, 반드시 수초가 있는 곳에 숲을 등지고 싸우는 것이 소택지 전투 요령이며,

⑤ 平陸處易, 右背高, 前死後生, 此處平陸之軍也.
평륙처이　　　우배고　　　전사후생　　　차처평륙지군야

평지에서는 이동이 편하고 오른쪽 뒤편에 고지를 두며, 앞에는 적의 공격이 어려운 곳과 뒤에는 아군의 작전이 유리한 지역을 택하는 것이 평지 전투 요령이다"라고 했다.

⑥ 凡此四軍之利, 黃帝之所以勝四帝也.
범차사군지리　　　　황제지소이승사제야

이 네 가지의 이로움은 황제가 모든 왕들을 이기는 것과 같은 것이다.

---

77 客: 공격해 오는 적의 군대를 말한다.
78 斥澤: 늪과 못가를 말한다.

⑦ 凡軍 好高而惡下, 貴陽⁷⁹而賤陰.
범군　　호고이오하　　　귀양이천음

군대가 주둔할 때는 높은 곳으로 하며 낮은 곳을 피하고, 양지를 택하고 음지는 피해야 한다.

⑧ 養生而處實, 軍無百疾, 是謂必勝.
양생이처실　　　군무백질　　　시위필승

병사들을 잘 먹여 생기를 돋우고 몸을 튼튼히 하면 필승의 군대가 된다.

⑨ 丘陵堤防, 必處其陽, 而右背之, 此兵之利也, 地之助也.
구릉제방　　　필처기양　　　이우배지　　　차병지리야　　　지지조야

구릉과 제방에서는 양지에 진을 치되 오른쪽 뒤편에 언덕을 둔다. 그래야 용병에 이익이 되고 지형의 이점을 활용할 수 있다.

⑩ 上雨水沫至, 欲涉者, 待其定也.
상우수말지　　　욕섭자　　　대기정야

비가 와서 상류에서 물거품이 떠내려오면 물살이 잠잠해질 때까지 기다려 건너야 한다.

⑪ 凡地有, 絶澗⁸⁰, 天井, 天牢, 天羅, 天陷, 天隙, 必亟去之,
범지유　　　절간　　천정　　천뢰　　천라　　천함　　천극　　필극거지

勿近也.
물근야

깊은 계곡, 움푹 꺼진 곳, 사방이 막힌 곳, 초목이 울창한 곳, 함몰된 곳, 산 사이가 좁고 장애물이 많은 지형은 빨리 지나가야 하고, 가까이 있어서는 안 된다.

⑫ 吾遠之 敵近之, 吾迎之 敵背之.
오원지　　적근지　　오영지　　적배지

아군이 이런 지형을 멀리하면 적이 가까이 있게 되고, 아군이 이런 지형을 앞에 두면 적은 등지게 된다.

---

79 陽: 동쪽과 남쪽 방향을 말하고 陰은 서쪽과 북쪽을 말한다.
80 絶澗: 높은 절벽 사이의 골짜기를 말한다.

⑬ 軍旁 有險阻, 潢井, 林木, 蒹葭, 翳薈者, 必謹覆索之,
군방 유험조 황정 림목 겸가 예회자 필근복색지

此伏姦⁸¹之所也.
차복간지소야

주둔지 근처의 험한 곳, 연못, 수풀, 갈대 숲, 가시덤불 지역은 적의 첩자가 숨어 있는 곳이니 철저히 수색해야 한다.

⑭ 敵近而靜者, 恃其險也, 遠而挑戰者, 欲人之進也,
적근이정자 시기험야 원이도전자 욕인지진야

其所居易者, 利也.
기소거이자 리야

가까이 있는 적이 조용한 것은 지형이 험한 것을 믿는 것이고, 멀리 있으면서도 공격해 오는 것은 아군을 유인하려는 것이며, 적이 평탄한 곳에 머무르는 것은 이점이 있기 때문이다.

⑮ 衆樹動者, 來也, 衆草多障者, 疑也.
중수동자 래야 중초다장자 의야

많은 나무들이 움직이는 것은 적이 공격해 오는 것이고, 풀을 묶어 걸리는 것이 많게 한 것은 의심을 갖게 하려는 것이다.

⑯ 鳥起者, 伏也, 獸駭者, 覆也.
조기자 복야 수해자 복야

새가 날아오르는 것은 복병이 있는 것이요, 짐승이 놀라 달아나는 것은 수색을 하고 있는 것이다.

⑰ 塵高而銳者, 車來也, 卑而廣者, 徒⁸²來也.
진고이예자 차래야 비이광자 도래야

먼지가 높고 빠르게 솟아오르는 것은 적의 전차대가 공격하는 것이고, 먼지가 낮고 넓게 깔리는 것은 보병부대가 오고 있는 것이다.

---

81 姦: '도적 간'으로 쓰이나 여기서는 간첩의 의미로 해석해야 한다.
82 徒: 걸어다니는 보병을 의미한다.

⑱ 散而條達者, 樵採也, 少而往來者, 營軍也.
　　산이조달자　　초채야　　소이왕래자　　영군야

먼지가 여러 곳에서 가늘게 일어나는 것은 땔나무를 준비하는 것이고, 병사들이 소규모로 왔다 갔다 하는 것은 숙영 준비를 하는 것이다.

⑲ 辭卑而益備者, 進也, 辭强而進驅者, 退也.
　　사비이익비자　　진야　　사강이진구자　　퇴야

사신이 공손하게 말하며 적 부대가 많은 준비를 하는 것은 공격하려는 것이고, 사신의 말도 강경하고 적 부대도 공격하려는 것은 물러가려는 징후다.

⑳ 輕車[83], 先出居其側者, 陳也, 無約而請和者, 謀也.
　　경거　　　선출거기측자　　진야　　무약이청화자　　모야

경전차가 먼저 나와 양측에 서는 것은 진형을 갖추려는 것이고, 아무런 조건도 없이 강화를 청하는 것은 모략이 있는 것이다.

㉑ 奔走而陳兵車者, 期也, 半進半退者, 誘也.
　　분주이진병차자　　기야　　반진반퇴자　　유야

분주히 뛰어다니며 병력과 전차를 배치하는 것은 전투를 시작하려는 것이고, 전진과 후퇴를 반복하는 것은 아군을 유인하려는 것이다.

㉒ 倚仗而立者, 飢也, 汲而先飮者, 渴也, 見利而不進者,
　　의장이립자　　기야　　급이선음자　　갈야　　견리이불진자

勞也.
노야

지팡이에 기대어 서 있는 것은 굶주린 것이고, 물을 길어 먼저 마시는 것은 목마르다는 것이며, 이로움을 보고도 진격하지 않는 것은 피로하다는 것이다.

㉓ 鳥集者, 虛也, 夜呼者, 恐也.
　　조집자　　허야　　야호자　　공야

새들이 날아와 모이는 것은 그곳이 비어 있음이고, 병사들이 밤에 소리를 지르는 것은 겁먹은 것이다.

83　輕車: 전투용 수레를 말한다.

㉔ 軍擾者, 將不重也, 旌旗動者, 亂也, 吏⁸⁴怒者, 倦也.
군요자　　　　장불중야　　　정기동자　　　란야　　　리노자　　권야

군이 어지러운 것은 장수의 위엄이 없는 것이고, 깃발이 질서 없이 움직이는 것은 부대가 혼란한 것이며, 장교들이 성내는 것은 병사들이 게으르다는 것이다.

㉕ 殺馬肉食者, 軍無糧也, 懸瓿⁸⁵不返其舍者, 窮寇也.
살마육식자　　　군무량야　　　현부불반기사자　　　궁구야

말을 잡아 고기를 먹는 것은 군량이 없는 것이고, 그릇을 걸어 두고 막사에 되돌아가지 않는 것은 궁지에 처해 죽음을 각오하고 싸우려는 것이다.

㉖ 諄諄翕翕, 徐與人言者, 失衆也, 數⁸⁶賞者, 窘也.
순순흡흡　　　서여인언자　　　실중야　　　삭상자　　군야

장수가 장황하고 간곡하게 얘기하는 것은 병사들의 신망을 잃은 것이고, 빈번하게 상을 주는 것은 궁색하다는 것이다.

㉗ 數罰者, 困也, 先暴而後畏其衆者, 不精之至也.
삭벌자　　곤야　　　선폭이후외기중자　　　부정지지야

자주 벌을 주는 것은 통제하기가 어려워졌음이고, 난폭하게 한 후에 부하들을 겁내는 것은 군기가 완전히 무너진 것이다.

㉘ 來委謝者, 欲休息也, 兵怒而相迎, 久而不合, 又不相去,
래위사자　　　욕휴식야　　　병노이상영　　　구이부합　　　우불상거

必謹察之.
필근찰지

사신이 거짓 사과하는 것은 휴식을 원하는 것이며, 적군이 진격하여 대치하고 오랫동안 공격도, 철수도 하지 않거든 그 의도를 깊이 살펴야 한다.

---

84 吏: 춘추시대 중국의 군대에서는 장교를 지칭하는 말이었다.

85 懸瓿: '솥단지를 내걸다'의 뜻이다.

86 數: '셀 수'로 읽히나 '여러 차례'의 의미로 쓸 때는 '삭'으로 읽는다.

㉙ 兵非貴益多, 雖無武進⁸⁷, 足以幷力⁸⁸料敵, 取人而已.
　병비귀익다　　　　수무무진　　　　　족이병력요적　　　취인이이

병력이 많다고 해서 좋은 것은 아니며, 용기만을 믿고 경솔히 진격지 말고, 힘을 합하고 적을 잘 헤아려 승리해야 한다.

㉚ 夫 唯無慮而易敵者, 必擒於人.
　부　유무려이이적자　　　필금어인

깊은 생각 없이 적을 가벼이 보거나 얕잡아 보는 자는 적에게 패배하여 오히려 사로잡히게 된다.

㉛ 卒未親附而罰之, 則不服, 不服則難用.
　졸미친부이벌지　　　즉불복　　　불복즉난용

부하들과 친숙해지기도 전에 벌을 주면 복종하지 않으며, 부리기 어렵다.

㉜ 卒已親附而罰不行, 則不可用也.
　졸이친부이벌불행　　　즉불가용야

부하들과 친숙해졌는데도 벌이 엄정하지 않으면, 그 역시 부릴 수 없다.

㉝ 故令之以文⁸⁹, 齊之以武⁹⁰, 是謂必取.
　고령지이문　　　제지이무　　　시위필취

따라서 지휘를 할 때는 덕으로 하고, 부하를 통솔할 때는 엄격해야 승리할 수 있다.

㉞ 令⁹¹素行, 以敎其民, 則民服, 令不素行, 以敎其民,
　령소행　　　이교기민　　　즉민복　　　령부소행　　　이교기민

則民不服.
즉민부복

평소부터 명령이 잘 지켜질 때 병사를 훈계하면 복종하지만, 그렇지 않을 때에 훈계

87　武進: 무용(武勇)을 믿고 함부로 진격하는 것을 말한다.
88　幷力: 힘을 합치는 것을 말한다.
89　文: 합리적인 타이름을 의미한다.
90　武: 강압적인 제재 수단을 의미한다.
91　令: 부하를 선도하는 것을 말한다.

하면 복종하지 않는다.

令素行者, 與衆相得也.
령소행자   여중상득야

장병들이 평소에 명령을 잘 지키는 것은 부대원 모두에게 이득이 된다.

依: 의지할 의	視: 볼 시	隆: 클 융	登: 오를 등
迎: 맞이할 영	濟: 건널 제	附: 붙을 부	流: 흐를 류
澤: 못 택	惟: 생각할 유	亟: 빠를 극	留: 머무를 류
斥: 물리칠 척	樹: 나무 수	陸: 땅 륙	易: 쉬울 이
背: 등 배	黃: 누를 황	惡: 악할 악	貴: 귀할 귀
賤: 천할 천	養: 기를 양	實: 실할 실	謂: 이를 위
堤: 제방 제	助: 도울 조	沫: 거품 말	涉: 건널 섭
澗: 계곡의 시내 간	牢: 우레 뢰	羅: 새그물 라	陷: 빠질 함
隙: 틈 극	旁: 모 방	阻: 험할 조	潢: 웅덩이 황
蒹: 갈대 겸	葭: 갈대 가	翳: 일산 예	薈: 무성할 회
覆: 뒤집힐 복	伏: 엎드릴 복	姦: 간사할 간	挑: 휠 도
居: 있을 거	樹: 나무 수	障: 막을 장	駭: 놀랄 해
塵: 티끌 진	卑: 낮을 비	徒: 걸어다닐 도	樵: 땔나무 초
採: 캘 채	營: 경영할 영	辭: 말씀 사	驅: 몰 구
輕: 가벼울 경	請: 청할 청	奔: 분주할 분	誘: 꾈 유
倚: 의지할 의	杖: 지팡이 장	汲: 물 길을 급	飲: 마실 음
渴: 목마를 갈	集: 모일 집	恐: 두려울 공	擾: 어지러울 요
怒: 성낼 노	倦: 게으를 권	懸: 매달 현	返: 돌아올 반
寇: 도둑 구	缻: 단지 부	諄: 타이를 순	翕: 합할 흡
失: 잃을 실	窘: 막힐 군	罰: 죄 벌	暴: 사나울 폭
謝: 사례할 사	休: 쉴 휴	息: 숨쉴 식	謹: 삼갈 근
武: 굳셀 무	併: 아우를 병	料: 헤아릴 료	唯: 오직 유
慮: 생각할 려	擒: 사로잡을 금	服: 복종할 복	齊: 가지런할 제
素: 바탕 소	敎: 가르칠 교		

10. 地形(지형)

① 孫子曰, 地形有通者, 有掛者, 有支⁹²者, 有隘⁹³者, 有險者,
　손자왈　　　지형유통자　　유괘자　　유지자　　유애자　　　유험자

有遠者.
유원자

손자는 "지형에는 통형, 괘형, 지형, 애형, 험형, 원형이 있다"고 했다.

② 我可以往, 彼可以來, 曰 通, 通形者, 先居高陽,
　아가이왕　　피가이래　　왈　통　통형자　　선거고양

利糧道以戰, 則利.
이량도이전　　즉리

나도 갈 수 있고 적도 올 수 있는 곳은 통형인데 먼저 높고 양지바른 곳을 차지하고,
식량의 보급로를 확보하여 싸우면 유리한 지형이다.

③ 可以往, 難以返, 曰 掛, 掛形者, 敵無備, 出而勝之.
　가이왕　　난이반　　왈 괘　괘형자　　적무비　　출이승지

가기는 쉬워도 돌아오기는 어려운 곳은 괘형인데 적의 방비가 허술할 때 나가서 싸
우면 이길 수 있지만,

敵若有備, 出而不勝, 難以返, 不利.
적약유비　　　출이불승　　난이반　　불리

반대로 적의 방비가 강할 때 나가서 싸우면 이기지 못할 뿐 아니라 돌아오기도 어려
워 불리한 지형이다.

④ 我出而不利, 彼出而不利, 曰 支, 支形者, 敵雖利我,
　아출이불리　　　피출이불리　　왈 지　지형자　　적수리아

我無出也.
아무출야

---

92 支: 초목의 가지에서 연유한 것으로 지형은 장애물이 많은 지형을 말한다.
93 隘: 좁고 막힌 곳을 뜻하며 입구가 좁은 병목 현상이 일어나는 지형을 말한다.

지형(支形)은 피아가 나가면 불리한 지형인데 적이 비록 이익으로 유인해도 진격해서는 안 되고,

引而去之, 令敵半出而擊之 利.
인이거지　　　영적반출이격지　　　리

후퇴하여 적이 반쯤 진출했을 때 공격하면 유리한 지형이다.

⑤ 隘形者, 我先居之, 必盈⁹⁴之以待敵.
애형자　　아선거지　　필영지이대적

애형에서는 아군이 먼저 점령하고 태세를 갖추어 적의 공격을 기다려야 한다.

若敵 先居之, 盈而勿從, 不盈而從之.
약적　선거지　　영이물종　　불영이종지

만약 적이 먼저 이곳을 점령하고 적군의 태세가 충실하면 싸우지 말고, 그 태세가 허술하면 공격해야 한다.

⑥ 險形者, 我先居之, 必居高陽以待敵, 若敵先居之,
험형자　　아선거지　　필거고양이대적　　약적선거지

引而去之, 勿從也.
인이거지　물종야

험형에서는 아군이 먼저 양지바른 쪽을 차지하여 적을 기다리고, 반대로 적이 먼저 점령했으면 철수하고 공격하지 말아야 한다.

⑦ 遠形⁹⁵者, 勢均, 難以挑戰, 戰而不利.
원형자　　세균　　난이도전　　전이불리

원형에서는 이해득실이 같으므로 싸우기가 어려우니 먼저 싸우면 불리하다.

⑧ 凡此六者, 地之道也, 將之至任, 不可不察也.
범차육자　　지지도야　　장지지임　　불가불찰야

이 여섯 가지는 지리(地利)의 원칙이며, 장수는 그 이점을 고려하여 적절히 지형을

---

94 盈: 여기서는 병목을 이루는 애로의 좌우에 병력을 배치한다는 것을 말한다.
95 遠形: 서로의 위치에서 멀리 떨어진 지역을 말한다.

활용하는 것이 중요하니 신중해야 한다.

⑨ 故兵有走者, 有弛者, 有陷者, 有崩者, 有亂者, 有北者.
　　고병유주자　　유이자　　유함자　　유붕자　　유란자　　유배자

군에는 주병, 이병, 함병, 붕병, 난병, 배병이 있는데,

凡此六者, 非天地之災, 將之過也.
범차육자　　　비천지지재　　　장지과야

천지의 재앙이 아니라 장수가 무능해서 생기는 것이다.

⑩ 夫勢均, 以一擊十, 曰走. 卒強吏弱, 曰弛. 吏強卒弱, 曰陷.
　　부세균　　이일격십　　왈주　　졸강리약　　왈이　　리강졸약　　왈함

피아 지형의 이점은 비슷한데도 1의 병력으로 10의 병력을 공격한다면 이는 싸우기
도 전에 달아날 수밖에 없으니 주병이라 한다. 병사들은 강한데 장수가 약하면 군대
가 해이해지니 이병이라 한다. 장수가 강한데 병사들이 약하면 그 지휘를 감당하지
못하는 군대는 함병이다.

⑪ 大吏⁹⁶怒而不服, 遇敵懟而自戰, 將不知其能, 曰崩.
　　대리노이불복　　　　우적대이자전　　　장부지기능　　왈붕

간부가 성을 내며 장수에게 복종하지 않고, 적을 만나면 원망하면서 참지 못하고 제
멋대로 싸우며, 장수가 이 잘못을 모르면 붕병이라 한다.

⑫ 將弱不嚴, 敎道不明, 吏卒無常, 陳兵縱橫, 曰亂.
　　장약불엄　　교도불명　　리졸무상　　진병종횡　　왈란

장수가 약하여 위엄이 없고, 교육훈련이 약하며, 장교와 병사 간 질서가 없고, 전투
배치가 혼란하면 난병이라 한다.

⑬ 將不能料敵, 以少合衆, 以弱擊強, 兵無選鋒⁹⁷, 曰北.
　　장불능료적　　이소합중　　이약격강　　병무선봉　　왈배

---

96 大吏: 춘추시대에는 관리가 전시에 장교의 역할을 맡게 되므로 대리는 고급
장교를 말한다.

97 選鋒: 전투에 미리 나가 기세를 돋우거나 어려운 임무를 수행하는 정예부대
를 말한다.

장수가 적의 역량을 알지 못하여 적은 병력으로 많은 적과 싸우고, 약한 병력으로 강한 적을 공격하며, 군대 내에서 선발된 정예부대가 없는 군대를 배병이라 한다.

⑭ 凡此六者, 敗之道也, 將之至任, 不可不察也.
　　범차육자　　　패지도야　　　장지지임　　　불가불찰야

이 여섯 가지는 패배하는 군대이므로 장수는 신중히 살펴야 한다.

⑮ 夫地形者, 兵⁹⁸之助也. 料敵制勝, 計險阨遠近,
　　부지형자　　　병지조야　　　료적제승　　　계험애원근

上將之道也.
상장지도야

지형은 용병을 돕는 것이니, 적의 정세를 헤아려 승리를 얻는 것과, 험하고 좁음, 멀고 가까움을 헤아리는 것은 장수의 용병법이다.

知此而用戰者, 必勝. 不知此而用戰者必敗.
지차이용전자　　　필승　　　부지차이용전자필패

이것을 알고 싸우면 반드시 이기고 모르면 반드시 패배한다.

⑯ 故戰道必勝, 主曰無戰, 必戰可也. 戰道⁹⁹不勝, 主曰必戰,
　　고전도필승　　　주왈무전　　　필전가야　　　전도불승　　　주왈필전

無戰可也.
무전가야

전쟁의 원칙을 고려하여 이길 수 있다고 한다면 비록 군주가 싸우지 말라고 해도 싸워야 하며, 그렇지 않으면 군주가 싸우라 해도 싸우지 말아야 한다.

⑰ 故進不求名, 退不避罪, 唯民是保而利於主, 國之寶也.
　　고진불구명　　　퇴불피죄　　　유민시보이리어주　　　국지보야

장수가 진격하는 것은 자신의 명예를 위한 것이 아니며, 후퇴하는 것도 벌을 피하려는 것이 아니며, 오직 백성을 보호하고 군주를 이롭게 하려는 것이니, 이런 장수는 나라의 보배다.

---

98 兵: '용병'의 의미로 사용되었다.
99 戰道: 전쟁의 원칙을 말한다.

⑱ 視卒如嬰兒, 故 可與之赴深谿, 視卒如愛子故,
　　시졸여영아　　고　　가여지부심계　　　시졸여애자고

　可與之俱死.
　　가여지구사

병사를 어린아이같이 돌보면 병사들은 깊고 험한 골짜기까지라도 함께 들어가며,
병사를 사랑하는 자식처럼 대하면 병사들은 함께 죽기를 각오하고 싸울 것이다.

⑲ 愛而不能令, 厚而不能使, 亂而不能治, 譬如驕子,
　　애이불능령　　　　후이불능사　　　　난이불능치　　　　비여교자

　不可用也.
　　불가용야

장수가 부하를 대할 때 너무 후하면 부리지 못하고 너무 사랑하면 명령하지 못하니,
문란하여도 꾸짖지 않으면 방자한 자식 같아서 아무짝에도 쓸모가 없게 된다.

⑳ 知吾卒之可以擊, 而不知敵之不可擊, 勝之半也.
　　지오졸지가이격　　　　　이부지적지불가격　　　　승지반야

내 병사들이 공격할 역량이 있는 것을 알지만, 적의 약점을 알지 못하면 승리의 확률
은 반이고

㉑ 知敵之可擊, 而不知吾卒之不可以擊, 勝之半也.
　　지적지가격　　　　　이부지오졸지불가이격　　　　승지반야

적의 약점을 알고 있으나, 내 병사의 공격 역량이 없는 것을 알지 못하면 승리의 확
률은 반이다.

㉒ 知敵之可擊, 知吾卒之可以擊, 而不知地形之不可以戰,
　　지적지가격　　　　지오졸지가이격　　　　이부지지형지불가이전

　勝之半也.
　　승지반야

적의 약점이 있음을 알고, 나의 병사들이 공격할 역량이 있다는 것까지 알아도, 지형
여건상 싸울 수 없음을 알지 못하면 승리의 확률은 반이다.

㉓ 故知兵者, 動而不迷, 擧[100]而不窮.
　　고지병자　　　동이불미　　거이불궁

따라서 용병을 잘하는 장수는 일단 움직이면 질서가 있고, 전쟁을 시작하면 막힘이 없게 된다.

㉔ 故曰, 知彼知己, 勝乃不殆, 知天知地, 勝乃可全.
　　고왈　　지피지기　　승내불태　　지천지지　　승내가전

그러므로 적을 알고 나를 알면 승리는 위태롭지 않으며, 천시와 지형까지 알아야 온전한 승리를 할 수 있다.

通: 통할 통	掛: 걸 괘	隘: 좁을 애	糧: 양식 량
彼: 저 피	返: 돌아올 반	備: 갖출 비	盈: 찰 영
從: 쫓을 종	險: 험할 험	居: 있을 거	引: 끌 인
挑: 휠 도	均: 고를 균	挑: 돋울 도	走: 달릴 주
弛: 늦출 이	陷: 빠질 함	崩: 무너질 붕	北: 달아날 배
過: 지날 과	遇: 만날 우	懟: 원망할 대	嚴: 엄할 엄
縱: 늘어질 종	橫: 가로 횡	料: 헤아릴 료	選: 가릴 선
鋒: 칼끝 봉	任: 맡길 임	助: 도울 조	阨: 좁을 애
唯: 오직 유	寶: 보배 보	嬰: 어릴 영	赴: 나아갈 부
深: 깊을 심	谿: 시내 계	俱: 함께 구	厚: 두터울 후
譬: 비유할 비	驕: 교만할 교	迷: 미혹할 미	窮: 다할 궁
乃: 이에 내	殆: 위태할 태		

11. 九地(구지)

① 孫子曰, 用兵之法, 有散地, 有輕地, 有爭地, 有交地,
　　손자왈　　용병지법　　유산지　　유경지　　유쟁지　　유교지

손자는 "용병은 산지, 경지, 쟁지, 교지,

100　擧: '전쟁을 일으키다'의 뜻이다.

有衢地, 有重地, 有圮地, 有圍地, 有死地.
유구지　　유중지　　유비지　　유위지　　유사지

구지, 중지, 비지, 위지, 사지 등을 고려해야 한다"고 하였다.

② 諸侯自戰其地者, 爲散之. 入人之地[101]而不深者, 爲輕地.
제후자전기지자　　위산지　　입인지지이불심자　　위경지

제후들이 자기 땅에서 싸우면 산지, 적국에 깊이 들어가지 않은 곳을 경지라 하고,

③ 我得亦利, 彼得亦利者, 爲爭地. 我可以往, 彼可以來者,
아득역리　　피득역리자　　위쟁지　　아가이왕　　피가이래자

爲交地.
위교지

피아가 유리한 곳을 쟁지라 하고, 나도 갈 수 있고 적도 올 수 있는 곳을 교지라 하며,

④ 諸侯之地三屬[102], 先至而得天下之衆者, 爲衢地.
제후지지삼속　　선지이득천하지중자　　위구지

피아와 제3국의 국경이 인접한 곳을 먼저 가서 점령하면 천하의 백성들을 얻을 수
있는 곳을 구지라 하고,

⑤ 入人之地深, 背城邑多者, 爲重地.
입인지지심　　배성읍다자　　위중지

또한 적국으로 깊숙이 들어간 곳을 중지라 하며,

⑥ 山林, 險阻, 沮澤, 凡難行之道者, 爲圮地.
산림　　험조　　저택　　범난행지도자　　위비지

산림·험지·소택지 등 지나가기 어려운 곳을 비지라 하고,

⑦ 所由[103]入者臨, 所從歸者迂, 彼寡可以擊吾之衆者,
소유입자애　　소종귀자우　　피과가이격오지중자

---

101 人之地: 적의 영토를 말한다.
102 三屬: 세 나라가 접경한 지역을 말한다.
103 由: 그곳을 통과하여 들어가는 곳을 말한다.

爲圍地.
위위지

들어오는 곳이 좁고, 돌아가는 곳이 구불구불하여, 적의 소규모 병력으로 나의 우세한 병력을 공격할 수 있는 곳을 위지라 하며,

⑧ 疾戰[104]則存, 不疾戰則亡者, 爲死地.
질전즉존   부질전즉망자   위사지

속전속결하면 살지만, 그러지 않으면 망하는 곳을 사지라 한다.

⑨ 是故散地則無戰, 輕地則無止, 爭地則無攻.
시고산지즉무전   경지즉무지   쟁지즉무공

그러므로 산지에서는 싸우지 말고, 경지에서는 머물지 말고, 쟁지는 공격하지 말고,

⑩ 交地則無絶, 衢地則合交[105], 重地則掠.
교지즉무절   구지즉합교   중지즉략

교지에서는 서로 연락이 되도록 하고, 구지에서는 외교 친선에 힘쓰고, 중지에서는 현지 조달에 힘쓰며,

⑪ 圮地則行, 圍地則謀, 死地則戰.
비지즉행   위지즉모   사지즉전

비지에서는 지나가고, 위지에서는 계책을 쓰며, 사지에서는 필사적으로 싸워야 한다.

⑫ 所謂古之善用兵者, 能使敵人, 前後不相及, 衆寡不相恃.
소위고지선용병자   능사적인   전후불상급   중과불상시

용병을 잘하는 장수는 적으로 하여금 앞과 뒤가 서로 연계되지 못하게 하고, 대부대와 소부대가 서로 의지하지 못하게 하며,

⑬ 貴賤[106]不相救, 上下不相扶, 卒離而不集, 兵合而不齊,
귀천불상구   상하불상부   졸리이불집   병합이불제

---

104 疾戰: 신속히 전투하는 것을 말한다.
105 合交: 친교를 맺는다는 뜻이다.
106 貴賤: 직위가 높은 사람과 낮은 사람의 뜻이며 좌우를 뜻하기도 한다.

좌우가 서로 지원하지 못하게 하고, 상하가 서로 기대지 못하게 하며, 병사들이 모이지 못하게 하고, 집결되어도 정연하지 못하게 해야 한다.

⑭ 合於利而動, 不合於利而止.
　　합어리이동　　　불합어리이지
그러므로 유리하면 움직이고, 불리하면 정지해야 한다.

⑮ 敢問, 敵衆整而將來, 待之若何 曰[107], 先奪其所愛則聽矣.
　　감문　　적중정이장래　　대지약하　왈　　　선탈기소애즉청의
적이 우세하고 정연한 태세로 공격하는 경우에는 우선 적이 아끼는 것을 빼앗아 나의 의도에 따르게 해야 한다.

⑯ 兵之情主速, 乘人之不及, 由不虞之道, 攻其所不戒也.
　　병지정주속　　　승인지불급　　　유불우지도　　　공기소불계야
군사 작전은 신속한 것이 최선이니, 적이 미치지 못하는 틈을 타 생각하지도 않는 길로 기동하여 경계하지 않는 곳을 공격해야 한다.

⑰ 凡 爲客[108]之道, 深入則專, 主人[109]不克, 掠於饒野,
　　범　위객지도　　　심입즉전　　　주인불극　　　약어요야

三軍足食.
　삼군족식
원정작전은 깊이 들어가면 굳게 뭉치게 되어 적이 대항치 못하니, 풍요로운 들판에서 식량을 획득하여 전군을 충분히 먹이고,

⑱ 謹養而勿勞, 幷氣積力, 運兵計謀, 爲不可測.
　　근양이물노　　　병기적력　　　운병계모　　　위불가측
군대를 지치지 않게 하고, 사기를 진작시켜 힘을 축적하며, 예측할 수 없는 계책으로 군대를 운용해야 한다.

107　曰: 여기서는 '답해 보면 아래와 같다'라고 해석할 수 있다.
108　客: 원정작전을 실시하는 측을 말한다.
109　主人: 원정으로 공격을 받는 측을 말한다.

⑲ 投之無所往, 死且不北, 死焉不得士人盡力.
투지무소왕　　　사차불배　　　　사언부득사인진력

갈 곳이 없는 곳에 던져지면 죽도록 싸우며 도망가지 않을 것이니, 죽음에 이르러 어찌 병사들이 힘을 다하지 않겠는가?

⑳ 兵士甚陷則不懼, 無所往則固, 入深則拘, 不得已則鬪.
병사심함즉불구　　　　무소왕즉고　　　입심즉구　　　부득이즉투

병사들이 적진 깊숙이 들어가면 두려워하지 않게 되고, 갈 곳이 없으면 단결하며, 전투의지가 강해지고, 부득이해지면 싸우게 된다.

㉑ 是 故, 其兵不修而戒, 不求而得, 不約而親, 不令而信.
시고　　기병불수이계　　　불구이득　　　불약이친　　　불령이신

그런 상황에서 병사들은 지시하지 않아도 경계하며, 요구하지 않아도 따르며, 처음 보아도 친해지며, 명령하지 않아도 믿을 것이니,

㉒ 禁祥[110]去疑, 至死無所之.
금상거의　　　지사무소지

미신과 의심이 퍼지지 못하게 하면 죽을 때까지 싸울 것이다.

㉓ 吾士無餘財, 非惡貨也. 無餘命, 非惡壽也.
오사무여재　　　비오화야　　　무여명　　　비오수야

나의 장병들이 재물을 취하지 않는 것은 재화를 싫어하기 때문이 아니고, 목숨을 아끼지 않는 것도 오래 사는 것을 싫어하기 때문이 아니다.

㉔ 令發之日, 士卒坐者 涕霑襟, 偃臥者 涕交頤.
령발지일　　　사졸좌자　　　체점금　　　언와자　　　체교이

출동 명령이 내리는 날에 병사들 중에서 눈물로 옷깃과 턱을 적시게 된다.

㉕ 投之無所往, 則諸劌[111]之勇也.
투지무소왕　　　　즉제귀지용야

---

110 祥: 길흉의 복을 뜻하며 미신 따위를 말한다.

111 諸劌: 제는 전제(專諸)이며 오나라 요왕을 암살하였고, 귀는 조귀(曹劌)로 노나라의 맹장이다.

병사들은 갈 곳이 없는 곳에 투입하면 전제나 조귀와 같이 용맹하게 싸울 것이다.

㉖ 故善用兵者, 譬如率然, 率然¹¹²者, 常山之蛇也.
　　고선용병자　　　비여솔연　　　솔연자　　　상산지사야

용병을 잘하는 장수는 솔연과 같이 하는 것이니, 솔연이란 상산에 사는 뱀인데,

㉗ 擊其首則尾至, 擊其尾則首至, 擊其中則首尾俱至.
　　격기수즉미지　　　격기미즉수지　　　격기중즉수미구지

그 뱀은 머리를 치면 꼬리가, 꼬리를 치면 머리가, 그 중간을 치면 머리와 꼬리가 달려든다.

㉘ 敢問, 兵可使如率然乎 曰, 可.
　　감문　　병가사여솔연호　　왈　가

"병사들도 솔연과 같이 되도록 할 수 있는가?"라고 묻는다면 "그렇다"고 대답할 것이니,

㉙ 夫吳人與越人, 相惡也. 當其同舟而濟遇風,
　　부오인여월인　　　상오야　　　당기동주이제우풍

其相救也如左右手.
　기상구야여좌우수

오나라와 월나라 사람들은 서로 미워하지만, 같이 배를 타고 건너다가 풍랑을 만나면 왼손과 오른손이 서로 돕는 것과 같다.

㉚ 是故, 方馬埋輪¹¹³, 未足恃也.
　　시고　　방마매륜　　　미족시야

말을 묶고 수레바퀴를 땅에 묻어 결전을 다짐하는 것보다 장병들이 적진에 깊숙이 투입된 상황에서 더 잘 싸운다.

㉛ 齊勇若一, 政之道也. 剛柔皆得, 地之理也.
　　제용약일　　　정지도야　　　강유개득　　　지지리야

---

112 率然: '재빠르다'의 뜻이며 여기서는 그런 뱀의 이름을 뜻한다.

113 方馬埋輪: 말의 주둥이를 서로 매고, 수레바퀴를 묻는 것으로 군사들이 달아나지 못하도록 한다는 뜻이다.

차분한 병사와 용감한 병사를 하나 되게 하는 것이 통솔의 도이며, 굳센 병사와 연약한 병사를 모두 다 활용하는 것이 구지(九地)의 이치다.

㉜ 故善用兵者, 携手若使一人, 不得已也.
　　고선용병자　　　휴수약사일인　　　부득이야
그러므로 용병을 잘하는 장수가 많은 병사들을 마치 한 사람을 부리듯 하는 것은 부득이 하기 때문이다.

㉝ 將軍之事, 靜以幽[114], 正以治. 能愚士卒之耳目, 使之無知.
　　장군지사　　정이유　　　정이치　　　능우사졸지이목　　　사지무지
장수는 고요해서 어둠 속 같고, 올바르게 해서 다스리는 것이니, 병사들의 눈과 귀를 가려서 아는 것이 없게 하고,

㉞ 易其事, 革其謀, 使人無識, 易其居, 迂其途[115], 使人不得慮,
　　역기사　　혁기모　　사인무식　　역기거　　우기도　　　사인부득려
계획을 바꾸고 계책을 고치되 알지 못하게 하며, 주둔지를 바꾸고 길을 멀리 돌아가되 헤아리지 못하게 해야 한다.

㉟ 帥與之期, 如登高而去其梯, 帥與之深入諸侯之地,
　　수여지기　　　여등고이거기제　　　수여지심입제후지지
而發其機[116].
　　이발기기
결전을 할 때는, 마치 높은 곳에 오르게 하여 사다리를 치워 버리듯 하며, 적 후방 깊숙이 들어가 싸울 때에는 방아쇠를 당기듯 빠르게 진격하고,

㊱ 若驅群羊, 驅而往, 驅而來, 莫知所之.
　　약구군양　　　구이왕　　구이래　　막지소지
양 떼를 몰듯 하되, 병사들이 가는 곳을 알지 못하게 하며,

---

114 幽: 그 깊이를 알 수 없을 정도의 진중함을 의미한다.
115 迂其途: 가는 길을 우회하여 돌아감을 말한다.
116 發其機: 쇠뇌의 방아쇠를 당김이니 빠르게 나아감을 말한다.

㊲ 聚三軍之衆, 投之於險, 此將軍之事也.
　　취삼군지중　　투지어험　　차장군지사야

전 병력을 집결시켜 위험한 곳에 투입하는 것이 바로 장수의 역할이다.

㊳ 九地之變, 屈伸[117]之利, 人情之理, 不可不察也.
　　구지지변　　굴신지리　　인정지리　　불가불찰야

구지의 변화, 공격과 방어의 유연함, 병사의 심리적 변화를 반드시 살펴야 한다.

㊴ 凡爲客之道, 深則專, 淺則散, 去國越境而師者, 絶地也.
　　범위객지도　　심즉전　　천즉산　　거국월경이사자　　절지야

적진 깊이 들어가면 단결되고 얕게 들어가면 마음이 분산되니, 나라를 떠나 국경을 넘어 작전하는 것은 절지며,

㊵ 四達者, 衢地也. 入深者, 重地也. 入淺者, 輕地也.
　　사달자　　구지야　　입심자　　중지야　　입천자　　경지야

사방이 트인 곳은 구지고, 적국 깊이 들어간 곳은 중지며, 얕게 들어간 곳은 경지고,

㊶ 背固前隘者, 圍地也. 無所往者, 死地也.
　　배고전애자　　위지야　　무소왕자　　사지야

뒤가 막히고 앞길이 좁은 곳은 위지며, 나갈 곳이 없는 곳은 사지라 한다.

㊷ 是故, 散地吾將一其志, 輕地吾將使之屬.
　　시고　　산지오장일기지　　경지오장사지속

따라서 산지에서는 마음을 하나로 단결시켜야 하고, 경지에서는 각 부대 간의 결속을 긴밀히 하며,

㊸ 爭地吾將趨其[118]後, 交地吾將謹其守, 衢地吾將固其結,
　　쟁지오장추기후　　교지오장근기수　　구지오장고기결

쟁지에서는 적의 배후로 진출해야 하고, 교지에서는 수비를 엄중히 해야 하며, 구지

---

117 屈伸: 지형, 상황에 따라 때로는 우회하고 때로는 직진하는 등 행동을 달리하는 것을 말한다.
118 其: 다투는 땅에 있는 적을 말한다.

에서는 외교관계를 긴밀히 해야 한다.

㊹ **重地吾將繼其食, 圮地吾將進其途.**
　　중지오장계기식　　　　비지오장진기도

중지에서는 식량조달을 지속시키고, 비지에서는 신속히 통과해야 하며,

㊺ **圍地吾將塞其闕, 死地吾將示之以不活.**
　　위지오장색기궐　　　　사지오장시지이불활

위지에서는 탈출로를 봉쇄해야 하고, 사지에서는 살아남을 수 없음을 보여 주어야
한다.

㊻ **故兵之情, 圍則禦, 不得已則鬪, 逼則從.**
　　고병지정　　　위즉어　　　부득이즉투　　　핍즉종

병사들의 심리는 포위되면 스스로 방어하고, 부득이하면 싸우고, 황급하면 장수의
말에 따른다.

㊼ **是故, 不知諸侯之謀者, 不能豫交[119].**
　　시고　　　부지제후지모자　　　불능예교

따라서 제3국의 계략을 모르면 사전 외교관계를 맺을 수 없고,

㊽ **不知山林險阻沮澤之形者, 不能行軍.**
　　부지산림험조저택지형자　　　　불능행군

산림·험지·소택지 등의 지형을 알지 못하면 군을 배치하거나 운용할 수 없으며,

㊾ **不用鄉導[120]者, 不能得地利, 四五[121]者一不知,**
　　불용향도자　　　불능득지리　　　사오자일부지

　　非霸王之兵也.
　　비패왕지병야

현지 안내자를 이용하지 않으면 지형의 이점을 얻을 수 없고, 구지 중에 하나라도 모

---

119 豫交: 미리 외교관계를 맺는 것을 말한다.
120 鄉導: 그 지방의 길 안내인을 말한다.
121 四五: 4+5, 즉 구지를 말한다.

르면 그 군대는 천하의 패권을 차지할 수 없다.

㊿ 夫 霸王之兵, 伐大國則其衆不得聚.
　　　부　　패왕지병　　　　벌대국즉기중부득취

패왕의 용병은, 그가 상대를 정벌하면 상대가 미처 군대를 집결시키지 못하게 되고,

(51) 威加於敵 則其交不得合.
　　　위가어적　　　즉기교부득합

압도적인 힘을 상대에게 가하면 외교관계를 맺지 못한다.

(52) 是故, 不爭天下之交, 不養天下之權, 信¹²²己之私威,
　　　시고　　　불쟁천하지교　　　불양천하지권　　　신기지사위

加於敵.
가어적

따라서 천하의 외교문제를 다투지 않고, 적대세력을 키우지도 않으며, 자신의 위세를 적에게 가하는 것이다.

(53) 故其城可拔, 其國可隳.
　　　고기성가발　　　기국가휴

그리하여 적의 성도 함락할 수 있고 적국도 파괴시킬 수 있는 것이다.

(54) 施無法之賞, 懸無政之令.
　　　시무법지상　　　현무정지령

규정에 없는 후한 상을 주고, 평소와 다른 법령을 내려서,

(55) 犯三軍之衆, 若使一人, 犯之以事, 勿告以言, 犯之以利,
　　　범삼군지중　　　약사일인　　　범지이사　　　물고이언　　　범지이리

勿告以害.
물고이해

전군의 장병을 한 사람 부리듯 할 수 있으며, 말이 아닌 행동으로 다스리고, 처벌보다는 포상과 칭찬으로 다스려야 한다.

---

122 信: 여기서는 '펴다', '펼치다(伸)'의 뜻으로 해석된다.

(56) 投之亡地[123]然後存, 陷之死地然後生, 夫衆陷於害然後,
투지망지연후존 함지사지연후생 부중함어해연후

能爲勝敗.
능위승패

죽을 위험에 던져진 후에야 살아남을 수 있고, 사지에 빠진 후에야 살아날 수 있으니, 대체로 병사들은 위험에 빠진 후에야 승리를 달성할 수 있다.

(57) 故爲兵之事, 在於順詳[124]敵之意, 幷力一向, 千里殺將,
고위병지사 재어순상적지의 병력일향 천리살장

是謂巧能成事.
시위교능성사

따라서 전쟁은 적의 의도에 순순히 응해 주다가 힘을 한 방향으로 투입하여 천 리 떨어진 적장을 죽이는 것이니, 이를 일러 교묘히 일을 이룬다고 한다.

(58) 是故, 政擧之日, 夷關折符[125], 無通其使, 勵於廟堂之上,
시고 정거지일 이관절부 무통기사 려어묘당지상

以誅其事.
이주기사

이런 까닭에 전쟁이 결정된 날에는 국경의 통행증을 폐지하여 적국의 사신을 막고, 조정회의에서 전의를 독려해서 전쟁의 주요 사항을 결정해야 한다.

(59) 敵人開闔, 必亟入之. 先其所愛, 微與之期, 踐墨[126]隨敵,
적인개합 필극입지 선기소애 미여지기 천묵수적

以決戰事.
이결전사

적의 국경을 재빠르게 공격하여, 처음에는 적이 원하는 바를 작게 주어 가다가, 결정적인 때에 공격해야 한다.

---

123 亡地: 죽음이 달려 있는 위기의 땅을 말한다.
124 順詳: 따르면서 자세히 살핀다는 뜻이다.
125 符: 고대에 사신들의 신원을 확인하기 위해 사용한 표식을 말한다.
126 踐墨: 어둠을 밟아 간다는 뜻인데 여기서는 은밀하게 기동한다는 의미이다.

⑥⓪ 是故, 始如處女, 敵人開戶[127], 後如脫兔, 敵不及拒.
　　시고　　　시여처녀　　　적인개호　　　　후여탈토　　　적불급거

따라서 처음에는 처녀처럼 얌전하다가 적의 허점이 보이면, 도망가는 토끼처럼 신속히 공격하여 적이 '미처 막을 수 없게' 해야 한다.

散: 흩을 산	輕: 가벼울 경	衢: 네거리 구	圮: 무너질 비
得: 얻을 득	亦: 또 역	往: 갈 왕	屬: 속할 속
邑: 고을 읍	阻: 험할 조	沮: 습지 저	澤: 못 택
隘: 좁을 애	歸: 돌아갈 귀	迂: 멀 우	疾: 빠를 질
掠: 노략질할 략	及: 미칠 급	救: 건질 구	恃: 믿을 시
扶: 도울 부	賤: 천할 천	離: 떼놓을 리	齊: 가지런할 제
敢: 감히 감	整: 가지런할 정	若: 같을 약	奪: 빼앗을 탈
乘: 탈 승	虞: 헤아릴 우	饒: 넉넉할 요	積: 쌓을 적
測: 잴 측	盡: 다할 진	懼: 두려울 구	拘: 잡을 구
親: 친할 친	禁: 금할 금	祥: 상스러울 상	餘: 남을 여
財: 재물 재	壽: 목숨 수	涕: 눈물 체	霑: 젖을 점
襟: 옷깃 금	偃: 쓰러질 언	臥: 누울 와	頤: 턱 이
劌: 상처 입힐 귀	譬: 비유할 비	率: 거느릴 솔	蛇: 뱀 사
尾: 꼬리 미	濟: 건널 제	埋: 묻을 매	恃: 믿을 시
剛: 굳셀 강	柔: 부드러울 유	皆: 다 개	携: 끌 휴
幽: 그윽할 유	治: 다스릴 치	愚: 어리석을 우	識: 알 식
途: 길 도	慮: 생각할 려	帥: 장수 수	梯: 사다리 제
機: 기계 기	驅: 몰 구	聚: 모일 취	投: 던질 투
伸: 펼 신	淺: 얕을 천	越: 넘을 월	境: 지경 경
達: 통달할 달	衢: 네거리 구	固: 굳을 고	趨: 달릴 추
謹: 삼갈 근	結: 맺을 결	繼: 이을 계	塞: 변방 새
闕: 대궐 궐	活: 살 활	禦: 막을 어	逼: 황급할 핍
導: 이끌 도	霸: 으뜸 패	伐: 칠 벌	威: 위엄 위
墮: 무너뜨릴 휴	懸: 매달 현	犯: 범할 범	投: 던질 투
順: 따를 순	詳: 자세할 상	巧: 공교할 교	夷: 오랑캐 이
關: 빗장 관	折: 꺾을 절	符: 부적 부	勵: 힘쓸 려
廟: 사당 묘	堂: 집 당	誅: 벨 주	開: 열 개
闔: 문짝 합	亟: 빠를 극	微: 작을 미	踐: 밟을 천
墨: 먹 묵	隨: 따를 수	決: 터질 결	戶: 굴 호
脫: 벗을 탈	兔: 토끼 토		

127 開戶: '집의 창을 열다'의 뜻으로 허점을 보인다는 의미로 해석해야 한다.

12. 火攻(화공)

① 孫子曰, 凡火攻有五, 一曰火人, 二曰火積¹²⁸, 三曰火輜¹²⁹,
　　손자왈　　　범화공유오　　　일왈화인　　　이왈화적　　　　삼왈화치

　　四曰火庫, 五曰火隊.
　　사왈화고　　오왈화대

손자는 "불로 공격하는 방법은 적의 병사, 식량과 군수물자, 수송차량, 창고, 군대를 불태우는 것이다"라고 했다.

② 行火必有因, 煙火必素具, 發火有時, 起火有日.
　　행화필유인　　　연화필소구　　　발화유시　　　기화유일

화공은 일정한 조건이 갖추어져야 하며, 발화 재료는 반드시 평소에 준비해 두어야 한다. 화공은 적당한 천시(天時)에 해야 하며, 점화는 구체적인 시기를 택해서 해야 한다.

③ 時者, 天之燥也, 日者, 月在 箕壁翼軫¹³⁰也.
　　시자　　　천지조야　　일자　　월재　　　기벽익진야

적당한 천시란 기후가 건조한 것이고, 구체적인 시기란 달이 기(箕), 벽(壁), 익(翼), 진(軫)의 네 별자리에 놓여 있는 날인데,

④ 凡 此四宿者, 風起之日也.
　　범　　차사숙자　　　풍기지일야

달이 이 네 별자리에 있는 날은 바람이 일어난다.

⑤ 凡火攻, 必因五火之變而應之, 火發於內, 則早應之於外,
　　범화공　　　필인오화지변이응지　　　화발어내　　　즉조응지어외

128　積: 야지에 쌓아 놓은 보급품을 말한다.

129　輜: 군에서 쓰는 보급품을 이동하는 수레나 차량을 말한다.

130　箕壁翼軫: 중국 고대의 천문학에서는 한 달을 28일로 하는데 그때마다 성좌의 위치에 따라 각각 이름을 붙인 28개 중의 특정일을 말한다.

火發而其兵靜者, 待而勿攻.
화발이기병정자　　대이물공

화공을 할 때는 다섯 가지 상황변화에 따라 대응 조치를 취해야 한다. 적군 내부에서 불이 일어나면 즉시 밖에서 공격해야 한다. 불이 났는데도 적군 병사들이 조용하면 잠시 형편을 살펴보고 기다려야 하며 섣불리 공격해서는 안 된다.

⑥ **極其火力, 可從而從[131]之, 不可從而止.**
극기화력　　가종이종지　　불가종이지

불길이 가장 맹렬해졌을 때 공격할 수 있으면 공격하고 공격할 수 없으면 그만두어야 한다.

⑦ **火可發於外, 無待於內, 以時發之.**
화가발어외　　무대어내　　이시발지

불을 적진 밖에서 낼 수 있으면 안에서 불이 일어나기를 기다리지 말고 시기와 조건에 따라 불을 질러야 한다.

⑧ **火發上風, 無攻下風, 晝風久, 夜風止.**
화발상풍　　무공하풍　　주풍구　　야풍지

바람이 불어오는 쪽에서 불이 일어났을 경우에는 바람을 맞받으면서 공격해서는 안 되며, 낮에 바람이 오래 불면 밤에는 그친다.

⑨ **凡軍必知五火之變, 以數[132]守之.**
범군필지오화지변　　이수수지

군대는 다섯 가지 화공의 변화를 알고 천시 등의 조건을 고려하여 화공을 실행한다.

⑩ **故以火佐攻者明, 以水佐攻者强, 水可以絶, 不可以奪.**
고이화좌공자명　　이수좌공자강　　수가이절　　불가이탈

불을 이용하여 공격을 도우면 효과가 크고 물로 공격을 도우면 위세가 강력해진다. 물은 적군을 차단할 수는 있어도 화공처럼 적군의 실제 역량을 없애기 어렵다.

---

131 從: 여기서는 '공격하다'의 뜻이다.
132 數: 그 각각의 상황을 헤아리고 판단한다는 뜻이다.

⑪ 夫戰勝攻取, 而不修其功者凶, 命曰費留[133].
　　　부전승공취　　　이불수기공자흉　　　명왈비류

전쟁에서 이기고 적의 토지와 성읍을 공격하여 탈취했다 하더라도 그 승리를 공고히 하지 못한다면 위험하며 헛고생만 한 것이다.

⑫ 故曰, 明主慮之, 良將修之, 非利不動, 非得不用,
　　고왈　　명주려지　　양장수지　　비리부동　　　비득불용

非危不戰.
비위부전

그러므로 현명한 군주는 승리를 공고히 하는 것을 신중히 하고 훌륭한 장수는 이를 잘 관리해야 한다. 국가에 이익이 없으면 군사행동을 하지 말고, 승리의 확신이 없으면 군대를 사용하지 않으며, 위급한 상황에 이르지 않으면 경솔하게 싸우지 말아야 한다.

⑬ 主不可以怒而興師, 將不可以慍而致戰, 合於利而動,
　　주불가이노이흥사　　　　장불가이온이치전　　　　합어리이동

不合於利而止.
불합어리이지

군주는 한순간의 분노로 전쟁을 일으켜서는 안 되며, 장수는 한 순간의 노여움으로 전쟁을 벌여서도 안 된다. 국가의 이익에 부합되면 전쟁을 하되, 그렇지 않으면 그만두어야 한다.

⑭ 怒可以復喜, 慍可以復悅, 亡國不可以復存,
　　노가이부희　　온가이부열　　　망국불가이부존

死者不可以復生.
사자불가이복생

왜냐하면 분노는 다시 기쁨으로 바뀔 수 있고 노여움은 다시 즐거움으로 바뀔 수 있지만, 나라가 망하면 다시 세우기 어렵고 죽은 사람은 다시 살아올 수 없기 때문이다.

---

133 費留: 치러야 할 비용이 아직 남아 있다는 뜻이며, 전쟁에서 승리하고도 그 승리의 결과를 지키지 못하면 오히려 해로운 결과를 초래한다는 의미다.

⑮ 故曰, 明主愼之, 良將警之, 此安國全軍之道也.
　　고왈　　명주신지　　양장경지　　차안국전군지도야

그러므로 현명한 군주는 전쟁을 신중히 고려하고 훌륭한 장수는 전쟁을 잘 준비하여 국가의 안전을 유지하고 군대를 보전해야 한다.

輜: 짐수레 치	庫: 창고 고	隊: 군대 대	煙: 연기 연
素: 흴 소	起: 일어날 기	燥: 마를 조	箕: 키 기
壁: 벽 벽	翼: 날개 익	軫: 수레 뒤턱 나무 진	宿: 묵을 숙
早: 새벽 조	應: 응할 응	靜: 고요할 정	待: 기다릴 대
極: 다할 극	從: 쫓을 종	晝: 낮 주	變: 변할 변
佐: 도울 좌	凶: 흉할 흉	費: 쓸 비	留: 머무를 류
慮: 생각할 려	良: 좋을 량	怒: 성낼 노	慍: 성낼 온
致: 보낼 치	喜: 기쁠 희	悅: 기쁠 열	愼: 신중할 신
警: 경계할 경			

13. 用間(용간)

① 孫子曰, 凡興師十萬, 出征千里, 百姓之費, 公家之奉,
　　손자왈　　　범흥사십만　　출정천리　　백성지비　　공가지봉

日費千金.
일비천금

손자는 "10만 대군을 일으켜 천 리에 걸쳐 전쟁을 하면 백성의 재산과 국가재정이 매일 천금이나 소모되며,

內外[134]騷動, 怠於道路, 不得操事者, 七十萬家.
　내외소동　　　태어도로　　　부득조사자　　　칠십만가

국내외가 소란하게 되고 생업에 종사하지 못하는 백성이 칠십만 호나 될 것이다.

---

134 內外: 정부가 있는 곳과 지방을 말한다.

② 相守數年, 以爭一日之勝, 而愛¹³⁵爵祿百金, 不知敵之情者.
　　상수수년　　　이쟁일일지승　　　이애작록백금　　　부지적지정자

전쟁은 수년 동안 서로 대치하여 결국 하루의 승패를 다투게 되는데, 관직이나 많은
상금을 아껴서 적정을 알려고 하지 않는 자는

不仁之至也, 非人之將也, 非主之佐也, 非勝之主也.
　불인지지야　　　비인지장야　　　비주지좌야　　　비승지주야

어질지 못한 극치니, 장수의 재목이 아니요, 주군을 보좌할 재목도 아니며, 이런 장
수를 믿으면 전쟁에서 승리하지도 못한다"고 했다.

③ 故 明君賢將, 所以動而勝人, 成功出於衆者, 先知也.
　고　　명군현장　　　소이동이승인　　　성공출어중자　　　선지야

그러므로 현명한 군주와 장수가 전쟁에서 매번 이기는 것은 적보다 먼저 전장상황
을 알기 때문이니,

④ 先知者, 不可取於鬼神, 不可象於事, 不可驗於度,
　선지자　　불가취어귀신　　　불가상어사　　　불가험어도

必取於人, 知敵之情者也.
　필취어인　　　지적지정자야

먼저 알아내는 것은 귀신에게 빌어서 할 수도 없으며, 교리에서 알아낼 수도 없으며,
어떤 법칙에 따라 추론할 수 있는 것도 아니고, 오직 간첩으로부터 적의 정세를 알
수밖에 없다.

⑤ 故 用間有五, 有鄕間, 有內間, 有反間, 有死間, 有生間.
　고　　용간유오　　　유향간　　　유내간　　　유반간　　　유사간　　　유생간

간첩은 향간, 내간, 반간, 사간, 생간이 있는데,

⑥ 五間俱起, 莫知其道, 是謂神紀, 人君之寶也.
　오간구기　　　막지기도　　　시위신기　　　인군지보야

간첩을 은밀하게 운용하는 것을 신의 경지라고도 하며, 간첩은 군주의 보배다.

---

135 愛: 여기서는 '~을 아까워하다'의 뜻이다.

⑦ 鄕間者, 因其鄕人而用之, 內間者, 因其官人而用之.
　　향간자　　　인기향인이용지　　　내간자　　　인기관인이용지

향간은 적국의 주민을 활용하는 것이고, 내간은 적국의 관리를 활용하는 것이며,

⑧ 反間者, 因其敵間而用之.
　　반간자　　　인기적간이용지

반간은 적의 정보원을 활용하는 것이고,

⑨ 死間者, 爲誑事於外, 令吾間, 知之而傳於敵間也.
　　사간자　　위광사어외　　　령오간　　　지지이전어적간야

사간은 아측 간첩이 거짓 정보를 적의 간첩에게 알리게 하는 것이며,

⑩ 生間者, 反報也.
　　생간자　　반보야

생간은 돌아와서 보고하게 하는 것이다.

⑪ 故 三軍之事莫親於間, 賞莫厚於間, 事莫密於間.
　　고　　　삼군지사막친어간　　　상막후어간　　　사막밀어간

군사활동 중에서 정보활동보다 더 친밀해야 하고, 포상을 후하게 해야 하며, 은밀하게 해야 하는 것은 없다.

⑫ 非聖智[136], 不能用間, 非仁義, 不能使間, 非微妙,
　　비성지　　　불능용간　　비인의　　불능사간　　비미묘

不能得間之實.
불능득간지실

뛰어난 지혜가 없으면 간첩을 잘 운용할 수 없고, 인의가 없으면 간첩을 잘 부릴 수 없으며, 세밀한 분석력과 치밀함이 없으면 제공된 정보의 실체를 잘 얻을 수 없으니,

微哉微哉, 無所不用間也.
미재미재　　　무소불용간야

미묘하고 미묘하도다! 간첩이 운용되지 않는 곳이 없다.

---

136 聖智: 성인의 지혜를 말하며 매우 지혜로움을 뜻한다.

⑬ 間事未發而先聞者, 間與所告者 皆死.
　　간사미발이선문자　　間여소고자　　개사

정보활동이 시작되기도 전에 소문이 먼저 들리면, 해당 간첩과 그 소문을 보고한 자는 모두 죽여야 한다.

⑭ 凡軍之所欲擊, 城之所欲攻, 人之所欲殺.
　　범군지소욕격　　성지소욕공　　인지소욕살

공격할 부대와 성(城), 죽이려는 사람이 있으면,

⑮ 必先知其守將, 左右[137], 謁者, 門者, 舍人[138]之姓名,
　　필선지기수장　　좌우　　알자　　문자　　사인지성명

令吾間必索知之.
　　령오간필색지지

그 주변을 지키는 장수, 주위의 참모, 부관, 시중드는 자 등의 이름을 먼저 알아내고, 아군의 간첩으로 하여금 반드시 찾아서 파악하게 한다.

⑯ 必索敵間之來間我者[139], 因而利之, 導而舍之, 故
　　필색적간지래간아자　　인이리지　　도이사지　　고

反間可得而用也.
　　반간가득이용야

적의 간첩을 반드시 색출하여, 이익으로 매수하여 자국에 머물게 하여 반간으로 활용해야 한다.

⑰ 因是而知之[140], 故 鄕間內間, 可得而使也.
　　인시이지지　　고　　향간내간　　가득이사야

반간을 통해 향간이나 내간으로 만들어 활용할 수 있는데,

137　左右: 참모
138　舍人: 장수가 기거하는 건물 등을 책임지는 관리를 말한다.
139　間我者: 아측에 대해 간첩활동을 하는 사람을 말한다.
140　知之: 적에 대해 더 깊숙이 알게 된다는 뜻이다.

⑱ 因是而知之, 故 死間爲誑事, 可使告敵.
　　인시이지지　　고　　사간위광사　　가사고적

반간을 통해 적의 상황을 알 수 있으므로 사간으로 기만 사실을 조성하여 적에게 퍼뜨릴 수 있다.

⑲ 因是而知之, 故 生間可使如期.
　　인시이지지　　고　　생간가사여기

반간을 통해 생간이 복귀하는 것을 알 수 있어, 그를 기다릴 수 있다.

⑳ 五間之事, 主必知之, 知之必在於反間, 故
　　오간지사　　주필지지　　지지필재어반간　　고

反間不可不厚也.
　반간불가불후야

군주는 다섯 가지 간첩 운용을 반드시 알아야 하며, 이는 반간에 달려 있다. 그러므로 반간을 후하게 대우해야 한다.

㉑ 昔殷¹⁴¹之興也, 伊摯¹⁴²在夏, 周¹⁴³之興也, 呂牙¹⁴⁴在殷.
　　석은지흥야　　이지재하　　주지흥야　　려아재은

옛날 은나라가 일어날 때 이윤이 하나라에 있었으며, 주나라가 일어날 때 강태공이 은나라에 있었다.

㉒ 故 明君賢將, 能以上智爲間者. 必成大功.
　　고　　명군현장　　능이상지위간자　　필성대공

따라서 현명한 군주와 장수가 가장 지혜로운 자를 간첩으로 활용해야 큰 공을 이룰 수 있을 것이다.

---

141 殷: B. C. 16C~12C까지의 중국 고대 국가
142 伊摯: 은나라의 혁명이 일어날 때 은의 탕왕을 도와 하의 폭군 걸왕을 타도하는 데 도움을 준 인물이며 伊尹이라고도 한다.
143 周: B. C. 12C~221년까지의 중국 고대 국가
144 呂牙: 주 무왕을 도와 군사(軍師)로서 은나라를 무너뜨리고 역성혁명을 실현한 인물, 강태공

㉓ 此兵之要 三軍之所恃而動也.
차병지요   삼군지소시이동야

이것은 군사활동의 중요한 사항이며, 전군은 정보활동에 의지하여 움직인다.

興: 흥할 흥   征: 칠 정   奉: 받들 봉   騷: 떠들 소
怠: 게으를 태   操: 잡을 조   爵: 작위 작   祿: 녹봉 록
賢: 어질 현   鬼: 귀신 귀   象: 코끼리 상   驗: 검증할 험
俱: 함께 구   寶: 보배 보   官: 벼슬 관   誑: 속일 광
令: 영 령   傳: 전할 전   報: 알릴 보   親: 친할 친
密: 빽빽할 밀   聖: 성스러울 성   報: 갚을 보   妙: 묘할 묘
聞: 들을 문   欲: 하고자 할 욕   謁: 아뢸 알   導: 이끌 도
使: 하여금 사   告: 알릴 고   期: 기약할 기   殷: 은나라 은
興: 흥할 흥   伊: 저 이   摯: 잡을 지   夏: 하나라 하
周: 주나라 주   呂: 음률 려   牙: 어금니 아   賢: 어질 현
要: 구할 요   恃: 믿을 시   動: 움직일 동

第1 始計

孫子曰, 兵者, 國之大事, 死生之地, 存亡之道, 不可不察也.

故 經之以五事, 校之以計, 而索其情, 一曰道, 二曰天, 三曰地, 四曰將, 五曰法. 道者, 令民與上同意也, 故可與之死 可與之生, 而不畏危也. 天者, 陰陽 寒署 時制也. 地者, 遠近 險易 廣狹 死生也. 將者, 智 信 仁 勇 嚴也. 法者, 曲制 官道 主用也. 凡此五者, 將莫不聞, 知之者勝, 不知者不勝.

故校之以計 而索其情. 曰 主孰有道, 將孰有能, 天地孰得, 法令孰行, 兵衆孰强, 士卒孰練, 賞罰孰明, 吾以此 知勝負矣. 將聽吾計用之必勝, 留之. 將不聽吾計用之必敗, 去之. 計利以聽, 乃爲之勢, 以佐其外. 勢者, 因利而制權也.

兵者詭道也. 故能而示之不能, 用而示之不用, 近而示之遠, 遠而示之近, 利而誘之, 亂而取之, 實而備之, 强而避之, 怒而撓之, 卑而驕之, 佚而勞之, 親而離之, 攻其無備, 出其不意. 此兵家之勝, 不可先傳也.

夫 未戰而廟算勝者, 得算多也. 未戰而廟算不勝者, 得算少也. 多算勝, 少算不勝, 而況於無算乎. 吾以此觀之, 勝負見矣.

第2 作戰

孫子曰, 凡用兵之法, 馳車千駟, 革車千乘, 帶甲十萬, 千里饋糧, 則內外之費, 賓客之用, 膠漆之材, 車甲之奉, 日費千金, 然後十萬之師擧矣.

其用戰也 貴勝, 久則鈍兵挫銳, 攻城則力屈, 久暴師則國用不足. 夫鈍兵挫銳, 屈力殫貨, 則諸侯乘其弊而起, 雖有智者, 不能善其後矣.

故兵聞拙速, 未睹巧之久也, 夫兵久而國利者 未之有也. 故不盡知用兵之害者, 則不能盡知用兵之利也. 善用兵者, 役不再籍, 糧不三載, 取用於國, 因糧於敵, 故軍食可足也.

國之貧於師者遠輸, 遠輸則百姓貧, 近師者貴賣, 貴賣則百姓財竭, 財竭則急於丘役, 力屈財殫, 中原內虛於家, 百姓之費, 十去其七. 公家之費, 破車罷馬, 甲冑弓矢, 戟楯矛櫓 丘牛大車, 十去其六.

故智將務食於敵, 食敵一鐘, 當吾二十鐘, 芑秆一石, 當吾二十石. 故殺敵者 怒也, 取敵之利者貨也, 故車戰得車十乘以上, 賞其先得者, 而更其旌旗, 車雜而乘之, 卒善而養之, 是謂勝敵而益強.

故兵貴勝, 不貴久. 故知兵之將, 民之司命, 國家安危之主也.

第3 謀攻

孫子曰, 凡用兵之法, 全國爲上, 破國次之, 全軍爲上, 破軍次之, 全旅爲上, 破旅次之, 全卒爲上, 破卒次之, 全伍爲上, 破伍次之. 是故 百戰百勝, 非善之善者也, 不戰而屈人之兵, 善之善者也.

故上兵伐謀, 其次伐交, 其次伐兵, 其下攻城, 攻城之法, 爲不得已, 修櫓轒輼, 具器械, 三月而後成, 距堙, 又三月而後已, 將不勝其忿 而蟻附之, 殺士卒三分之一, 而城不拔者, 此攻之災也. 故善用兵者 屈人之兵, 而非戰也, 拔人之城 而非攻也, 毀人之國 而非久也, 必以全爭於天下. 故兵不鈍 而利可全. 此謀攻之法也.

故用兵之法, 十則圍之, 五則攻之, 倍則分之, 敵則能戰之, 少則能守之, 不若則能避之. 故少敵之堅, 大敵之擒也.

夫將者 國之輔也. 輔周則國必强, 輔隙則國必弱.

故軍之所以患於君者 三, 不知軍之不可以進, 而謂之進, 不知軍之不可以退, 而謂之退, 是謂縻軍. 不知三軍之事, 而同三軍之政 則軍士惑矣. 不知三軍之權, 而同三軍之任, 則軍士疑矣. 三軍旣惑且疑, 則諸侯之難至矣, 是謂亂軍引勝.

故知勝者有五. 知可以與戰 不可以與戰者勝, 識衆寡之用者勝, 上下同欲者勝, 以虞待不虞者勝, 將能而君不御者勝, 此五者知勝之道也. 故曰 知彼知己, 百戰不殆. 不知彼而知己, 一勝一負. 不知彼不知己, 每戰必殆.

第4 軍形

孫子曰, 昔之善戰者, 先爲不可勝, 以待敵之可勝, 不可勝在己, 可勝在敵. 故善戰者, 能爲不可勝, 不能使敵之必可勝. 故曰, 勝可知而不可爲. 不可勝者守也, 可勝者攻也. 守則有餘, 攻則不足. 善守者, 藏於九地之下, 善攻者, 動於九天之上. 故 能自保而全勝也.

見勝不過衆人之所知, 非善之善者也, 戰勝而天下曰善, 非善之善者也. 故擧秋毫不爲多力, 見日月不爲明目, 聞雷霆不爲聰耳. 古之所謂善戰者, 勝於易勝者也. 故善戰者之勝也, 無智名, 無勇功. 故其戰勝不忒, 不忒者, 其所措勝, 勝已敗者也.

故善戰者, 立於不敗之地, 而不失敵之敗也. 是故 勝兵先勝而後求戰, 敗兵先戰而後求勝. 善用兵者, 修道而保法, 故能爲勝敗之政.

兵法, 一曰度, 二曰量, 三曰數, 四曰稱, 五曰勝. 地生度, 度生量, 量生數, 數生稱, 稱生勝. 故勝兵若以鎰稱銖, 敗兵若以銖稱鎰. 勝者之戰, 若決積水於千仞之谿者, 形也.

第5 兵勢

孫子曰, 凡治衆如治寡, 分數是也. 鬪衆如鬪寡, 形名是也. 三軍之衆, 可使必受敵而無敗者, 奇正是也. 兵之所加, 如以碬投卵者, 虛實是也.

凡戰者, 以正合, 以奇勝. 故善出奇者, 無窮如天地, 不竭如江海, 終而復始, 日月是也. 死而更生, 四時是也. 聲不過五, 五聲之變, 不可勝聽也. 色不過五, 五色之變, 不可勝觀也. 味不過五, 五味之變, 不可勝嘗也. 戰勢不過奇正, 奇正之變, 不可勝窮也. 奇正相生, 如循環之無端, 孰能窮之哉.

激水之疾, 至於漂石者, 勢也. 鷙鳥之疾, 至於毀折者, 節也. 是故善戰者, 其勢險, 其節短, 勢如彍弩, 節如發機. 紛紛紜紜, 鬪亂而不可亂, 渾渾沌沌, 形圓而不可敗. 亂生於治, 怯生於勇, 弱生於強, 治亂數也, 勇怯勢也, 強弱形也, 故善動敵者. 形之敵必從之, 予之敵必取之. 以利動之, 以本待之.

故善戰者, 求之於勢, 不責之於人. 故能擇人而任勢, 任勢者, 其戰人也, 如轉木石. 木石之性, 安則靜, 危則動, 方則止, 圓則行. 故善戰人之勢, 如轉圓石於千仞之山者, 勢也.

第6 虛實

孫子曰, 凡先處戰地, 而待敵者佚, 後處戰地, 而趨戰者勞. 故善戰者, 致人而不致於人, 能使敵人自至者, 利之也. 能使敵人不得至者, 害之也. 故敵佚能勞之, 飽能飢之, 安能動之, 出其所不趨, 趨其所不意. 行千里而不勞者, 行於無人之地也. 攻而必取者, 攻其所不守也. 守而必固者, 守其所必攻也.

故善攻者, 敵不知其所守, 善守者, 敵不知其所攻, 微乎微乎, 至於無形, 神乎神乎, 至於無聲. 故能爲敵之司命. 進而不可禦者, 衝其虛也, 退而不可追者, 速而不可及也. 故我欲戰, 敵雖高壘深溝, 不得不與我戰者, 攻其所必救也. 我不欲戰, 雖劃地而守之, 敵不得與我戰者, 乖其所之也.

故形人而我無形, 則我專而敵分. 我專爲一, 敵分爲十, 是以十攻其一也, 則我衆敵寡. 能以衆擊寡, 則吾之所與戰者 約矣. 吾所與戰之地, 不可知, 不可知則敵所備者多, 敵所備者多, 則吾所與戰者寡矣. 故備前則後寡 備後則前寡, 備左則右寡, 備右則左寡,無所不備,則無所不寡,寡者備人者也. 衆者使人備己者也.

故知戰之地, 知戰之日, 則可千里而會戰. 不知戰地, 不知戰日. 則左不能救右, 右不能救左, 前不能救後, 後不能救前, 而況遠者數十里, 近者數里乎. 以吾度之, 越人之兵雖多, 亦奚益於勝哉. 故曰, 勝可爲也, 敵雖衆 可使無鬪.

故策之而知得失之計, 作之而知動靜之理, 形之而知死生之地, 角之而知有餘不足之處, 故形兵之極, 至於無形. 無形則深間不能窺. 智者不能謀. 因形而措勝於衆, 衆不能知. 人皆知我所以勝之形, 而莫知吾所以制勝之形, 故其戰勝不復, 而應形於無窮.

夫 兵形象水, 水之形, 避高而趨下, 兵之形, 避實而擊虛, 水因地而制流, 兵因敵而制勝. 故兵無常勢, 水無常形, 能因敵變化而取勝者, 謂之神. 故五行無常勝, 四時無常位, 日有短長, 月有死生.

第7 軍爭

孫子曰, 凡用兵之法, 將受命於君, 合軍聚衆, 交和而舍, 莫難於軍爭. 軍爭之難者, 以迂爲直, 以患爲利. 故迂其途, 而誘之以利, 後人發, 先人至, 此知迂直之計者也.

故軍爭爲利, 衆爭爲危. 擧軍而爭利,則不及, 委軍而爭利,則輜重捐. 是故,捲甲而移, 日夜不處, 倍道兼行, 百里而爭利, 則擒三將軍, 勁者先, 疲者後, 其法 十一而至, 五十里而爭利, 則蹶上將軍, 其法半至, 三十里而爭利, 則三分之二至. 是故,軍無輜重則亡, 無糧食則亡, 無委積則亡.

故不知諸侯之謀者, 不能豫交, 不知山林險阻沮澤之形者, 不能行軍, 不用鄉導者, 不能得地利.

故兵以詐立, 以利動, 以分合爲變者也, 故其疾如風, 其徐如林, 侵掠如火, 不動如山, 難知如陰, 動如雷震, 掠鄉分衆, 廓地分利. 懸權而動, 先知迂直之計者勝, 此軍爭之法也.

軍政曰, 言不相聞, 故爲之金鼓. 視不相見 故爲之旌旗. 夫金鼓旌旗者, 所以一人之耳目也. 人旣專一, 則勇者不得獨進, 怯者不得獨退, 此用衆之法也. 故夜戰多火鼓, 晝戰多旌旗, 所以變人之耳目也.

故三軍可奪氣, 將軍可奪心. 是故朝氣銳, 晝氣惰, 暮氣歸. 故善用兵者, 避其銳氣, 擊其惰歸, 此治氣者也. 以治待亂, 以靜待譁, 此治心者也. 以近待遠, 以佚待勞, 以飽待飢, 此治力者也. 無邀正正之旗, 勿擊堂堂之陣, 此治變者也.

故用兵之法, 高陵勿向, 背丘勿逆, 佯北勿從, 銳卒勿攻, 餌兵勿食, 歸師勿遏, 圍師必闕, 窮寇勿迫, 此用兵之法也.

第8 九變

孫子曰, 凡用兵之法, 將受命於君, 合軍聚衆, 圮地無舍, 衢地合交, 絕地無留, 圍地則謀, 死地則戰, 途有所不由, 軍有所不擊, 城有所不攻, 地有所不爭, 君命有所不受. 故將通於九變之利者, 知用兵矣, 將不通於九變之利者, 雖知地形, 不能得地之利矣. 治兵 不知九變之術, 雖知五利, 不能得人之用矣.

是故智者之慮, 必雜於利害, 雜於利而務可信也, 雜於害而患可解也. 是故屈諸侯者以害, 役諸侯者以業, 趨諸侯者以利. 故用兵之法, 無恃其不來, 恃吾有以待也, 無恃其不攻, 恃吾有所不可攻也.

故將有五危, 必死可殺, 必生可虜, 忿速可侮. 廉潔可辱, 愛民可煩也. 凡此五者, 將之過也, 用兵之災也. 覆軍殺將, 必以五危, 不可不察也.

第9 行軍

孫子曰, 凡處軍相敵, 絶山依谷, 視生處高, 戰隆無登, 此處山之軍也. 絶水必遠水, 客絶水而來, 勿迎之於水內, 令半濟而擊之利, 欲戰者, 無附水而迎客, 視生處高, 無迎水流, 此處水上之軍也. 絶斥澤, 惟亟去無留, 若交軍於斥澤之中, 必依水草而背衆樹, 此處斥澤之軍也, 平陸處易, 右背高, 前死後生, 此處平陸之軍也. 凡此四軍之利, 黃帝之所以勝四帝也.

凡軍好高而惡下, 貴陽而賤陰, 養生而處實, 軍無百疾, 是謂必勝. 丘陵堤防, 必處其陽, 而右背之, 此兵之利也, 地之助也. 上雨水沫至, 欲涉者, 待其定也, 凡地有絶澗, 天井, 天牢, 天羅, 天陷, 天隙, 必亟去之, 勿近也. 吾遠之, 敵近之, 吾迎之, 敵背之. 軍旁有險阻, 潢井, 林木, 蒹葭, 翳薈者, 必謹覆索之, 此伏姦之所也.

敵近而靜者, 恃其險也, 遠而挑戰者, 欲人之進也. 其所居易者, 利也. 衆樹動者, 來也. 衆草多障者, 疑也. 鳥起者, 伏也. 獸駭者, 覆也. 塵高而銳者, 車來也. 卑而廣者, 徒來也. 散而條達者, 樵採也. 少而往來者, 營軍也. 辭卑而益備者, 進也. 辭强而進驅者, 退也. 輕車先出居其側者, 陳也. 無約而請和者, 謀也. 奔走而陳兵車者, 期也. 半進半退者, 誘也. 倚仗而立者, 飢也. 汲而先飲者, 渴也. 見利而不進者, 勞也. 鳥集者, 虛也. 夜呼者, 恐也. 軍擾者, 將不重也. 旌旗動者, 亂也. 吏怒者, 倦也. 殺馬肉食者, 軍無糧也. 懸瓿不返其舍者, 窮寇也. 諄諄翕翕, 徐與人言者, 失衆也. 數賞者, 窘也. 數罰者, 困也. 先暴而後畏其衆者, 不精之至也. 來委謝者, 欲休息也. 兵怒而相迎, 久而不合, 又不相去, 必謹察之.

兵非貴益多, 雖無武進, 足以幷力料敵, 取人而已. 夫 唯無慮而易敵者, 必擒於人.

卒未親附而罰之, 則不服, 不服則難用. 卒已親附而罰不行, 則不可用也. 故令之以文, 齊之以武, 是謂必取. 令素行以教其民, 則民服, 令不素行以教其民, 則民不服, 令素行者, 與衆相得也.

第10 地形

孫子曰, 地形有通者, 有掛者, 有支者, 有隘者, 有險者, 有遠者. 我可以往, 彼可以來, 曰 通, 通形者, 先居高陽, 利糧道以戰, 則利, 可以往, 難以返, 曰 掛, 掛形者, 敵無備, 出而勝之, 敵若有備, 出而不勝, 難以返, 不利. 我出而不利, 彼出而不利, 曰 支, 支形者, 敵雖利我, 我無出也, 引而去之, 令敵半出而擊之 利. 隘形者, 我先居之, 必盈之以待敵, 若敵 先居之, 盈而勿從, 不盈而從之.

險形者, 我先居之, 必居高陽以待敵, 若敵先居之, 引而去之, 勿從也. 遠形者, 勢均, 難以挑戰, 戰而不利. 凡此六者, 地之道也, 將之至任, 不可不察也.

故兵有走者, 有弛者, 有陷者, 有崩者, 有亂者, 有北者. 凡此六者, 非天地之災, 將之過也. 夫勢均, 以一擊十, 曰走. 卒强吏弱, 曰弛. 吏强卒弱, 曰陷. 大吏怒而不服, 遇敵懟而自戰, 將不知其能, 曰崩. 將弱不嚴, 教道不明, 吏卒無常, 陳兵縱橫, 曰亂. 將不能料敵, 以少合衆, 以弱擊强, 兵無選鋒, 曰北. 凡此六者, 敗之道也, 將之至任, 不可不察也.

夫地形者, 兵之助也. 料敵制勝, 計險阨遠近, 上將之道也. 知此而用戰者, 必勝. 不知此而用戰者必敗. 故戰道必勝, 主曰無戰, 必戰可也. 戰道不勝, 主曰必戰, 無戰可也. 故進不求名, 退不避罪, 唯民是保而利於主, 國之寶也.

視卒如嬰兒, 故 可與之赴深谿, 視卒如愛子故, 可與之俱死. 愛而不能令, 厚而不能使, 亂而不能治, 譬如驕子, 不可用也. 知吾卒之可以擊, 而不知敵之不可擊, 勝之半也. 知敵之可擊, 而不知吾卒之不可以擊, 勝之半也. 知敵之可擊, 知吾卒之可以擊, 而不知地形之不可以戰, 勝之半也. 故知兵者, 動而不迷, 擧而不窮. 故曰, 知彼知己, 勝乃不殆, 知天知地, 勝乃可全.

第11 九地

孫子曰, 用兵之法, 有散地, 有輕地, 有爭地, 有交地, 有衢地,有重地, 有圮地, 有圍地, 有死地. 諸侯自戰其地者, 爲散之. 入人之地而不深者, 爲輕地. 我得亦利, 彼得亦利者, 爲爭地. 我可以往, 彼可以來者, 爲交地. 諸侯之地三屬, 先至而得天下之衆者, 爲衢地. 入人之地深, 背城邑多者, 爲重地. 山林, 險阻, 沮澤, 凡難行之道者, 爲圮地. 所由入者隘, 所從歸者迂, 彼寡可以擊吾之衆者, 爲圍地. 疾戰則存, 不疾戰則亡者, 爲死地. 是故散地則無戰, 輕地則無止, 爭地則無攻, 交地則無絶, 衢地則合交, 重地則掠, 圮地則行, 圍地則謀, 死地則戰.

所謂古之善用兵者, 能使敵人, 前後不相及, 衆寡不相恃, 貴賤不相救, 上下不相扶, 卒離而不集, 兵合而不齊, 合於利而動, 不合於利而止. 敢問, 敵衆整而將來, 待之若何? 曰, 先奪其所愛則聽矣.

兵之情主速, 乘人之不及, 由不虞之道, 攻其所不戒也.

凡爲客之道, 深入則專, 主人不克, 掠於饒野, 三軍足食, 謹養而勿勞, 幷氣積力, 運兵計謀, 爲不可測. 投之無所往, 死且不北, 死焉不得士人盡力. 兵士甚陷則不懼, 無所往則固, 入深則拘, 不得已則鬪. 是故, 其兵不修而戒, 不求而得, 不約而親, 不令而信. 禁祥去疑, 至死無所之. 吾士無餘財, 非惡貨也. 無餘命, 非惡壽也. 令發之日, 士卒坐者 涕霑襟, 偃臥者 涕交頤. 投之無所往, 則諸劌之勇也.

故善用兵者, 譬如率然, 率然者, 常山之蛇也. 擊其首則尾至, 擊其尾則首至, 擊其中則首尾俱至. 敢問, 兵可使如率然乎? 曰, 可. 夫吳人與越人, 相惡也. 當其同舟而濟遇風, 其相救也如左右手. 是故, 方馬埋輪, 未足恃也. 齊勇若一, 政之道也. 剛柔皆得, 地之理也. 故善用兵者, 攜手若使一人, 不得已也.

將軍之事, 靜以幽, 正以治. 能愚士卒之耳目, 使之無知. 易其事, 革其謀, 使人無識, 易其居, 迂其途, 使人不得慮, 帥與之期, 如登高而去其梯, 帥與之深入諸侯之地, 而發其機, 若驅群羊, 驅而往, 驅而來, 莫知所之. 聚三軍之衆, 投之於險, 此將軍之事也. 九地之變, 屈伸之利, 人情之理, 不可不察也.

凡爲客之道, 深則專, 淺則散, 去國越境而師者, 絶地也. 四達者, 衢地也. 入深者, 重地也. 入淺者, 輕地也. 背固前隘者, 圍地也. 無所往者, 死地也. 是故, 散地吾將一其志, 輕地. 吾將使之屬, 爭地吾將趨其後, 交地吾將謹其守, 衢地吾將固其結, 重地吾將繼其食, 圮地吾將進其途, 圍地吾將塞其闕, 死地吾將示之以不活. 故兵之情, 圍則禦, 不得已則鬪, 逼則從.

是故, 不知諸侯之謀者, 不能豫交, 不知山林險阻沮澤之形者, 不能行軍, 不用鄉導者, 不能得地利, 四五者一不知, 非霸王之兵也. 夫 霸王之兵, 伐大國則其衆不得聚, 威加於敵 則其交不得合. 是故, 不爭天下之交, 不養天下之權, 信己之私威, 加於敵, 故其城可拔, 其國可隳, 施無法之賞, 懸無政之令, 犯三軍之衆, 若使一人, 犯之以事, 勿告以言, 犯之以利, 勿告以害. 投之亡地然後存, 陷之死地然後生, 夫衆陷於害然後, 能爲勝敗.

故爲兵之事, 在於順詳敵之意, 幷力一向, 千里殺將, 是謂巧能成事. 是故, 政舉之日, 夷關折符, 無通其使, 勵於廟堂之上, 以誅其事, 敵人開闔, 必亟入之. 先其所愛, 微與之期, 踐墨隨敵, 以決戰事. 是故, 始如處女, 敵人開戶, 後如脫兔, 敵不及拒.

第12 火攻

孫子曰, 凡火攻有五, 一曰火人, 二曰火積, 三曰火輜, 四曰火庫, 五曰火隊, 行火必有因, 煙火必素具, 發火有時, 起火有日. 時者, 天之燥也, 日者, 月在箕壁翼軫也. 凡此四宿者, 風起之日也.

凡火攻, 必因五火之變而應之, 火發於內, 則早應之於外, 火發而其兵靜者, 待而勿攻. 極其火力, 可從而從之, 不可從而止. 火可發於外, 無待於內, 以時發之. 火發上風, 無攻下風, 晝風久, 夜風止. 凡軍必知五火之變, 以數守之. 故以火佐攻者明, 以水佐攻者强, 水可以絶, 不可以奪.

夫戰勝攻取, 而不修其功者凶, 命曰費留. 故曰, 明主慮之, 良將修之, 非利不動, 非得不用, 非危不戰. 主不可以怒而興師, 將不可以慍而致戰, 合於利而動, 不合於利而止. 怒可以復喜, 慍可以復悅, 亡國不可以復存, 死者不可以復生.

故曰, 明主愼之, 良將警之, 此安國全軍之道也.

第13 用間

孫子曰, 凡興師十萬, 出征千里, 百姓之費, 公家之奉, 日費千金, 內外騷動, 怠於道路, 不得操事者, 七十萬家.

相守數年, 以爭一日之勝, 而愛爵祿百金, 不知敵之情者, 不

仁之至也, 非人之將也, 非主之佐也, 非勝之主也. 故明君賢將, 所
以動而勝人, 成功出於衆者, 先知也. 先知者, 不可取於鬼神, 不可
象於事, 不可驗於度. 必取於人, 知敵之情者也.

故用間有五, 有鄕間, 有內間, 有反間, 有死間, 有生間. 五間
俱起, 莫知其道, 是謂神紀, 人君之寶也. 鄕間者, 因其鄕人而用
之, 內間者, 因其官人而用之, 反間者, 因其敵間而用之, 死間者,
爲誑事於外, 令吾間知之, 而傳於敵間也. 生間者, 反報也.

故三軍之事, 莫親於間, 賞莫厚於間, 事莫密於間, 非聖智不
能用間, 非仁義不能使間, 非微妙不能得間之實. 微哉微哉, 無所
不用間也. 間事未發而先聞者, 間與所告者皆死.

凡軍之所欲擊, 城之所欲攻, 人之所欲殺. 必先知其守將, 左
右, 謁者, 門者, 舍人之姓名, 令吾間必索知之. 必索敵間之來間我
者, 因而利之, 導而舍之, 故反間可得而用也. 因是而知之故, 鄕間
內間可得而使也. 因是而知之故, 死間爲誑事, 可使告敵. 因是而
知之故, 生間可使如期. 五間之事, 主必知之, 知之必在於反間, 故
反間不可不厚也.

昔殷之興也, 伊摯在夏, 周之興也, 呂牙在殷. 故明君賢將, 能
以上智爲間者, 必成大功. 此兵之要, 三軍之所恃而動也.

책을 마무리하면서

　많은 사람들이 『손자병법』을 이해하기가 어렵다고 한다. 한자가 어렵고 문구를 해석하는 데 많은 시간이 걸리며 각 편의 문구를 해석하다 보면 전체를 이해하기가 어렵다. 또한 각 편이 연결되어 있다고는 하나 어떻게 이어지는지, 전체를 통해서 손무는 무엇을 말하려고 하는 것인지 알 수가 없다. 그래서 큰마음 먹고 도전했다가 쉽게 포기하게 된다.

　『손자병법』을 연구하고 강단에서 가르치면서 나는 『손자병법』의 두 가지 큰 맥락을 발견하였다. 그 맥락을 연결하여 읽다 보니 책의 내용이 더욱 쉬워지고 짧은 시간에 이해할 수 있어 『손자병법』의 진수를 맛보게 되었다. 주요 맥락은 두 가지로 구분되는데 하나는 전쟁과 전쟁의 고려요소에 관한 것으로 시계편의 첫 구절이 작전편과 모공편으로 이어진다. 결국 손무는 군사력을 잘 길러 적이 함부로 공격하지 못하도록 전쟁을 억제하고, 전쟁을 해야 한다면 신속하게 승리하고, 싸우면서도 더 강해지는 온전한 승리를 강조하였다. 전쟁에 이기고서도 피해가 크면 주변국의 침략을 받아 결국 망하기 때문이다.

　다른 하나는 전쟁의 구성요소에 관한 것으로 시계편의 오사칠계와 군형으로 이어지는 양병, 병세·허실, … 화공, 용간으로 이어지는 용병에 관한 것이다. 특히 용병 부분에서 병세, 허실, 군쟁은 용병의 이론에 관한 것이고 구변에서 끝까지는 용병의 실제에 관한 것이다. 또한 화공과 용간은 특수작전으로 분류할 수 있으며, 용간은 온전한 승리를 달성하기 위한 전쟁의 전제조건에 관한 것으로 각 편의 기초가 된다. 이런 맥락에서 읽어야『손자병법』의 진수를 맛볼 수 있다.

손무는 이 병법을 자신의 출세보다는 전쟁이 끊이지 않는 시대에 평화를 바라며 장수(장교)들을 위해 책으로 썼다. 국가안보의 주체이며 전쟁을 수행하는 장수에게 가장 중요한 자질을 손무는 지(智)라고 했다. 그는 장수가 전쟁의 의미와 성격, 양병과 용병을 이해하고 다양한 상황의 변화에 부합되는 군사력을 운용하는 지혜를 갖출 것을 강조하고 있다.

나는 장교가 되기를 꿈꾸는 독자들에게 손무의 사상을 전하기 위해 이 책을 썼다.『손자병법』에 관해 수많은 책이 있는데 또 하나를 더 하는 과오를 범하는 것은 아닌지 걱정이 앞선다. 그러나 나는 예비 장교들이 보다 쉽게 읽고 이해하고, 힘들고 바쁜 야전생활에서 항상 휴대하며 전체적인 흐름을 이해하면서도 핵심적인 내용을 읽을 수 있도록 책을 구성하였다. 이제 막 전쟁에 대해서 접하고 백지 위에 전쟁의 체계를 그려 가는 독자들에게 이 책이 안내자로서 작은 도움이 되기를 간절히 기원한다.